Bert Kaminski/Günther Strunk

Steuern in der internationalen Unternehmenspraxis

Bert Kaminski/Günther Strunk

Steuern in der internationalen Unternehmenspraxis

Grundlagen – Auswirkungen – Beispiele

GABLER

Bibliografische Information Der Deutschen Bibliothek
Die Deutsche Bibliothek verzeichnet diese Publikation in der Deutschen Nationalbibliografie;
detaillierte bibliografische Daten sind im Internet über <http://dnb.ddb.de> abrufbar.

Prof. Dr. habil. Bert Kaminski ist Inhaber des Lehrstuhls für ABWL und Rechnungs-, Revisions- sowie betriebliches Steuerwesen an der Ernst-Moritz-Arndt-Universität Greifswald.

Prof. Dr. habil. Günther Strunk ist Inhaber des Lehrstuhls für Allgemeine Betriebswirtschaftslehre an der Fachhochschule Lübeck.

1. Auflage Mai 2006

Alle Rechte vorbehalten
© Betriebswirtschaftlicher Verlag Dr. Th. Gabler | GWV Fachverlage GmbH, Wiesbaden 2006

Lektorat: Jutta Hauser-Fahr / Walburga Himmel

Der Gabler Verlag ist ein Unternehmen von Springer Science+Business Media.
www.gabler.de

Umschlaggestaltung: Ulrike Weigel, www.CorporateDesignGroup.de
Druck und buchbinderische Verarbeitung: Wilhelm & Adam, Heusenstamm
Gedruckt auf säurefreiem und chlorfrei gebleichtem Papier
Printed in Germany

ISBN-10 3-8349-0092-3
ISBN-13 978-3-8349-0092-0

Vorwort

Eine grenzüberschreitende Geschäftsaktivität ist heute ab einer bestimmten Unternehmensgröße Normalität. Hieraus ergibt sich die Notwendigkeit, sich auch mit den steuerlichen Konsequenzen auseinanderzusetzen, die mit einer solchen internationalen Tätigkeit verbunden sind. Dabei muss einerseits analysiert werden, inwieweit steuerliche Pflichten (sei es in Form von Erklärungs- und Nachweispflichten oder in Form von Steuerzahlungspflichten) zu beachten sind. Aus betriebswirtschaftlicher Sicht stellt sich andererseits die Frage, wie Steuern auf unternehmerische Entscheidungen wirken, insbesondere inwieweit sie eine angestrebte Zielsetzung (wie z. B. die Gewinnmaximierung) beeinflussen. Vor diesem Hintergrund ergibt sich die Folgefrage, wie bestimmte Entscheidungen zu treffen sind, sodass die damit verbundene steuerliche Belastung (sowohl in verfahrensrechtlicher wie materieller Hinsicht) möglichst gering wird, um so das angestrebte Ziel in einem möglichst hohem Maße erreichen zu können. Hierbei ist die gezielte Steuerung von Funktionen und deren Zuordnung zu bestimmten Unternehmensbereichen in unterschiedlichen Staaten und in verschiedenen Rechtsformen von grundlegender Bedeutung.

Das vorliegende Werk verfolgt beide Zielsetzungen und analysiert die Auswirkungen von Steuern auf grenzüberschreitende Unternehmensaktivitäten und zeigt hierbei bestehende Vorteilhaftigkeitsüberlegungen sowie Gestaltungsalternativen auf. Dabei werden jeweils zunächst die sich in der Praxis ergebenden Sachverhalte dargestellt. Auf diesem empirischen Befund aufbauend, werden die theoretischen Grundlagen für diese Vorgehensweise eingehend analysiert. Das Buch richtet sich sowohl an Studenten der Betriebswirtschaftslehre als auch an solche der Rechtswissenschaft. Ferner können die Überlegungen auch für diejenigen von Interesse sein, die im Rahmen ihrer praktischen Tätigkeit entsprechende Unternehmensentscheidungen zu treffen haben. Die Ausführungen beruhen auf dem Rechtsstand 1. März 2006.

Für Anregungen, Verbesserungsvorschläge und Hinweise sind wir dankbar.

Univ.-Prof. Dr. habil. Bert Kaminski

Prof. Dr. habil. Günther Strunk

Greifswald und Hamburg im März 2006

Inhaltsverzeichnis

Abbildungsverzeichnis

Abkürzungsverzeichnis

€	–	Euro
a. a. O.	–	am angegebenen Ort
ABl. EG	–	Amtsblatt der Europäischen Gemeinschaft
Abs.	–	Absatz
Abschn.	–	Abschnitt
AfA	–	Absetzung für Abnutzung
AG	–	Aktiengesellschaft (Zeitschrift/Rechtsform)
Ako	–	Anschaffungskosten
AktG	–	Aktiengesetz
Alt.	–	Alternative
AntE	–	Anteilseigner
Anm.	–	Anmerkung
AO	–	Abgabenordnung
Art.	–	Artikel
AStG	–	Gesetz über die Besteuerung bei Auslandsbeziehungen (Außensteuergesetz)
Aufl.	–	Auflage
BB	–	Betriebs-Berater (Zeitschrift)
Bd.	–	Band
Beil.	–	Beilage
BFH	–	Bundesfinanzhof

BFH/NV	–	Sammlung der amtlich nicht veröffentlichten Entscheidungen des Bundesfinanzhofs
BFHE	–	Entscheidungssammlung des Bundesfinanzhofs
BGB	–	Bürgerliches Gesetzbuch
BGBl.	–	Bundesgesetzblatt
BMF	–	Bundesminister/Bundesministerium der Finanzen
BMG	–	Bemessungsgrundlage
BR-Drs.	–	Bundesrats-Drucksache
bspw.	–	beispielsweise
BStBl.	–	Bundessteuerblatt
BT-Drs.	–	Bundestags-Drucksache
Buchst.	–	Buchstabe
BVerfG	–	Bundesverfassungsgericht
bzw.	–	beziehungsweise
ca.	–	circa
Co.	–	Compagnie
d. b.	–	das bedeutet
d. h.	–	das heißt
DB	–	Der Betrieb (Zeitschrift)
DBA	–	Abkommen zur Vermeidung der internationalen Doppelbesteuerung (Doppelbesteuerungsabkommen)
Dok.	–	Dokument
DStJG	–	Deutsche Steuerjuristische Gesellschaft
DStR	–	Deutsches Steuerrecht (Zeitschrift)
DStZ	–	Deutsche Steuerzeitung (Zeitschrift)

e. V.	–	eingetragener Verein
EFG	–	Entscheidungen der Finanzgerichte (Zeitschrift)
EG	–	Europäische Gemeinschaft
EGKS	–	Europäische Gemeinschaft für Kohle und Stahl
EK	–	Eigenkapital
ErbStG	–	Erbschaftsteuer- und Schenkungsteuergesetz
EStG	–	Einkommensteuergesetz
EStR	–	Einkommensteuer-Richtlinien
EU	–	Europäische Union
EuGH	–	Europäischer Gerichtshof
evtl.	–	eventuell
EWR	–	Europäischer Wirtschaftsraum
F.	–	Fach
f.	–	folgende
ff.	–	fortfolgende
FG	–	Finanzgericht
FGO	–	Finanzgerichtsordnung
FK	–	Fremdkapital
Fn.	–	Fußnote
FR	–	Finanzrundschau (Zeitschrift)
FS	–	Festschrift
G.	–	Gutachten
GbR	–	Gesellschaft bürgerlichen Rechts
gem.	–	gemäß

GenG	–	Gesetz betreffend die Erwerbs- und Wirtschaftsgenossen-schaften
GewStG	–	Gewerbesteuergesetz
GG	–	Grundgesetz für die Bundesrepublik Deutschland
ggf.	–	gegebenenfalls
GmbH & Co. KG	–	Kommanditgesellschaft mit mindestens einer GmbH als Komplementär
GmbH	–	Gesellschaft mit beschränkter Haftung
GmbHG	–	Gesetz betreffend die Gesellschaften mit beschränkter Haftung
GmbHR	–	GmbH-Rundschau (Zeitschrift)
Gr.	–	Gruppe
GrESt	–	Grunderwerbsteuer
GrEStG	–	Grunderwerbsteuergesetz
GrS	–	Großer Senat
h	–	Hebesatz bei der Gewerbesteuer
H	–	Hinweis in den Einkommensteuerrichtlinien
h. M.	–	herrschende Meinung
HGB	–	Handelsgesetzbuch
Hko	–	Herstellungskosten
Hrsg.	–	Herausgeber
hrsg. v.	–	herausgegeben von/vom
Hs.	–	Halbsatz
i	–	Kalkulationszinsfuß (Bruttozinssatz)
i. d. F.	–	in der Fassung
i. d. R.	–	in der Regel

i. H.	–	in Höhe
i. H. v.	–	in Höhe von
i. S. v.	–	im Sinne von
i. V. m.	–	in Verbindung mit
i. w. S.	–	im weiteren Sinne
INF	–	Die Information über Steuer und Wirtschaft (Zeitung)
InvZulG	–	Investitionszulagengesetz
i_s	–	Nettozinssatz
IStR	–	Internationales Steuerrecht (Zeitschrift)
IWB	–	Internationale Wirtschafts-Briefe (Zeitschrift/Loseblattwerk)
j	–	Index der Investitionsprojekte (j = 1, ..., n)
JbFStR	–	Jahrbuch der Fachanwälte für Steuerrecht
JÜ	–	Jahresüberschuss
KapGes.	–	Kapitalgesellschaft
KFZ	–	Kraftfahrzeug
KG	–	Kommanditgesellschaft
KGaA	–	Kommanditgesellschaft auf Aktien
KSt	–	Körperschaftsteuer
KStG	–	Körperschaftsteuergesetz
KStR	–	Körperschaftsteuerrichtlinien
Losebl.	–	Loseblattsammlung
Ltd.	–	Limited
m	–	Steuermesszahl bei der Gewerbesteuer
m. w. N.	–	mit weiteren Nachweisen
mbH	–	mit beschränkter Haftung

Mio.	–	Millionen
Mrd.	–	Milliarden
n	–	Ende des Planungszeitraums bzw. Nutzungsdauer der Investition
NJW	–	Neue Juristische Wochenschrift (Zeitschrift)
No.	–	Numero
Nr.	–	Nummer
o. g.	–	oben genannten
OECD	–	Organization for Economic Cooperation and Development
OECD-MA	–	OECD-Musterabkommen zur Vermeidung der Doppelbesteuerung auf dem Gebiet der Steuern vom Einkommen und Vermögen
OFD	–	Oberfinanzdirektion
OHG	–	Offene Handelsgesellschaft
p. a.	–	pro anno
R	–	Richtlinie in den Einkommensteuerrichtlinien
rd.	–	rund
RFH	–	Reichsfinanzhof
RGBl.	–	Reichsgesetzblatt
RIW	–	Recht der Internationalen Wirtschaft (Zeitschrift)
rkr.	–	rechtskräftig
Rn.	–	Randnummer
Rs.	–	Rechtssache
Rz.	–	Randziffer
S.	–	Seite
s_{er}	–	kombinierter Ertragsteuersatz

s_{er}^{EPU}	–	Ertragsteuersatz für Einzelunternehmen und Personengesellschaften
s_{ESt}	–	Steuersatz Einkommensteuer
s_g	–	Gewerbesteuersatz
s_{GewSt}	–	Steuersatz der Gewerbesteuer
s_k	–	Körperschaftsteuersatz
s_{KSt}	–	Steuersatz der Körperschaftsteuer
Slg.	–	Sammlung der Rechtsprechung des EuGH und des EuG (Zeitschrift)
sog.	–	so genannte (-n/-r/-s)
SolZ	–	Solidaritätszuschlag
SolZG	–	Solidaritätszuschlagsgesetz
Sp.	–	Spalte
s_{SolZ}	–	Solidaritätszuschlagssatz
S_t	–	Steuermehrbelastung in der Periode t
StÄndG	–	Steueränderungsgesetz
StBg	–	Die Steuerberatung (Zeitschrift)
StbJb	–	Steuerberaterjahrbuch
StBKonR.	–	Steuerberater-Kongress-Report
StBp	–	Steuerliche Betriebsprüfung (Zeitschrift)
SteuerStud	–	Steuer und Studium (Zeitschrift)
StuW	–	Steuer und Wirtschaft (Zeitschrift)
T	–	Gesamtsteuerbelastung
t	–	Periodenindex (t = 0, 1, ..., n)
TNMM	–	Transactional net margin method
Tz.	–	Textziffer
u.	–	und

u. a.	–	und andere
u. E.	–	unseres Erachtens
u. U.	–	unter Umständen
Uni.	–	Universität
Urt.	–	Urteil
USt	–	Umsatzsteuer
UStG	–	Umsatzsteuergesetz
UStR	–	Umsatzsteuer-Richtlinien
usw.	–	und so weiter
UmwStG	–	Umwandlungsteuergesetz
UmwG	–	Umwandlungsgesetz
UmwSt-Erlass	–	Schreiben betreffend Umwandlungssteuergesetz 1995 – Zweifels- und Auslegungsfragen
u.w.m.	–	und weitere mehr
v.	–	von/vom
v. H.	–	vom Hundert
Verf.	–	Verfasser
Vfg.	–	Verfügung
vGA	–	verdeckte Gewinnausschüttung
vgl.	–	vergleiche
VO	–	Verordnung
vs.	–	versus
Vz.	–	Veranlagungszeitraum
WG	–	Wirtschaftsgut (-güter)
z. B.	–	zum Beispiel

z. T.	–	zum Teil
Ziff.	–	Ziffer(-n)
zw.	–	zwischen

1 Einleitung

- Welche Bedeutung haben grenzüberschreitende Geschäftsaktivitäten für Unternehmen?

- Warum werden Unternehmen im Ausland tätig?

- Welche steuerlichen Veränderungen ergeben sich für ein Unternehmen, wenn es grenzüberschreitend tätig wird im Vergleich zu einer rein inländischen Unternehmenstätigkeit?

- Warum ist es notwendig, den Einfluss von Steuern im Rahmen von Entscheidungen über grenzüberschreitende Geschäftsaktivitäten zu berücksichtigen?

- Mit welchen Fragen beschäftigt sich die Internationale Betriebswirtschaftliche Steuerlehre?

- Welches Verhältnis besteht zwischen der Internationalen Betriebswirtschaftlichen Steuerlehre und dem Internationalen Steuerrecht?

- Welche Bedeutung haben in diesem Zusammenhang die Regelungen des EG-Vertrages und deren Interpretation durch den Europäischen Gerichtshof (EuGH)?

Bevor im Folgenden eine Analyse aktueller Entwicklungen, empirischer Befunde und statistischer Werte des Grads der Internationalisierung der Unternehmenstätigkeit erfolgt, wird exemplarisch erläutert, vor welchen Entscheidungen Unternehmen stehen.

- Ein inländisches Unternehmen produziert und vertreibt erfolgreich Artikel für den Einbau in Wohn- und Geschäftshäuser und hat sich eine hohe Reputation erworben und einen international bekannten Markennamen aufgebaut. Die Geschäftsleitung möchte zur **Sicherung des Unternehmenswachstums eine Internationalisierungsstrategie** verfolgen. Hierbei sind zahlreiche kaufmännische sowie steuerliche Fragestellungen zu beachten: Für das bisherige Kerngeschäft ist es erforderlich, die Art der Geschäftsvornahme im Ausland (Kommissionär, Handelsvertreter oder Eigenhändlermodell) sowie deren rechtliche Form zu bestimmen. Ist das Steuerniveau im Ausland niedriger als in Deutschland empfiehlt es sich, Einkünfte statt in Deutschland im Ausland anfallen zu lassen und diese – weitgehend – steuerfrei nach Deutschland zu repatriieren. Die hierfür vorzunehmenden Funktionsverlagerungen ins Ausland lösen ebenso Steuerfolgen aus, wie die Internationalisierung der Tätigkeiten als solche. Um diese Folgen für die gesamte Unternehmensgruppe zu optimieren, kann es zum Beispiel zur Vermeidung von definitiv werdenden Quellensteuern auf Dividenden sinnvoll sein, Kapitalgesellschaften im In- und Ausland zu vermeiden und stattdessen mit Personengesellschaften zu arbeiten.

■ Ein deutsches Familienunternehmen in der **Rechtsform** einer Personengesellschaft ist bereits international tätig. Die vorhandene Struktur besteht seit Gründung der Gesellschaft. Das Unternehmen fragt sich, ob die bestehende inländische Kapitalgesellschaftsholding unterhalb der Personengesellschaft mit Beteiligungen an ausländischen Kapitalgesellschaften eine steuerlich sinnvolle Gestaltung ist. Zwar sind Körperschaftsteuersätze im In- und Ausland zumeist niedriger als die Einkommensteuersätze, doch kann eine solche Struktur zur Definitivbelastung mit Quellensteuern im In- und Ausland führen. Bei bestimmten Gestaltungen können diese unter Anwendung der Doppelbesteuerungsabkommen sowie der Nutzung von Unternehmensverträgen vermieden werden. Die sich ergebenden Steuerbelastungsvorteile bis zur Ebene des ultimativen Gesellschafters/Unternehmers können im Einzelfall zu einer Verdoppelung des Nachsteuergewinns führen, die bei sonst stagnierenden Märkten durch andere betriebswirtschaftliche Maßnahmen nicht erreicht werden können.

■ Ein international tätiger Konzern, der sich zum Teil über Kapitalmärkte finanziert, sieht sich auf seinen Bilanzpressekonferenzen **Fragen** der Analysten **zur Konzernsteuerquote** und Maßnahmen der Geschäftsleitung zu deren Verringerung ausgesetzt. Grenzüberschreitende Finanzierungen zur Erlangung von Steuervorteilen, Funktionsverlagerungen sowie die Reduzierung von definitiv werdenden Quellensteuern – wie z. B. bei Lizenzverträgen – und Fällen der Arbeitnehmerentsendung sind regelmäßige Anknüpfungspunkte zur Reduzierung der Konzernsteuerquote.

■ Ein deutsches Unternehmen mit einer italienischen Tochtergesellschaft erstellt im Inland Produkte, die von der Tochtergesellschaft in Italien verkauft werden. Die hierbei anzuwendenden **Verkaufspreise** zwischen Deutschland und Italien sind von der deutschen Finanzverwaltung im Rahmen einer Betriebsprüfung nicht beanstandet worden und führten zu einem Gewinn, der bereits versteuert wurde. Kurze Zeit später wird bei der italienischen Tochtergesellschaft eine Steuerprüfung durchgeführt. Diese kommt zu dem Ergebnis, dass die Einkaufspreise zu Lasten der italienischen Gesellschaft zu hoch gewesen seien. Da die deutsche Finanzverwaltung nicht bereit ist, eine Gegenberichtigung der Gewinne vorzunehmen, erfolgt zunächst eine Doppelbesteuerung. Nur bei Geschäftsbeziehungen innerhalb eines Konzerns zwischen EU-Gesellschaften kann dieses – für den Konzern nachteiliges – Ergebnis verhindert werden. Erforderlich sind hierfür eine Dokumentation der so genannten Verrechnungspreise und die Durchführung eines Schiedsverfahrens. Bei diesem wird spätestens nach Ablauf von drei Jahren die Doppelbesteuerung durch eindeutige und einvernehmliche Festlegung der Verrechnungspreise und entsprechender Korrektur der Steuerbescheide vermieden.

■ Ein deutscher Fonds bietet seinen Anlegern ein **Investment** im Bereich der Vermietung, des Verkaufs und der sonstigen Nutzungsüberlassung von Mobilien an, die von weltweit ansässigen Kunden genutzt werden. Wenn die gesamte unternehmerische Tätigkeit aus Deutschland heraus vorgenommen würde, käme es zu einer Steuerbelastung von ca. 45 % (Einkommensteuerspitzensatz zzgl. Solidaritätszuschlag) beim jeweiligen Anleger. Werden die Aktivitäten im niedrig besteuernden Ausland vorgenommen und die Einkünfte aufgrund eines Doppelbesteuerungsabkommens in Deutschland von der Besteuerung freigestellt, müsste aus einer Geschäftstätigkeit in Deutschland ein deutlich höherer Gewinn erzielt werden, um dieselbe Nachsteuerrendite wie bei der Aktivität im Ausland zu erreichen.

Diese Beispiele zeigen, dass es aus **mehreren Gründen** notwendig ist, sich mit internationalen Steuerfragen zu beschäftigen. Hierzu zwingt die Entwicklung der Absatzmärkte ebenso zu einer Internationalisierung der eigenen Geschäftsaktivitäten wie die immer kürzer werdenden Produktlebenszyklen bei hohen Entwicklungskosten. Unternehmen müssen möglichst hohe Stückzahlen in vergleichsweise kurzer Zeit absetzen. Dies ist regelmäßig auf dem Heimatmarkt alleine nicht möglich, sodass hierfür eine Internationalisierung notwendig ist. Zum anderen können international unterschiedliche Steuerbelastungen von Unternehmen gestalterisch in der Weise genutzt werden, dass die Konzernsteuerquote oder die Gesamtsteuerbelastung minimiert wird. Allerdings ist zu beachten, dass die internationalen Aktivitäten – auch wenn sie nicht steuermotiviert sind – stets das Risiko einer Doppel- oder Mehrfachbesteuerung in sich tragen, die bei allen Maßnahmen sorgfältig berücksichtigt werden muss.

Die **Bedeutung** der grenzüberschreitenden Unternehmenstätigkeit lässt sich u. a. anhand der sog. Exportquote bestimmen. Diese gibt an, welcher Anteil der im Inland erzeugten Waren und erbrachten Dienstleistungen (bestimmt mit Hilfe des Bruttoinlandsproduktes) in das Ausland exportiert wird. Diese Quote belief sich im Jahr 2004 in der Bundesrepublik Deutschland auf rd. 38,25 %.[1] Dies bedeutet, dass rund vier Zehntel aller erbrachten Waren und Dienstleistungen in das Ausland exportiert werden. Hinzu kommt, dass die Bundesrepublik Deutschland nach Schätzungen im Jahr 2004 Waren und Leistungen im Wert von rd. 575 Mrd. € importiert hat.[2] Ferner investieren Inländer im Ausland bzw. Ausländer im Inland. Hierbei wird von sog. **Direktinvestitionen** gesprochen. Nach Berechnungen der Deutschen Bundesbank belief sich der Bestand der deutschen Direktinvestitionen im Ausland am Ende des Jahres 2003 auf rd. 666 Mrd. € und der der Ausländer im Inland auf rd. 306 Mrd. €.[3]

---

1 Eigene Berechnung auf Grundlagen von Zahlen der Deutschen Bundesbank, Statistisches Beiheft zu Monatsbericht 3, Zahlungsbilanzstatistik, Frankfurt 2005, S. 6 sowie des Statistischen Bundesamtes, Bruttoinlandsprodukt 2004 für Deutschland, Wiesbaden 2005, S. 4.
2 Vgl. Deutschen Bundesbank, Statistisches Beiheft zu Monatsbericht 3, Zahlungsbilanzstatistik, Frankfurt 2005, S. 6.
3 Vgl. Deutsche Bundesbank (Hrsg.), Kapitalverflechtungen mit dem Ausland, Statistische Sonderveröffentlichung 10, Frankfurt/Main 2005, S. 6 und S. 16.

Diese Zahlen zeigen, welche große Bedeutung grenzüberschreitende Geschäftsaktivitäten für die deutsche Wirtschaft haben, wobei in den letzten Jahren (und Jahrzehnten) eine **stetige Zunahme** dieser Tätigkeit festzustellen war. Während früher vor allem große Unternehmen grenzüberschreitend tätig waren, sind dies heute regelmäßig auch mittelständische und kleine Unternehmen.

Die Gründe, die ein Unternehmen zu einer grenzüberschreitenden Geschäftsaktivität veranlassen, können nicht allgemeingültig bestimmt werden. Vielmehr gibt es hierfür i. d. R. mehrere Faktoren, die regelmäßig eine unterschiedliche Bedeutung haben. Im Folgenden wird ein – nicht abschließender – Überblick über **mögliche Motive** für eine grenzüberschreitende Unternehmenstätigkeit gegeben.

Ein wesentlicher Grund liegt häufig im beabsichtigten **Zugang zu ausländischen Märkten**, wobei es sich sowohl um Absatz- als auch um Beschaffungsmärkte handeln kann. Die Motive hierfür können vielfältig sein. Die Präsenz kann z. B. zur Absicherung der Versorgung mit Rohstoffen erforderlich sein oder genutzt werden, um den bei der Urproduktion entstehenden Gewinn im Rahmen der eigenen unternehmerischen Aktivitäten anfallen zu lassen. Für einen Auftritt am ausländischen Markt sprechen häufig auch **Kostengründe**. Heutige industrielle Produktionsprozesse sind u. a. durch sehr hohe Investitionen gekennzeichnet. Diese können sich sowohl auf den Produktionsapparat als auch auf die Produktentwicklung beziehen. Hieraus folgt, dass ein Angebot solcher Produkte zu wettbewerbsfähigen Preisen nur dann erfolgen kann, wenn diese Kosten auf eine hohe Ausbringungsmenge verteilt werden können. Bestimmte Erzeugnisse lassen sich nur dann zu wettbewerbsfähigen Kosten herstellen, wenn eine bestimmte Ausbringungsmenge je Fertigungsstätte überschritten wird.[4] Folglich sind Unternehmen gezwungen, ihre Produkte nicht nur auf dem inländischen Markt sondern weltweit anzubieten, um dadurch Massenproduktionsvorteile erzielen zu können. Häufig setzt eine Präsenz auf dem ausländischen Markt die physische Anwesenheit des Unternehmens voraus (z. B. in der Form von Auslieferungs- und Ersatzteillägern, Serviceeinrichtungen). Das Nachfragepotential eines ausländischen Marktes kann häufig nur erschlossen werden, wenn dass Unternehmen „vor Ort" ist. Die häufig zu beobachtende schrittweise „Eroberung" eines Marktes hat unterschiedliche Konsequenzen. Eine gewöhnliche Repräsentanz im anderen Staat führt, anders als eine Niederlassung, steuerlich nicht zu einer Betriebsstätte.

Ein weiteres Motiv kann das Bestreben bilden, **Importrestriktionen** zu umgehen. In den letzten Jahren sind in verschiedenen Teilen der Erde Binnenmärkte geschaffen worden. Dies gilt z. B. für den Europäischen Binnenmarkt und die Freihandelszone NAFTA[5]. Charakteristikum dieser Märkte ist einerseits die Freiheit von Waren und

---

[4] So wird z. B. aus der Automobilindustrie berichtet, dass Fertigungsstandorte nur dann kostendeckend arbeiten können, wenn sie eine Ausbringungsmenge von wenigstens 100.000 Einheiten pro Jahr haben.

[5] North American Free Trade Agreement. Dieses umfasst Kanada, USA und Mexiko.

Dienstleitungen innerhalb des Marktes, ohne dass hierfür eine Belastung mit Importzöllen entsteht. Andererseits erfolgt die „Abschottung" der Märkte gegenüber Anbietern aus Drittstaaten. Hierfür werden regelmäßig (hohe) Importzölle verwendet.[6] Dadurch drohen den Anbietern, die nicht innerhalb dieses Binnenmarktes ansässig sind, unter Umständen erhebliche Wettbewerbsnachteile. Hierauf wird teilweise damit reagiert, dass in den Binnenmarkt lediglich Produktteile oder Komponenten geliefert werden und diese dann innerhalb dieses Marktes zum endgültigen Produkt zusammengefügt werden. Hieraus lassen sich Entlastungen von Zöllen erreichen, sofern die Wertschöpfung innerhalb des Binnenmarktes die hierfür erforderlichen Quoten überschreitet.

In vielen Fällen sind unterschiedlich hohe **Kosten für Produktionsfaktoren** ein entscheidendes Motiv für die Betätigung im Ausland. Hierbei sind insbesondere die Lohnkostenunterschiede zu nennen. **Abbildung 1-1** auf der folgenden Seite vergleicht die unterschiedlich hohen Lohnkosten aus dem Bereich der Industrie ausgewählter Staaten.

Wie die Darstellung zeigt, bestehen erhebliche Kostenunterschiede. In vielen Fällen lassen sich – insbesondere einfache – Produkte nur dann zu wettbewerbsfähigen Preisen anbieten, wenn diese Lohnkostenvorteile genutzt werden. Folglich wurden in den letzten Jahren in nicht unerheblichem Umfang lohnintensive Fertigungen aus Deutschland in Länder verlagert, die deutlich geringere Lohnkosten aufweisen.[7] Bei diesen Überlegungen spielt jedoch nicht nur die Höhe der Löhne eine große Rolle, sondern auch die **Arbeitsproduktivität**. Unabhängig davon, dass Produktivitätsunterschiede nicht ausschließlich dem Produktionsfaktor „Arbeit" zugeordnet werden können, zeigt sich, dass zwar einerseits i. d. R. eine positive Korrelation zwischen der Höhe der Löhne und der Arbeitsproduktivität besteht. Andererseits sind diese Unterschiede nicht so groß, um durch Produktivitätsvorteile die Lohnkostennachteile vollständig kompensieren zu können.

Kostenunterschiede bestehen nicht nur bei den Löhnen. Denkbar ist z. B. auch die Erlangung von Transportkostenvorteilen. Außerdem können **Probleme bei der Beschaffung von Produktionsfaktoren** ein Motiv für eine Betätigung im Ausland sein, etwa wenn es nicht gelingt, ausreichend qualifiziertes Personal im Inland zu gewinnen oder weil aus rechtlichen (oder politischen) Gründen eine Produktion im Inland mit nicht kalkulierbaren Risiken verbunden ist.

---

6   So führt z. B. der Import eines US-amerikanischen Autos in den Europäischen Binnenmarkt zu einer Zollbelastung in Höhe von 10 % des Kaufpreises.

7   Vgl. zu den steuerlichen Konsequenzen einer solchen Verlagerung S. 180 ff.

Abbildung 1-1:   *Vergleich der Lohnkosten[8]*

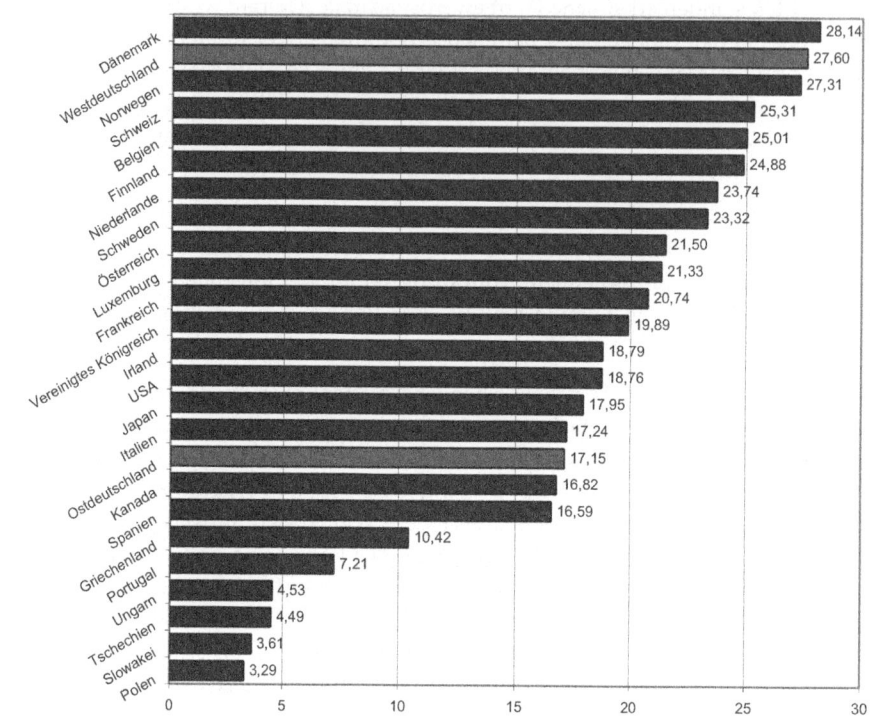

Land	Wert
Dänemark	28,14
Westdeutschland	27,60
Norwegen	27,31
Schweiz	25,31
Belgien	25,01
Finnland	24,88
Niederlande	23,74
Schweden	23,32
Österreich	21,50
Luxemburg	21,33
Frankreich	20,74
Vereinigtes Königreich	19,89
Irland	18,79
USA	18,76
Japan	17,95
Italien	17,24
Ostdeutschland	17,15
Kanada	16,82
Spanien	16,59
Griechenland	10,42
Portugal	7,21
Ungarn	4,53
Tschechien	4,49
Slowakei	3,61
Polen	3,29

Sofern Unternehmen in großem Umfang ihre Waren exportieren, kann ein Auslands-engagement auch notwendig werden, um **Wechselkursrisiken zu begrenzen**. Dies erfolgt, indem in den Ländern produziert wird, in deren Währung die Fertigwaren fakturiert werden. Da die Kosten – zumindest zu einem erheblichen Teil – bereits in der lokalen Währung entstehen, wird damit gewissermaßen automatisch ein Ausgleich von Wechselkursrisiken erreicht.

Einige ausländische Staaten versuchen mit **gezielten Anreizen** Unternehmen anzulocken. Die hiermit verbundenen Vorteile können für die Begünstigten einen erheblichen Vorteil darstellen, sodass aus diesem Grund ausländische Standorte gegenüber inlän-

---

8   Quelle: Schröder, Industrielle Arbeitskosten im internationalen Vergleich, iw-trends 31, 3, Institut der deutschen Wirtschaft, Köln 2004, S. 34 ff. Hierbei ist zu beachten, dass es sich um landesweite Durchschnittswerte handelt, die regional zum Teil erheblich voneinander abweichen. Insbesondere in grenznahen Gebieten findet regelmäßig eine Angleichung statt.

dischen bevorzugt werden.[9] Hierzu gehören sowohl spezielle steuerliche Anreize (z. B. eine (zeitlich begrenzte) Steuerfreiheit, niedrige Steuersätze oder Begünstigungen bei der Ermittlung der Bemessungsgrundlage) wie auch andere Vorteile (z. B. die kostenlose Überlassung von Grundstücken, niedrigere Umweltstandards oder schnellere Genehmigungs- und Zulassungsverfahren).

Die Ausdehnung der Unternehmenstätigkeit vom Inland in das Ausland führt zu einer Reihe von **Änderungen**. Zunächst stellt sich – aus steuerlicher Sicht – die Frage, ob im Ausland eine Steuerpflicht begründet wird. Denkbar ist, dass die Tätigkeit des Unternehmens so erfolgt, dass hierdurch ein Anknüpfungspunkt für die Besteuerung im Ausland geschaffen wird. Dies kann für das Unternehmen zu **Erklärungs-, Mitwirkungs- und Steuerzahlungspflichten** führen. Hieraus kann – vorbehaltlich evtl. zur Anwendung kommender Entlastungsmaßnahmen – eine materielle Schlechterstellung gegenüber reinen Inlandssachverhalten erfolgen, insbesondere bei einer Besteuerung im In- und Ausland. Eine Besteuerung durch mehr als zwei Staaten ist denkbar.[10] Um dies zu vermeiden, gibt es eine Reihe von Maßnahmen. Hierbei kann es sich entweder um einseitige Maßnahmen in der Rechtsordnung eines Staates handeln (sog. **unilaterale** Maßnahmen) oder um solche, die im Rahmen von völkerrechtlichen Verträgen[11] beschlossen wurden (sog. **bilaterale** Maßnahmen). Hierdurch sollen die gesamtwirtschaftlich schädlichen Folgen einer Doppelbesteuerung[12] beseitigt oder zumindest begrenzt werden.[13] Steuerpflichtige können versuchen, diese Maßnahmen im Rahmen von steuerplanerischen Überlegungen gezielt für Gestaltungen zu nutzen, die darauf abzielen, eine insgesamt geringere Steuerbelastung als bei einer rein inländischen Geschäftsaktivität entstehen zu lassen.

In vielen Fällen wird sich das Unternehmen eines (steuerlichen) Beraters im Ausland bedienen (müssen), um bestehende Sprach- und Mentalitätsbarrieren überwinden zu können. Folglich sind die **Transaktionskosten** bei grenzüberschreitenden Geschäftsaktivitäten (regelmäßig: deutlich) höher als bei reinen Inlandssachverhalten. Hinzu kommt, dass die Auseinandersetzung mit wenigstens zwei beteiligten Finanzverwaltungen zu Problemen führen kann. Dies gilt insbesondere hinsichtlich der Frage, welche Einkünfte in welchem Staat der Besteuerung unterliegen.[14] Hierbei sind Sachverhaltskonstellationen möglich, in denen Einkünfte in mehreren Staaten der Besteuerung

---

9   Vgl. ausführlich zur internationalen Standortwahl S. 71 ff.
10 In einem solchen Fall wäre nicht nur eine Doppelbesteuerung gegeben, sondern eine Mehrfachbesteuerung.
11 Dies sind Abkommen zur Vermeidung der Doppelbesteuerung (DBA), vgl. S. 10 ff.
12 Eine Besteuerung kann auch in mehr als zwei Staaten erfolgen. Hier liegt, dann nicht nur eine Doppelbesteuerung, sondern eine Dreifach-, Vierfach- usw.- Besteuerung vor. Im Folgenden wird stets der Begriff der Doppelbesteuerung verwendet, wobei dies nicht ausschließt, dass eine Besteuerung in mehr als zwei Staaten erfolgt.
13 Vgl. zu den unilateralen Maßnahmen S. 23 ff. und zu den bilateralen S. 31 ff.
14 Hier wird im internationalen Kontext von der sog. Einkunftzurechnung gesprochen, vgl. S. 163 ff.

unterliegen (sog. **internationale Doppelbesteuerung**) oder in keinem Staat eine Besteuerung erfolgt (sog. **weiße Einkünfte**). Denkbar sind auch Fälle, in denen Betriebsausgaben in mehreren oder in keinem der Staaten steuerlich geltend gemacht werden können. Das Erlangen solcher Vorteile bzw. die Verhinderung solcher Nachteile durch gezielte Steuergestaltungen setzt detaillierte Kenntnisse der steuerlichen Regelungen der jeweiligen Staaten voraus.

Aus Sicht der Unternehmen besteht das Hauptinteresse häufig nicht in der Erlangung von steuerlichen Vorteilen. Vielmehr ist aus betriebswirtschaftlichen Gründen – wie die obige Aufzählung gezeigt hat – eine grenzüberschreitende Geschäftstätigkeit erforderlich. Hierbei müssen die steuerlichen Auswirkungen in die unternehmerische Entscheidungsfindung mit einbezogen werden, etwa im Sinne einer zusätzlichen Belastung infolge von Steuern (etwa infolge der Steuerzahlungen oder auf Grund von Beratungskosten). Dies ist notwendige Voraussetzung, um z. B. die Frage, ob das Angebot zur Durchführung eines Großprojektes im Ausland (wie beispielsweise der Bau eines Kraftwerkes) wirtschaftlich vorteilhaft ist, beantworten zu können. Aus Sicht der **Betriebswirtschaftlichen Steuerlehre** stellt sich u. a. die Aufgabe, die sich voraussichtlich ergebende Steuerbelastung zu analysieren und auf dieser Grundlage Vorschläge zu entwickeln, wie das selbe oder ein weitgehend vergleichbares wirtschaftliches Ziel erreicht werden kann, verbunden mit einer geringeren steuerlichen Belastung. Neben diesen Fällen, in denen die steuerliche Betrachtung und Analyse den sonstigen betriebswirtschaftlichen Entscheidungen nachfolgt und insoweit nur eine begleitende Funktion hat, sind gleichwohl Fälle denkbar, bei denen zur Ausnutzung eines Steuersatz- bzw. -belastungsgefälles Auslandsaktivitäten entfaltet werden, da sich bei einer identischen Vorsteuerrendite unterschiedliche hohe Nachsteuerrenditen erzielen lassen.

Der Teil der Betriebswirtschaftlichen Steuerlehre, der sich mit grenzüberschreitenden Sachverhalten beschäftigt, wird als **Internationale Betriebswirtschaftliche Steuerlehre** bezeichnet. Wie schon bei der rein nationalen Betriebswirtschaftlichen Steuerlehre[15] lassen sich drei unterschiedliche Ausprägungsformen differenzieren:

■ **Internationale Betriebswirtschaftliche Steuerwirkungslehre**
Untersucht wird, wie steuerliche Regelungen auf unternehmerische Entscheidungen wirken. Dies zeigt sich z. B. bei der Frage, inwieweit eine Berücksichtigung von ausländischen Verlusten im Inland erfolgen kann. Sofern Unterschiede gegenüber der Berücksichtigung von inländischen Verlusten bestehen, wie dies gem. § 2a EStG der Fall ist[16], wirken sich diese Normen nachteilig auf ausländische Standorte aus. Folglich muss analysiert werden, ob bestimmte steuerrechtliche Vorschriften

---

[15] Vgl. Kaminski/Strunk, Einfluss von Steuern auf unternehmerische Entscheidungen, Kriftel 2002, S. 9 ff.
[16] Vgl. zu dieser Vorschrift und den sich hieraus ergebenden europarechtlichen Problemen S. 37 ff.

zu einer Begünstigung oder Benachteiligung einzelner Ausgestaltungsformen einer betriebswirtschaftlichen Entscheidung führen (hier: der Standortwahl). Ausschlaggebend hierfür ist, dass die steuerrechtlichen Regelungen regelmäßig nicht der Forderung nach Entscheidungsneutralität genügen. Dies wäre der Fall, wenn im Ergebnis ökonomisch gleiche Sachverhalte in gleicher Weise von der Besteuerung erfasst werden und z. B. die Reihenfolge eines Vorteilhaftigkeitsvergleichs durch die Besteuerung nicht beeinträchtigt wird.

Internationale Betriebswirtschaftliche Steuergestaltungslehre
Auf der Grundlage der bestehenden steuerrechtlichen Regelungen werden für Unternehmen konkrete Gestaltungsempfehlungen hergeleitet, die eine maximal mögliche Zielerreichung gewährleisten. Hierbei stellt sich beispielsweise die Frage, in welcher rechtlichen Ausgestaltungsform die Auslandsaktivitäten durchgeführt werden sollen. Denkbar wäre grundsätzlich die Wahl zwischen einer rechtlich unselbstständigen und einer rechtlich – mehr oder weniger – selbstständigen Form. Sofern etwa auf Grund von zivilrechtlichen Vorgaben entschieden wurde, dass eine Haftungsbegrenzung gewünscht wird, kann diese entweder durch die Rechtsform der Kapitalgesellschaft oder eine haftungsbeschränkte Personengesellschaft erreicht werden.[17] Bestehen keine weiteren Vorgaben, die als Restriktionen bei der Lösung dieses Entscheidungsproblems zu beachten sind, kann analysiert werden, welche der beiden Alternativen steuerlich die betriebswirtschaftlich Vorteilhaftere ist. Im Ergebnis werden vor dem Hintergrund konkreter Rahmenbedingungen Alternativen hinsichtlich ihrer steuerlichen Vorteilhaftigkeit beurteilt und Handlungsempfehlungen für die Unternehmung abgeleitet.

Normative Internationale Betriebswirtschaftliche Steuerlehre
Auf Grundlage der Analyse von Steuerwirkungen sollen Gestaltungs- und Beratungsempfehlungen an den Gesetzgeber und die Gesetzgebungsorgane gegeben werden, wie bestimmte Regelungen auszugestalten sind, um eine als sinnvoll angesehene Zielsetzung erreichen zu können. Sofern eine Regierung das Ziel verfolgt, die Attraktivität ihres Landes als Standort für ausländische Investoren zu erhöhen, ist zu fragen, welche Maßnahmen dies bewirken können.[18] Es sind die möglichen Auswirkungen unterschiedlicher Instrumente zu analysieren und hieraus konkrete Handlungsempfehlungen herzuleiten.

Während die Internationale Betriebswirtschaftliche Steuerlehre sich mit der Frage auseinander setzt, wie unternehmerische Entscheidungen vor dem Hintergrund steuerlicher Regelungen optimal zu fällen sind oder zu welchen Wirkungen steuerliche Regelungen führen, beschäftigt sich das Internationale Steuerrecht mit allen Normen,

---

17 Etwa einer Rechtsform, die der deutschen GmbH & Co. KG vergleichbar ist, vgl. Kaminski/Strunk, Einfluss von Steuern auf unternehmerische Entscheidungen, Kriftel 2002, S. 27 f.
18 Unabhängig hiervon ist die Frage zu diskutieren, ob eine steuerliche Vorschrift das richtige Instrument ist, um solche Lenkungsmaßnahmen des Staates erfüllen zu können.

die die Besteuerung grenzüberschreitender Sachverhalte zum Gegenstand haben. Jeder Staat entscheidet auf Grund seiner völkerrechtlichen Souveränität autonom über die Ausgestaltung seiner steuerlichen Vorschriften, sog. **Souveränitätsprinzip**. Aus gesamtwirtschaftlichen Gründen wird eine internationale Doppelbesteuerung als nicht sinnvoll angesehen. Folglich wird durch Maßnahmen der nationalen Rechtsordnung, sog. **unilaterale Regelungen**, versucht, eine Doppelbesteuerung zu vermeiden. Hinzu kommen vertraglichen Vereinbarungen im Rahmen von sog. Abkommen zur Vermeidung der Doppelbesteuerung beim Einkommen und Vermögen[19], in denen die Besteuerungsmöglichkeiten der Staaten durch vertragliche Regelungen eingeschränkt werden.[20] Üblicherweise wird das Internationale Steuerrecht unterschieden in:

- **Das Internationale Steuerrecht im engeren Sinne:**
  Dieses umfasst das Recht der Doppelbesteuerungsabkommen und die Teile des Völkerrechts, die für steuerliche Regelungen von Bedeutung sind sowie das supranationale Recht. Hierbei handelt es sich insbesondere um die Vorgaben des EG-Vertrages.

- Das **Internationale Steuerrecht im weiteren Sinne:**
  Über die Regelungen des Internationalen Steuerrechts im engerem Sinne hinaus werden ergänzend die Vorschriften des nationalen Außensteuerrechts mit einbezogen. Diese setzen sich wiederum aus zwei Bereichen zusammen:

  - Dem **allgemeinen Außensteuerrecht**:
    Hierunter werden die Bestimmungen der Einzelsteuergesetze verstanden, die sich mit grenzüberschreitenden Sachverhalten beschäftigen. Dazu gehören insbesondere die Regelungen in den Einzelsteuergesetzen, die Maßnahmen zur Vermeidung der Doppelbesteuerung[21] vorsehen, als auch Vorschriften zur Bewertung ausländischen Vermögens.[22]

  - Dem **speziellen Außensteuerrecht**:
    Hierbei handelt es sich um spezielle Vorschriften des nationalen Steuerrechts, die sich mit grenzüberschreitenden Sachverhalten beschäftigen. Dazu gehört insbesondere das Außensteuergesetz (AStG), das für die Fälle der grenzüberschreitenden Gewinnberichtigung[23], den Wegzug natürlicher Personen[24] und

---

[19] In der Praxis hat sich die Bezeichnung „Doppelbesteuerungsabkommen" eingebürgert, auch wenn durch diese Abkommen eine Doppelbesteuerung gerade verhindert werden soll. Dieser Terminologie wird im Weiteren gefolgt, vgl. zu diesen Abkommen ausführlich auf S. 31 ff.

[20] Da es sich um Vereinbarungen zwischen in der Regel zwei Staaten handelt, wird hier von **bilateralen Regelungen** gesprochen.

[21] Vgl. §§ 34c, 34d EStG, §§ 26, 8b (soweit sich dieser auf ausländische Dividenden bzw. Veräußerungsgewinne bezieht) KStG, § 21 ErbStG.

[22] Vgl. § 31 BewG. Diese Regelungen haben für die ErbSt Bedeutung.

[23] Vgl. S. 165 ff.

[24] Vgl. S. 191 ff.

der Zwischenschaltung von Kapitalgesellschaften im niedrig besteuerten Ausland[25] Sonderregelungen enthält.

Das Verhältnis dieser Teilgebiete zueinander stellt **Abbildung 1-2** dar.

Abbildung 1-2:   *Bestandteile des Internationalen Steuerrechts*

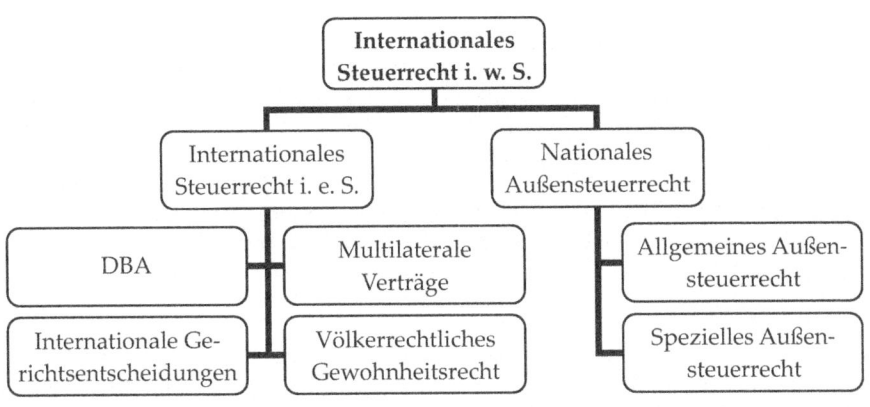

Auch wenn die Teilbereiche grundsätzlich isoliert nebeneinander stehen, darf hieraus nicht die Schlussfolgerung gezogen werden, dass sie sich nicht gegenseitig beeinflussen. Vielmehr beinhaltet das Internationale Steuerrecht im engeren Sinne Grenzen, die innerhalb des innerstaatlichen Außensteuerrechtes zu beachten sind.[26]

Eine immer größere Bedeutung erlangt in jüngster Zeit das Recht der Europäischen Union. Hierbei ist sowohl auf das sekundäre Gemeinschaftsrecht als auch auf die Rechtsprechung des Europäischen Gerichtshofes hinzuweisen. Die Organe der Europäischen Gemeinschaft haben aufgrund diverser EG-Verträge, dem so genannten primären Gemeinschaftsrecht, Kompetenzen erlangt, auch im Rahmen des bzw. mit Wirkung auf das Steuerrecht eigenständig Recht zu setzen. Hierbei handelt es sich um die folgenden Instrumente:[27] Verordnungen, Richtlinien, Entscheidungen, Empfehlung und Stellungnahmen. Darüber hinaus gibt es eine Reihe weiterer Ausdrucks-

---

25 Hier wird von der sog. Hinzurechnungsbesteuerung gesprochen, vgl. S. 84 ff.

26 Ausnahmen gelten, wenn das innerstaatliche Recht sich über das internationale Steuerrecht im engeren Sinne hinwegsetzt. Dies ist zumindest beim Europarecht nicht möglich, während der BFH unter bestimmten Voraussetzungen ein „Überschreiben" von Regelungen des Abkommensrechtes durch den nationalen Gesetzgeber zulässt.

27 Vgl. Art. 249 EG-Vertrag.

formen der Organe (z. B. Entschließungen, Erklärungen, Programme, Leitlinien, Rahmenrichtlinien, Bekanntmachungen, Grün- und Weißbücher, Mitteilungen u. w. m.), die wegen ihrer fehlenden Bindungswirkung bzw. geringeren rechtlichen Bedeutung nicht näher behandelt werden sollen.

Verordnungen sind vergleichbar dem Gesetz auf nationaler Ebene. Sie regeln eine Vielzahl von Fallgestaltungen generell und abstrakt. Besonders wichtig ist, dass Verordnungen unmittelbar in den Mitgliedstaaten gelten, also nicht einer Umsetzung in nationales, innerstaatliches Recht bedürfen. Sie wenden sich damit unmittelbar an die EG-Bürger und die Mitgliedstaaten.

Richtlinien wenden sich an die Mitgliedstaaten und sind von diesen binnen einer bestimmten Frist in das jeweilige nationale Recht zu transformieren. Richtlinien sind nur hinsichtlich der festgelegten Ziele verbindlich.

Entscheidungen sind die Maßnahmen, in denen die Kommission als Verwaltungsbehörde gegenüber Privatpersonen oder einzelnen Mitgliedstaaten handelt. Sie können mit Verwaltungsakten oder Bescheiden des nationalen Rechts gleichgesetzt werden. Für den Bereich der Steuern hat es jedoch bisher noch keinen Anwendungsfall gegeben.

Hinsichtlich des Standes der **Harmonisierungsbemühungen** im Bereich des Steuerrechts innerhalb der Europäischen Gemeinschaft lässt sich für die indirekten Steuern festhalten, dass laut EG-Vertrag eine Angleichung erfolgen soll und zu diesem Zweck auch Richtlinien erlassen werden dürfen. Die Europäische Gemeinschaft hat dies durch die Schaffung der 6. EG-Richtlinie im Jahre 1973 sowie deren Weiterentwicklung in einem Umfang getan, dass, mit Ausnahme der Steuersätze, die einzelnen Mitgliedstaaten ihre Rechtssetzungskompetenz weitgehend aufgegeben und auf die Europäische Gemeinschaft übertragen haben.

Der Bereich der direkten Steuern hat in den letzten Jahren eine immer größere Bedeutung erlangt, weil die bisher regelmäßig ausschließlich auf nationale Sachverhalte ausgerichteten Regelungen sich immer weniger als geeignet erwiesen, um bei grenzüberschreitend Tätigen zu sachgerechten Besteuerungsfolgen zu gelangen. Die nachfolgend genannten Richtlinien haben die höchste praktische Relevanz für das Internationale Steuerrecht:

- **Mutter-Tochter-Richtlinie**: Mit der Mutter-Tochter-Richtlinie[28] wurden im Wesentlichen zwei Ziele verfolgt: Einerseits sollen Gewinnausschüttungen[29], die eine Kapitalgesellschaft, an eine andere Kapitalgesellschaft innerhalb der Gemeinschaft vornimmt, nicht mehr zu einer Doppelbesteuerung führen. Andererseits sollen bei solchen Ausschüttungen keine Quellensteuern einbehalten werden. Im Ergebnis wird also die grundsätzlich vollständige Beseitigung der Doppelbesteuerung auf

---

[28] Richtlinie 90/435/EWG des Rates vom 23.7.1990, ABl. EG, Nr. L 225, vom 20.8.1990, S. 6 ff.
[29] Diese Regelung erstreckt sich auch auf verdeckte Gewinnausschüttungen.

solche Ausschüttungen vorgesehen. Die Richtlinie enthält detaillierte Vorgaben, wie diese Ziele erreicht werden sollen: Die Beseitigung der Doppelbesteuerung hat entweder dadurch zu erfolgen, dass der Staat, in dem die die Dividenden empfangende Gesellschaft ansässig ist, die Dividenden von seiner Besteuerung freistellt (Freistellungsmethode) oder eine Anrechnung der im Ausland gezahlten Steuer auf die Steuern der Muttergesellschaft vorsieht (Anrechnungsmethode). Die Mitgliedstaaten der Gemeinschaft haben sich damals überwiegend für die Anwendung der Freistellungsmethode entschieden. Sind die persönlichen Anwendungsvoraussetzungen erfüllt, soll keine Quellensteuer auf Dividenden einbehalten werden. Insoweit wird das nach nationalem Recht regelmäßig gegebene und ggf. nach Abkommensrecht verringerte Quellenbesteuerungsrecht beseitigt. Dieser Regelung kommt deshalb große Bedeutung zu, weil die Quellensteuer teilweise zu Anrechnungsüberhängen führte.

Von den Vorschriften der Richtlinie erfasst werden nur bestimmte Kapitalgesellschaften. Die Richtlinie sieht vor, dass die Beteiligung der Muttergesellschaft mindestens 25 % betragen muss. Folglich ist es den Mitgliedstaaten möglich, die Vorteile der Richtlinie auch schon bei einer geringeren Beteiligungsquote zur Anwendung kommen zu lassen. Ferner können die Mitgliedstaaten die Gewährung der Vorteile von einer Mindestbehaltedauer von maximal 2 Jahren abhängig machen.

Die Richtlinie lässt außerdem eine nationale Regelung zu, nach der die Kosten im Zusammenhang mit der Beteiligung vom Abzug als Betriebsausgaben ausgeschlossen werden. Ferner kann auch eine Pauschalierung erfolgen, die maximal 5 % betragen darf.

Fusionsrichtlinie: Die Fusionsrichtlinie[30] hat das Ziel, grenzüberschreitende Umstrukturierungen nicht durch steuerliche Regelungen zu behindern oder gar zu verhindern. Hintergrund ist, dass bei solchen Umstrukturierungen dem Unternehmen regelmäßig keine liquiden Mittel zufließen, aus denen die entstehende Steuerbelastung bezahlt werden könnte. Folglich käme es zu einer erhebliche wirtschaftlichen Belastung. Ergänzend ist zu berücksichtigen, dass bei rein nationalen Umwandlungen im Rahmen des Umwandlungssteuergesetzes eine Umstrukturierung ohne eine vergleichbare Steuerbelastung erfolgen kann.

Aus Sicht der beteiligten Fisci muss verhindert werden, dass eine Verlagerung von Wirtschaftsgütern in das Ausland erfolgt, ohne dass sichergestellt wird, dass evtl. stille Reserven (etwa aufgrund von in der Vergangenheit zu hoch vorgenommenen Abschreibungen) zu einer Erhöhung des Steueraufkommens in diesem Staat führt. Folglich regelt die Fusionsrichtlinie die Fälle, bei denen das spätere Besteuerungsrecht der stillen Reserven durch den bisherigen Staat gesichert ist.

Die Fusionsrichtlinie gilt nur für Kapitalgesellschaften und erfasst nur die Fälle der Fusion, Spaltung, Einbringung von Betrieben/Teilbetrieben und Betriebsstätten

---

30 Richtlinie 90/434/EWG des Rates vom 23.7.1990, ABl. EG, Nr. L 225 vom 20.8.1990, S. 1 ff.

sowie den Anteilstausch. Allerdings setzen die Spaltung und die Fusion das Institut der grenzüberschreitenden Gesamtrechtsnachfolge voraus. Im Frühjahr 2006 hat der deutsche Gesetzgeber Entwürfe zur Umsetzung im Zivilrecht wie im Steuererrecht vorgelegt, die noch nicht abschließend diskutiert sind.

Leitidee der Richtlinie ist die aufgeschobene Gewinnrealisierung. Folglich kommt es nicht zum Zeitpunkt der Umwandlung zu einer Besteuerung der stillen Reserven, sondern erst bei einer späteren Veräußerung. Insoweit handelt es sich nicht um eine endgültige Steuerbefreiung, sondern um einen Aufschub der Besteuerung. Die Mitgliedstaaten können den Unternehmen auch die Möglichkeit eröffnen, eine sofortige Gewinnrealisierung vorzunehmen. Von dieser Möglichkeit will offensichtlich der deutsche Gesetzgeber Gebrauch machen.

■ **Richtlinie über Zinsen und Lizenzen innerhalb von verbundenen Unternehmen:** Durch die Richtlinie 2003/49/EG über eine gemeinsame Steuerregelung für Zahlungen von Zinsen und Lizenzgebühren zwischen verbundenen Unternehmen in verschiedenen Mitgliedstaaten[31] soll gewährleistet werden, dass Einkünfte in Form von Zinsen und Lizenzgebühren (nur) einmal in einem Mitgliedstaat besteuert werden. Dadurch soll eine Doppelbesteuerung, insbesondere bei Zahlungen zwischen verbundenen Unternehmen verschiedener Mitgliedstaaten sowie zwischen Betriebsstätten derartiger Unternehmen, verhindert werden. Die Richtlinie sieht vor, dass für Zinsen und Lizenzgebühren keine Quellensteuer mehr erhoben werden darf und zwar unabhängig von der Form der Erhebung. Das alleinige Besteuerungsrecht liegt im Staat des ausländischen, die Zahlungen empfangenden Unternehmens. Voraussetzung hierfür ist allerdings, dass eine unmittelbare Beteiligung von mindestens 25 % besteht. Eine Mindestbehaltensfrist von ununterbrochen 2 Jahren kann, muss aber nicht vorgesehen werden (Wahlrecht der Mitgliedstaaten). Außerdem kann der Quellenstaat bestimmte Nachweise in Form von Bestätigungen verlangen.

■ **Zinsrichtlinie:** Zweck der Zinsrichtlinie[32] ist die Sicherstellung eines Mindestmaßes an Effektivität der Besteuerung von Zinszahlungen an natürliche Personen. Hierbei werden nur grenzüberschreitende Zahlungen erfasst, sodass rein innerstaatliche Zahlungen nicht in den Regelungsbereich der Richtlinie fallen. Berücksichtigt werden nur solche Zinsen, die von einer Zahlstelle in einem anderen Mitgliedstaat an Privatpersonen ausbezahlt werden. Zinszahlungen an Unternehmen und an andere juristische Personen sind aus dem Anwendungsbereich der Richtlinie ausgenommen.

---

[31] ABl. EG 2003, Nr. L 157 vom 26.6.2003, S. 49 ff.
[32] Richtlinie 2003/48/EG des Rates vom 3.6.2003, ABl. EG, Nr. L 157 vom 26.6.2003, S. 38 ff.

- **Schiedsübereinkommen:** Der Zweck des Schiedsübereinkommens[33] besteht darin, bei grenzüberschreitenden Gewinnberichtigungen von Entgelten zwischen verbundenen Unternehmen eine Doppelbesteuerung zu vermeiden. Hintergrund ist, dass eine Verrechnungspreisberichtigung in einem Staat nicht zwingend eine entsprechende Gegenberichtigung im anderen Staat nach sich zieht. Folglich droht eine Doppelbesteuerung. Dem will das Schiedsübereinkommen begegnen, indem für diesen Fall ein Modus vorgeschrieben wird, der zu einer Beseitigung der Doppelbesteuerung führt.

  Erfasst werden alle gewinnabhängigen Steuern von rechtlich selbstständigen Unternehmen und von Betriebsstätten. Andere Fälle der internationalen Doppelbesteuerung werden hiervon nicht erfasst, etwa Qualifikationskonflikte bei Anwendung eines DBA zwischen zwei Mitgliedstaaten der Gemeinschaft. Hierin besteht ein wesentlicher Unterschied gegenüber dem Verständigungsverfahren im Rahmen von Doppelbesteuerungsabkommen.

Neben diesen Richtlinien und Verordnungen werden die Urteile des EuGH zu Steuerfragen immer wichtiger. Dies gilt sowohl für die direkten als auch für die indirekten Steuern. Die Regelungen des geltenden deutschen Umsatzsteuergesetzes gehen auf die 6. EG-Mehrwertsteuerrichtlinie[34] zurück. Hieraus folgt, dass für alle Zweifelsfragen, die die Auslegung dieser Richtlinie oder hierauf beruhender Vorschriften des deutschen UStG betreffen, eine Zuständigkeit des EuGH gegeben ist.[35] Auch im Bereich der direkten Steuern erlangt diese Rechtsprechung eine immer größere Bedeutung. Da der EG-Vertrag keinen Harmonisierungsauftrag für die direkten Steuern vorsieht, sind die Mitgliedstaaten in der Ausgestaltung ihrer jeweiligen nationalen Steuersysteme grundsätzlich keinen europarechtlichen Begrenzungen unterworfen. Allerdings verlangt der EuGH in ständiger Rechtsprechung, dass diese Besteuerungskompetenz so ausgeübt wird, dass es nicht zu einem Verstoß gegen die Grundfreiheiten des EG-Vertrages kommt[36]. Dies sind insbesondere:

- die Warenverkehrsfreiheit (Art. 23ff. EG),

- die Freizügigkeit für Arbeitnehmer (Art. 39 ff. EG),

- die Niederlassungsfreiheit (Art. 43 ff. EG),

- die Dienstleistungsfreiheit (Art. 49 EG),

---

33 Übereinkommen 90/436/EWG vom 23.7.1990, ABl. EG, Nr. 225, vom 20.8.1990, S. 10 ff. sowie Mitteilung KOM (2004) 297 endg. vom 23. April 2004.

34 Richtlinie 77/388/EWG des Rates vom 17.5.1977, ABl. EG 1977, Nr. L 145, vom 13.6.1977, S.1 ff.

35 Vgl. Art. 234 Abs. 1 Buchst. b) EG.

36 Vgl. z. B. die Urteile vom 15.5.1997, C-250/95, Futura Participations und Singer, Slg. 1997, I-2471, Rn. 26, vom 6.6.2000, Rs. C-35/98, Verkooijen, Slg. 2000, I-2071, Rn. 43, und vom EuGH vom 12.12.2002, Rs. C-324/00, Lankhorst-Hohorst, DB 2002, 2690 = DStR 2003, 25 = IStR 2003, 55, Rn. 33, m. w. N.

■ die Kapitalverkehrs- und Zahlungsverkehrsfreiheit (Art. 56 EG) und

■ das allgemeine Diskriminierungsverbot (Art. 12 EG).

Aus betriebswirtschaftlicher Sicht ist festzustellen, dass der EuGH mit seinen Entscheidungen bisher kaum zu einer nachhaltigen Angleichung der nationalen Regelungen beigetragen hat. Vielmehr stellt er fest, ob ein Vertragsstaat eine Schlechterbehandlung von grenzüberschreitenden Sachverhalten gegenüber reinen inländischen Sachverhalten in seinen gesetzlichen Regelungen vorsieht. Eine solche ist nur dann zulässig, wenn es hierfür eine besondere Rechtfertigung gibt. Nach derzeitiger Praxis des Gerichts ist dies nur in seltenen Ausnahmefällen gegeben.[37]

Das Steuerrecht kann für unternehmerische Entscheidungen und Handlungen eine Beschreibung der bestehenden Rahmenbedingungen liefern und entstehende Belastungen aufzeigen. Ungeklärt bleibt jedoch, welche Konsequenzen sich hieraus für die Unternehmen ergeben. Insoweit wird der Rahmen der rechtlichen Möglichkeiten betrachtet, aber nicht die Frage beantwortet, welche Handlungsoption der Steuerpflichtige nutzen soll. Dies aufzuzeigen und hierauf aufbauend weitere Gestaltungsempfehlungen herzuleiten, ist eine der Aufgaben der Internationalen Betriebswirtschaftlichen Steuerlehre. Im Ergebnis soll – im Sinne einer entscheidungsorientierten Betriebswirtschaftslehre – eine Hilfestellung gegeben werden, welche der sich bietenden Möglichkeiten, die die Rechtsordnung dem Steuerpflichtigen aufzeigt, konkret gewählt werden sollte. Hierbei handelt es sich um die Auswahl der „optimalen" Entscheidungsmöglichkeit aus der Gesamtheit der bestehenden Alternativen vor dem Hintergrund einer bestimmten Zielsetzung.

Für die weiteren Überlegungen wird von einer **Entscheidung unter Sicherheit** ausgegangen.[38] Eine solche Prämisse schränkt den Realitätsbezug der Ausführungen nachhaltig ein, denn gerade bei grenzüberschreitenden Geschäften sind Unsicherheit und Risiken besonders groß. Dies liegt regelmäßig daran, dass die Risiken bei grenzüberschreitenden Geschäften häufig – teilweise deutlich – größer sind, als bei reinen Inlandssachverhalten. Hinzu kommt, dass der Steuerpflichtige sowohl von Rechtsänderungen in seinem Heimatstaat als auch im anderen Staat betroffen sein kann. Gleichwohl ist diese Prämisse legitim, denn die folgenden Ausführungen haben zum Ziel, grundlegende Wirkungsweisen zu erläutern und die Methodik zu vermitteln, mit deren Hilfe der Einfluss der Besteuerung analysiert werden kann. Auf dieser Grundlage ist es möglich, z. B. hinsichtlich der Vorteilhaftigkeit einer Investitionsentscheidung alternative Szenarien zu betrachten, die auf abweichenden Daten und/oder Annahmen

---

[37] Vgl. zu einer Übersicht möglicher Rechtfertigungsgründe z. B. Thömmes, Tatbestandsmäßigkeit und Rechtfertigung steuerlicher Diskriminierung nach EG-Recht, in: Schön (Hrsg.), Gedächtnisschrift für Knobbe-Keuk, Köln 1997, S. 818 ff sowie von Thiel/Achilles, IStR 2003 S. 553, S. 556.

[38] Vgl. zu Begriffsabgrenzung Kaminski/Strunk, Einfluss von Steuern auf unternehmerische Entscheidungen, Kriftel 2002, S. 4 ff.

beruhen. Da die Vorteilhaftigkeit einer einmal gewählten Gestaltungsvariante von einer Vielzahl sich im Zeitablauf verändernder Parameter abhängt, besteht die Notwendigkeit einer regelmäßigen Überprüfung bzw. ggf. vorzunehmenden Anpassung an sich verändernde Rahmenbedingungen. Aufgrund der andernfalls drohenden erheblichen wirtschaftlichen Nachteile, ist es sinnvoll, eine regelmäßige Beurteilung der gegebenen Struktur vorzunehmen.

Es wird unterstellt, dass das Unternehmen die **Zielsetzung der relativen Steuerminimierung** verfolgt. Hierunter wird verstanden, dass eine bestimmte Unternehmenstätigkeit ausgeübt und so gestaltet werden soll, dass unter den bestehenden Bedingungen die hieraus resultierende steuerliche Belastung möglichst gering wird.

Im Weiteren wird zwischen Geschäftsleitungsentscheidungen im engeren (3. Kapitel) und im weiteren Sinne (4. Kapitel) unterschieden.[39] Geschäftsleitungsentscheidungen **im engeren Sinne** sind dadurch gekennzeichnet, dass sie sich nicht kurzfristig verändern lassen und daher regelmäßig von der obersten Leitungsebene eines Unternehmens getroffen werden. Da diese Entscheidungen in einer Vielzahl von Fällen zu treffen sind, kommt ihnen in ihrer Gesamtheit große Bedeutung zu. Hierbei handelt es sich insbesondere um die folgenden Bereiche:

- Überlegungen zur internationalen **Standortwahl**,

- Wahl der steueroptimalen **rechtlichen Ausprägungsform** von grenzüberschreitenden Geschäftsaktivitäten, wobei danach zu unterscheiden ist, ob es sich um einen Inländer handelt, der im Ausland investieren will, oder um einen Ausländer, der eine Investition im Inland vornehmen möchte und

- **Organisation** der inneren und äußeren Ausgestaltung der Unternehmenstätigkeit: Hierbei stellt sich die Frage nach der Zuordnung von Funktionen und z. B. danach, welche steuerlichen Konsequenzen mit einer Veränderung der bestehenden Strukturen (wie beispielsweise einer grenzüberschreitenden Umwandlung oder einem grenzüberschreitenden Unternehmensverkauf) verbunden sein können und welche steuerlichen Optimierungsüberlegungen hierbei bestehen.

Hingegen sind die Geschäftsleitungsentscheidungen **im weiteren Sinne** solche, die aufgrund ihrer Bedeutung für das Unternehmen zwar wichtig sind, aber nicht so grundlegende Relevanz haben. Sie sind im Unternehmen viel häufiger zu treffen und lassen sich deutlich einfacher korrigieren. Folglich obliegen sie nicht der obersten Unternehmensleitung, sondern in der Regel dem mittleren Management. Hierbei handelt es sich z. B. um Entscheidungen über:

- die steueroptimale **Finanzierung** der grenzüberschreitenden Unternehmenstätigkeit,

---

[39] Vgl. zur Begründung dieser Differenzierung bereits Kaminski/Strunk, Einfluss von Steuern auf unternehmerische Entscheidungen, Kriftel 2002, S. 8 ff.

- eine möglichst günstige steuerliche Strukturierung von **Investition,**

- **Marketing**maßnahmen, am Beispiel der Ausgestaltung des internationalen Vertriebs,

- **Personal**maßnahmen, diskutiert am Beispiel der Personalentsendungen innerhalb international tätiger Unternehmen bzw. Konzerne,

- Überlegungen zur Konzernsteuerquote und ihren Auswirkungen auf die Strukturierung des **Controllings.**

Wie die weiteren Ausführungen zeigen werden, ergeben sich in diesen Bereichen grundlegende Auswirkungen. Aus Sicht des Unternehmens ist jeweils fraglich, welche Veränderungen bzw. Besonderheiten im Vergleich zu rein innerstaatlichen Sachverhalten zu beachten sind. Diese entstehen nicht nur auf Grund einer u. U. erheblichen Vergrößerung der Komplexität, sondern auch infolge der Anforderungen, die durch verschiedene Finanzverwaltungen gestellt und durch das Unternehmen beachtet werden müssen.

Werden im Rahmen unseres Buchs „Einfluss von Steuern auf unternehmerische Entscheidungen"[40] Entscheidungssituationen bei rein inländischen Sachverhalten untersucht, sollen im Folgenden solche betrachtet werden, die einen grenzüberschreitenden Bezug aufweisen. Dabei wird unterstellt, dass alle übrigen Entscheidungsparameter entscheidungsirrelevant sind, sodass eine Entscheidung ausschließlich auf Grundlage steuerlicher Überlegungen erfolgt. Ein solcher Ansatz kann auch verwendet werden, um eine Differenzbelastung zu ermitteln: Wird die steuerliche Belastung für den steuerlich günstigsten Fall ermittelt und mit derjenigen verglichen, die beim (aufgrund außersteuerlicher Aspekte) zu realisierenden Sachverhalt eintritt, so handelt es sich hierbei um die zusätzliche steuerliche Belastung, die infolge der Wahl einer anderen Alternative eintritt. Folglich müssen die anderen (außersteuerlichen) Vorteile wenigstens so groß sein, dass sie diesen Nachteil kompensieren. Anderenfalls wäre die gewählte Vorgehensweise nicht sinnvoll. Unter der Prämisse der Quantifizierbarkeit der außersteuerlichen Faktoren und der einwertigen Erwartungen lassen sich diese Überlegungen in Form von Vergleichsrechnungen darstellen. Zwar können hierbei durchaus Änderungen der rechtlichen Ausgestaltung einer Geschäftätigkeit erfolgen, gleichwohl wird – annahmegemäß – das wirtschaftlich Gewollte unverändert angestrebt.

Beispiel:

Eine internationale Konzernstruktur ist unter der Bedingung der Haftungsbegrenzung errichtet worden. Wenn dieses Ziel beibehalten werden soll, muss dies nicht zwingend in der Rechtsform der Kapitalgesellschaft geschehen. Denkbar sind beispielsweise

---

[40] Vgl. Kaminski/Stunk, Einfluss von Steuern auf unternehmerische Entscheidungen, Kriftel 2003.

auch Gestaltungen unter Berücksichtigung von Personengesellschaften, wie z. B. einer limited partnership bzw. einer GmbH & Co KG.

Weichen eine steuerlich motivierte Gestaltungsempfehlung von der bisher vorhandenen Unternehmensstruktur ab, muss entschieden werden, ob die steuerlichen Vorteile der Struktur die möglicherweise eintretenden betriebswirtschaftlichen Nachteile überwiegen. Diese Entscheidung für die Unternehmensleitung vorzubereiten und die Argumente aus steuerlicher und betriebswirtschaftlicher Sicht darzustellen, ist Aufgabe der mit Steuern in Unternehmen beschäftigten Personen.

Literaturhinweise:

Zur Internationalen Betriebswirtschaftlichen Steuerlehre:

Breithecker, V., Einführung in die Internationale Betriebswirtschaftliche Steuerlehre, 2. Aufl., Bielefeld 2002

Djanani, C./Brähler, G., Internationales Steuerrecht, 2. Aufl., Wiesbaden 2004

Fischer, L./Kleineidam, H.-J./Warneke, P., Internationale Betriebswirtschaftliche Steuerlehre, 5. Aufl., Bielefeld 2005

Grotherr, S. (Hrsg.), Handbuch der internationalen Steuerplanung, 2. Aufl., Herne/Berlin 2003

Jacobs, O. H. (Hrsg.), Internationale Unternehmensbesteuerung, 5. Aufl., München 2002

Scheffler, W., Besteuerung der grenzüberschreitenden Unternehmenstätigkeit, 2. Aufl., München 2002

Schmidt, L./Sigloch, J./Henselmann, K., Internationale Steuerlehre. Steuerplanung bei grenzüberschreitenden Transaktionen, Wiesbaden 2005

Zum Internationalen Steuerrecht:

Bächle, E./Rupp, T., Internationales Steuerrecht, Stuttgart 2002

Frotscher, G., Internationales Steuerrecht, 2. Aufl., München 2005

Grotherr, S./Herfort, C./Strunk, G., Internationales Steuerrecht, 2. Aufl., Achim 2003

Kluge, V., Das deutsche internationale Steuerrecht, 4. Aufl., München 2000

Mössner, J. M. u. a., Steuerrecht international tätiger Unternehmen. Handbuch der Besteuerung von Auslandsaktivitäten inländischer Unternehmen und von Inlandsaktivitäten ausländischer Unternehmer, 3. Aufl., Köln 2005

Schaumburg, H., Internationales Steuerrecht, 2. Aufl., Köln 1998

Wilke, K.-M., Lehrbuch des internationalen Steuerrechts, 8. Aufl., Herne/Berlin 2005

2 Grundlegende materiellrechtliche und verfahrensrechtliche Ergänzungen

Bevor im Folgenden grenzüberschreitende Geschäftsleitungsentscheidungen von Unternehmen untersucht werden, wird in einem ersten Schritt analysiert, welche materiellrechtlichen und verfahrensrechtlichen Grundlagen bei Outbound- und Inbound-Fällen zu beachten sind. Hierbei sind grundlegend andere Regelungen zu beachten in Abhängigkeit davon, ob ein Inländer im Ausland investiert (sog. Outbound-Fall) oder ein Ausländer in Deutschland (sog. Inbound-Fall).

2.1 Outbound-Fälle

2.1.1 Materiellrechtliche Aspekte

Nimmt ein im Inland ansässiges Unternehmen Aktivitäten im Ausland vor, muss neben dem nationalen Steuerrecht der Bundesrepublik Deutschland auch das nationale Steuerrecht des Quellenstaates sowie ein gegebenenfalls zu beachtendes Abkommen zur Vermeidung der Doppelbesteuerung berücksichtigt werden. Dabei bleibt die unbeschränkte Steuerpflicht im Inland bestehen und es kommt eine beschränkte Steuerpflicht im Quellenstaat hinzu. Diese erstreckt sich auf die im Ausland erzielten Einkünfte, sodass diese einer doppelten Besteuerung (einerseits im Ausland andererseits im Rahmen des Welteinkommensprinzips im Inland) unterliegen. Für den Steuerpflichtigen stellt sich die Frage, wie diese Doppelbesteuerung vermieden werden kann. Neben diesem materiellrechtlichen Problem ergeben sich verfahrensrechtliche Fragen: Die Aufnahme einer Geschäftstätigkeit im Ausland führt regelmäßig zu Steuerpflichten in Form von Mitwirkungs-, Erklärungs- und/oder Zahlungspflichten. Diese Anforderungen müssen dem Unternehmen bekannt sein, damit diese befolgt werden können.

Für jede einzelne Investition ist eine genaue Analyse der hiermit verbundenen steuerlichen Konsequenzen erforderlich. Hierbei kommt der Frage, ob im Ausland eine Steuerpflicht begründet wird, besondere Bedeutung zu. Obwohl in den einzelnen Ländern unterschiedliche Anknüpfungspunkte für steuerliche Zwecke verwendet werden, wird im Folgenden unterstellt, dass im Ausland vergleichbare Anknüpfungspunkte bestehen wie in Deutschland. Für die natürlichen Personen zur Begründung der unbeschränkten Steuerpflicht soll auf den Wohnsitz bzw. subsidiär auf den gewöhnlichen Aufenthalt abgestellt werden und hinsichtlich der Körperschaften auf den Sitz der Gesellschaft oder den Ort der Geschäftsleitung. Diese Kriterien werden nicht nur im deutschen nationalen Steuerrecht verwendet, sondern sind auch Bestandteil des Abkommensrechts. Für die Begründung einer beschränkten Steuerpflicht sind die üblichen Anknüpfungspunkte, wie z. B. die Belegenheit einer Immobilie oder einer wirtschaftlichen Einheit (Betriebsstätte), die Quelle der Einkünfte oder der Ort der physischen Präsenz des Steuerpflichtigen zu berücksichtigen. Die Tatsache, dass einzelne Staaten weitere Anknüpfungspunkte für die unbeschränkte wie beschränkte Steuerpflicht in ihrem nationalen Recht vorsehen, muss beachtet werden, soll aber an der Anwendung dieser Annahme zunächst nichts ändern.

Erfolgt eine Besteuerung sowohl im In- wie im Ausland, werden die Unternehmen versuchen, diese Doppelbesteuerung[41] zu vermeiden. Hierbei sind zwei Ausprägungsformen zu unterscheiden:

- Von **juristischer Doppelbesteuerung** wird gesprochen, wenn ein Steuerpflichtiger in zwei (oder mehreren) Staaten wegen ein und desselben Steuergegenstandes einer gleichartigen Steuer für denselben Zeitraum unterliegt.

- Hingegen liegt eine **wirtschaftliche Doppelbesteuerung** vor, wenn derselbe Wirtschaftsvorgang oder Vermögenswert (also das Steuerobjekt) in zwei (oder mehreren) Staaten in demselben Zeitraum besteuert wird, ohne dass hierbei derselbe Steuerpflichtige betroffen ist.

Folgende **Ursachen** lassen sich für das Entstehen einer Doppelbesteuerung nennen:

- **Konkurrierende unbeschränkte Steuerpflicht**
  Jeder Staat besteuert dieselbe Person mit ihren gesamten Einkünften oder ihrem gesamten Vermögen, z. B. aufgrund unterschiedlicher Anknüpfungspunkte, wie Wohnsitz oder Nationalität.

- **Beschränkte und unbeschränkte Steuerpflicht**
  Eine in einem Staat ansässige Person mit Einkünften aus dem anderen Staat wird in beiden Staaten zur Besteuerung herangezogen (Anwendungsbeispiel: US-Amerikaner mit Wohnsitz in den USA besitzt eine vermietete Immobilie in Deutschland).

- **Konkurrierende beschränkte Steuerpflicht**
  Eine Person ist in einem Drittstaat ansässig und bezieht Einkünfte, die aufgrund unterschiedlicher Ausprägungen des Quellensteuerprinzips in beiden Staaten der

---

[41] Hingegen wird von einer **Doppelbelastung** gesprochen, wenn der doppelte Besteuerungszugriff innerhalb eines Staates erfolgt.

Besteuerung unterliegen (Anwendungsbeispiel: Ein US-Staatsbürger mit Wohnsitz in den USA erzielt aus einer Mietkaution für ein Gebäude in Italien von einem Mieter aus Frankreich Zinseinnahmen).

▣ **Unterschiedliche Einkunftszurechnung**
Eine Doppelbesteuerung entsteht auch dann, wenn die Staaten hinsichtlich der ihrem Staatsgebiet zuzuweisenden Einkunftsteile uneins sind. In diesen Fällen wird mehr der Besteuerung zugrunde gelegt als die tatsächlich erzielten Einkünfte.

Ein Steuerpflichtiger soll infolge der möglicherweise drohenden Mehrbelastung nicht von einer grenzüberschreitenden Geschäftstätigkeit abgehalten werden. Deshalb sind sowohl uni- als auch bilaterale Maßnahmen vorgesehen, die die materiellen Auswirkungen einer Doppelbesteuerung vermeiden oder zumindest begrenzen sollen.

2.1.1.1 Vermeidung der Doppelbesteuerung durch unilaterale Maßnahmen des EStG

Als unilaterale Maßnahmen zur Vermeidung der Doppelbesteuerung sieht das allgemeine deutsche Außensteuerrecht die **folgenden Methoden** vor:

▣ die Anrechnungsmethode,

▣ die Freistellungsmethode,

▣ die Abzugsmethode,

▣ die Pauschalierungsmethode und

▣ die Erlassmethode.

Die wichtigste Methode ist die so genannte **Anrechnungsmethode**. Sie wird im § 34c Abs. 1 EStG, § 26 KStG und im § 21 ErbStG normiert. Hierbei ist zu berücksichtigen, dass die Regelungen im Körperschaftsteuergesetz im Wesentlichen auf die Vorschriften des Einkommensteuergesetzes verweisen. Im Erbschaftsteuergesetz gibt es nur die Möglichkeit der Anrechnung und keine anderen unilateralen Maßnahmen zur Vermeidung der Doppelbesteuerung. Auf die erbschaftsteuerlichen Vorgaben wird im Weiteren nicht näher eingegangen.

Das Grundprinzip der Anrechnungsmethode sieht vor, die **im Ausland gezahlte Steuer als eine Art Vorauszahlung** auf die im Inland entstehende Steuerschuld zu behandeln. Da aus Sicht des Ansässigkeitsstaats die Steueranrechnung zu einer Verringerung seines Steueraufkommens und somit zu einem Verzicht auf Einnahmen führt, müssen bestimmte Voraussetzungen erfüllt sein, um eine Anrechnung vornehmen zu können. Diese sind im § 34c Abs. 1 EStG (ggf. i. V. m. § 26 Abs. 1 KStG) wie folgt definiert:

1. Anrechnungsberechtigt sind **grundsätzlich nur unbeschränkt Steuerpflichtige.** Dies sind entweder natürliche Personen, die ihren Wohnsitz und/oder ihren ge-

wöhnlichen Aufenthalt im Inland haben oder Kapitalgesellschaften, die Sitz und/oder Geschäftsleitung im Inland unterhalten.[42]

2. Die ausländische Steuer muss **im Wesentlichen der deutschen Einkommen- bzw. Körperschaftsteuer entsprechen**.[43] Die Finanzverwaltung hat in Anlage 8 der EStR aufgelistet, für welche ausländischen Steuern dies der Fall ist. Ist eine solche Gleichartigkeit nicht gegeben, scheidet eine Anrechnung aus. Folglich können nur die anderen unilateralen Maßnahmen zur Vermeidung der Doppelbesteuerung wie insbesondere die Abzugsmethode zur Anwendung kommen.

3. Die ausländische Steuer muss **festgestellt und bezahlt** worden sein sowie **keinem Ermäßigungsanspruch** unterliegen. Hierdurch soll verhindert werden, dass durch eine später erfolgende Steuererstattung im Ausland eine doppelte Begünstigung erfolgt. Diese wäre dann gegeben, wenn zunächst im Inland die höhere ausländische Steuer auf die deutsche Einkommensteuer angerechnet werden könnte und dann anschließend im Ausland eine Steuerherabsetzung erfolgte, ohne dass dies Korrekturen in Deutschland nach sich zöge. Da die deutsche Finanzverwaltung regelmäßig kaum in der Lage ist zu prüfen, inwieweit entsprechende Steuererstattungen im Ausland erfolgen[44], würde sonst die Gefahr bestehen, dass wirtschaftlich betrachtet eine Anrechnung von Steuern erfolgen könnte, die als wirtschaftliche Belastung nicht zu tragen waren.

4. Die ausländische Steuer wurde in dem **Staat erhoben, aus dem auch die Einkünfte stammen**. Damit wird erreicht, dass mehrfache Begünstigungen bei internationalen Sachverhalten erfolgen, indem eine einmalig gezahlte Steuer in mehreren Staaten angerechnet wird.

5. Der Steuerpflichtige **weist nach**, in welcher **Höhe** er **ausländische Einkünfte** erzielt hat und inwieweit im Ausland eine **Steuer entrichtet** wurde. Eine Steueranrechnung ist nur insoweit möglich, wie die Steuer auf Einkünfte im Sinne des § 34d EStG entfällt. Abbildung 2-1 fasst diese ausländischen Einkünfte und das jeweils erforderliche Tatbestandsmerkmal für den Auslandsbezug zusammen. Sie sind dadurch charakterisiert, dass – ähnlich wie im § 2 Abs. 1 EStG – einerseits hinsichtlich der Tätigkeit differenziert wird. Andererseits muss – vergleichbar zu § 49 EStG[45] – ein besonderer Bezug zum Ausland hergestellt werden.[46]

---

[42] In Ausnahmefällen kann eine Anrechnung durch beschränkt Steuerpflichtige erfolgen. Dies gilt, wenn im Inland eine Betriebsstätte unterhalten wird.

[43] Diese Voraussetzung gilt für die Anrechnung nach § 21 ErbStG entsprechend.

[44] Infolge des Territorialprinzips sind die Ermittlungsmöglichkeiten und die Befugnisse der deutschen Finanzverwaltung auf den Geltungsbereich des Grundgesetzes beschränkt.

[45] Vgl. hierzu S. 48 ff.

[46] In § 49 EStG wird ein solcher Bezug zum Inland verlangt. Gleichwohl sind beide Vorschriften nicht vollständig aufeinander abgestimmt.

Abbildung 2-1:   *Anknüpfungspunkte zum Ausland bei Einkünften im Sinne von § 34d EStG*

1.	Land- und Forstwirtschaft	Einkünfte aus einer im ausländischen Staat betriebenen Land- und Forstwirtschaft und Einkünfte der in den Nummern 3, 4, 6, 7 und 8 Buchst. c genannten Art, soweit sie zu den Einkünften aus Land- und Forstwirtschaft gehören
2.	Gewerbebetrieb	Einkünfte,
		a) die durch eine in einem ausländischen Staat belegene Betriebsstätte oder durch einen in einem ausländischen Staat tätigen ständigen Vertreter erzielt werden, und Einkünfte der in den Nummern 3, 4, 6, 7 und 8 Buchst. c genannten Art, soweit sie zu den Einkünften aus Gewerbebetrieb gehören,
		b) die aus Bürgschafts- und Avalprovisionen erzielt werden, wenn der Schuldner Wohnsitz, Geschäftsleitung oder Sitz in einem ausländischen Staat hat, oder
		c) die durch den Betrieb eigener oder gecharterter Seeschiffe oder Luftfahrzeuge aus Beförderungen zwischen ausländischen oder ausländischen zu inländischen Häfen erzielt werden, einschließlich der Einkünfte aus anderen mit solchen Beförderungen zusammenhängenden, sich auf das Ausland erstreckende Beförderungsleistungen
3.	selbstständiger Arbeit	die in einem ausländischen Staat ausgeübt oder verwertet wird oder worden ist, und Einkünfte der in den Nummern 4, 6, 7 und 8 Buchst. c genannten Art, soweit sie zu den Einkünften aus selbstständiger Arbeit gehören
4.	Veräußerung	a) Wirtschaftsgüter, die zum Anlagevermögen eines Betriebs gehören, wenn die Wirtschaftsgüter in einem ausländischen Staat belegen sind,
		b) Anteile an Kapitalgesellschaften, wenn die Gesellschaft Geschäftsleitung oder Sitz in einem ausländischen Staat hat

5.	nichtselbstständiger Arbeit	die in einem ausländischen Staat ausgeübt oder, ohne im Inland ausgeübt zu werden oder worden zu sein, in einem ausländischen Staat verwertet wird oder worden ist, und Einkünfte, die von ausländischen öffentlichen Kassen mit Rücksicht auf ein gegenwärtiges oder früheres Dienstverhältnis gewährt werden. Einkünfte, die von inländischen öffentlichen Kassen einschließlich der Kassen der Deutschen Bundesbahn und der Deutschen Bundesbank mit Rücksicht auf ein gegenwärtiges oder früheres Dienstverhältnis gewährt werden, gelten auch dann als inländische Einkünfte, wenn die Tätigkeit in einem ausländischen Staat ausgeübt wird oder worden ist
6.	Kapitalvermögen	wenn der Schuldner Wohnsitz, Geschäftsleitung oder Sitz in einem ausländischen Staat hat oder das Kapitalvermögen durch ausländischen Grundbesitz gesichert ist
7.	Vermietung und Verpachtung	soweit das unbewegliche Vermögen oder die Sachinbegriffe in einem ausländischen Staat belegen oder die Rechte zur Nutzung in einem ausländischen Staat überlassen worden sind
8.	sonstige Einkünfte im Sinne des § 22, wenn	a) der zur Leistung der wiederkehrenden Bezüge Verpflichtete Wohnsitz, Geschäftsleitung oder Sitz in einem ausländischen Staat hat, b) bei Spekulationsgeschäften die veräußerten Wirtschaftsgüter in einem ausländischen Staat belegen sind, c) bei Einkünften aus Leistungen einschließlich der Einkünfte aus Leistungen im Sinne des § 49 Abs. 1 Nr. 9 der zur Vergütung der Leistung Verpflichtete Wohnsitz, Geschäftsleitung oder Sitz in einem ausländischen Staat hat.

Aus wirtschaftlicher Sicht besonders bedeutsam ist, dass bei der Anrechnung **Höchstgrenzen** bestehen. Danach kann eine im Ausland gezahlte Steuer nur insoweit auf die deutsche Steuer angerechnet werden, wie es dem Verhältnis der Einkünfte aus dem Ausland zur Summe der Einkünfte entspricht. Folglich führt die Anwendung dieser Methode nicht dazu, dass eine ggf. höhere ausländische Besteuerung im Inland wieder ausgeglichen wird, sondern es kommt – wirtschaftlich betrachtet – die jeweils höhere Steuerbelastung der beiden Staaten zum Tragen. Dadurch wird verhindert, dass der inländische Fiskus im Ausland erhobene Steuern erstatten muss. Aus betriebswirtschaftlicher Sicht ist der Höchstbetrag insbesondere dann problematisch, wenn eine unterschiedliche Periodisierung von Einkünften erfolgt, wie dies beispielsweise bei der Besteuerung von stock options und der unterschiedlichen Bestimmung des Zuflusses der Fall ist. Die Berücksichtigung der ausländischen Steuern im Inland in einem Veranlagungszeitraum scheitert am Anrechnungshöchstbetrag. Im anderen Veranlagungszeitraum kann die Anrechnung nicht erfolgen, weil keine Steuerbelastung im Ausland gegeben ist. Eine interperiodische Verrechnung von so genannten Anrechnungsüberhängen sieht das deutsche Recht nicht vor, sodass diese verfallen. Zur Bestimmung des Anrechnungshöchstbetrages sind die ausländischen Einkünfte nach **inländischen Einkunftsermittlungsvorschriften** zu bestimmen. Hieraus folgt, dass aufgrund unterschiedlicher Periodisierung im Rahmen der Gewinnermittlung (z. B. bei der Möglichkeit zur Vornahme von Abschreibungen) unterschiedliche Einkunftshöhen im In- und Ausland entstehen und hieraus Anrechnungsüberhänge resultieren. Außerdem ist die so genannte **per-country limitation** zu berücksichtigen. Danach hat eine gesonderte Betrachtung eines jeden Staates für Zwecke der Ermittlung des Anrechnungshöchstbetrages zu erfolgen. Sofern in einem Staat sowohl positive als auch negative Einkünfte erzielt werden, kann dies dazu führen, dass zwar einerseits auf die positiven Einkünfte im Ausland Steuern entrichtet werden müssen, aber andererseits im Rahmen der deutschen Besteuerung infolge eines nicht gegebenen positiven Einkunftsbetrags eine Steueranrechnung ausscheidet. In einem solchen Fall kann eine Entlastung nur bei Anwendung der Abzugsmethode erfolgen.

Aus wirtschaftlicher Sicht ist festzustellen, dass insbesondere die Regelungen zum Anrechnungshöchstbetrag dazu führen, dass bei Anwendung dieser Methode **jeweils das höhere Steuerniveau** zur Anwendung kommt. Für die Standortwahl ergeben sich hieraus gravierende Auswirkungen, weil klar ist, dass aus dem Auslandsengagement mindestens eine Steuerbelastung in Höhe der deutschen Steuer entsteht.[47] Zugleich reicht es nicht aus, nur auf die Höhe der Steuersätze am jeweiligen Standort zu schauen. Erforderlich ist vielmehr eine detaillierte Analyse, die eine Simulation der entstehenden Steuerbelastungen bedingt. Entscheidend hierfür sind die möglicherweise entstehenden Anrechnungsüberhänge, die die Gesamtsteuerbelastung aus einer Auslandsaktivität erhöhen. Außerdem zeigt sich, dass im Rahmen von Finanzierungsüberlegungen die Notwendigkeit besteht, Steuerzahlungen mit zu berücksichtigen. Ausschlaggebend hierfür ist, dass sowohl im In- wie im Ausland zunächst Steuerzahlungen zu leisten sind und erst nach Abgabe der Steuererklärung bzw. im Rahmen der Veranlagung darüber entschieden wird, inwieweit eine Steueranrechnung tatsächlich erfolgen kann. Hieraus resultiert die Notwendigkeit, die Steuerzahlungen finanzieren zu müssen, was regelmäßig zu Zinsnachteilen führt. Außerdem können weitere Nachteile entstehen, wenn eine Finanzierung über Fremdmittel erforderlich ist, die möglicherweise nicht gewährt werden.

---

47 Dies folgt daraus, dass bei einer geringeren Steuerbelastung im Ausland eine „Hinaufschleusung" auf das deutsche Steuerniveau erfolgt. Damit kann es zwar erhebliche Unterschiede in der Verteilung des Steueraufkommens zwischen den Staaten geben, jedoch bleibt es bei der deutschen Besteuerung als Mindeststeuersatz.

Beispiel:

Eine deutsche Kapitalgesellschaft ist an einer mexikanischen Tochterkapitalgesellschaft zu 100 % beteiligt. Die mexikanische Gesellschaft nimmt eine Ausschüttung in Höhe von 100 vor und behält eine Quellensteuer in Höhe von 5 % nach Art. 10 DBA-Mexiko ein, da der Empfänger der Dividenden eine deutsche Kapitalgesellschaft ist, die qualifiziert an der mexikanischen Gesellschaft beteiligt ist.[48] Die in Mexiko gezahlte Quellensteuer kann grundsätzlich auf die deutsche Körperschaftsteuer angerechnet werden. Die deutsche Körperschaftsteuer auf die empfangene Dividende beträgt jedoch 0, sodass sich ein Anrechnungshöchstbetrag von ebenfalls 0 ergibt. § 8b Abs. 5 KStG sieht vor, dass 5 % der zufließenden Dividende als fiktiv nicht abzugsfähige Betriebsausgaben behandelt werden. Allerdings führt dies nicht zu ausländischen Einkünften, sondern zur Hinzurechnung von (fiktiven) Betriebsausgaben im Zusammenhang mit ausländischen Beteiligungen. Daher liegen die Voraussetzungen für eine Anwendung des § 34c EStG nicht vor. Im Ergebnis führt dies dazu, dass auf die mexikanischen Dividenden 5 % im Ausland gezahlt werden und – bei einem unterstellten kombinierten Ertragsteuersatz von 40 % – 2 Punkte im Inland. Die sich hierdurch ergebende Zusatzbelastung von insgesamt 7 Punkten gegenüber einer rein inländischen Beteiligung muss bei dem Auslandsengagement berücksichtigt werden.

Beispiel:

Eine deutsche Kapitalgesellschaft ist an einer ausländischen Kapitalgesellschaft in einem Nicht-DBA-Land beteiligt, in dem die Quellensteuer auf die Dividende 25 % beträgt. Die Lösung ist wie im vorstehenden Beispiel. Die im Ausland gezahlte Quellensteuer ist nicht anrechenbar und kann zu einer Schlechterstellung der Auslandsinvestition führen. Entsprechende Maßnahmen des deutschen Anteilseigners sind hier zwingend erforderlich.

Die Anrechnung der ausländischen Quellensteuern ist immer dann beschränkt, wenn nach deutschen Einkunftsermittlungsvorschriften der Gewinn aus einer grenzüberschreitenden Transaktion vergleichsweise niedrig ist, aber im Ausland auf Basis der Bruttoeinnahme eine Quellensteuer erhoben wird.

Beispiel:

Eine inländische Gesellschaft erwirbt gewerbliche Schutzrechte zu einem Preis von 90 und vergibt ausschließlich Unterlizenzen an ausländische Gesellschaften zu 100 in Ländern, bei denen Quellensteuern in Höhe von 10 % auf die Lizenzzahlungen erhoben werden. Nach deutschen Anrechnungshöchstbetragsvorschriften kann nur soviel ausländische Steuer angerechnet werden, wie sie sich ergeben hätte, wenn der Gewinn nach deutschen Gewinnermittlungsvorschriften ermittelt worden wäre. Der Gewinn nach diesen Vorschriften beträgt allerdings nur 10, die bei einem angenommenen kombinierten Unternehmenssteuersatz in Deutschland von 40 % zu einer Steuerlast

---

[48] Vgl. hierzu ausführlich S. 159 ff.

von 4 führen würde. Nur bis zu dieser Höhe kann eine Anrechnung der gezahlten ausländischen Steuern (10) vorgenommen werden. Im Ergebnis werden auf einen erzielten Gewinn von 10 Steuern im In- und Ausland von ebenfalls 10 gezahlt. Dieses Ergebnis ist nicht sachgerecht, entsteht aber häufig bei Lizenz- und Zinseinnahmen, wenn die inländische Gesellschaft über umfassende Betriebsausgaben im Zusammenhang mit den erzielten Einnahmen verfügt.

Als weitere unilaterale Maßnahme zur Vermeidung der Doppelbesteuerung ist die **Freistellungsmethode** zu nennen. Diese sieht vor, dass Einkünfte im Inland nicht erneut der Besteuerung unterliegen. Diese Methode findet derzeit im § 8b KStG Anwendung auf Dividenden, die eine inländische Kapitalgesellschaft von einer anderen Kapitalgesellschaft bezieht.[49] Hierbei ist zu berücksichtigen, dass gemäß § 8b Abs. 5 KStG für Dividenden und in § 8b Abs. 3 KStG für Veräußerungsgewinne eine fiktive nicht abzugsfähige Betriebsausgabe in Höhe von 5 % der Dividenden bzw. des Veräußerungsgewinns unterstellt wird. Im Ergebnis wird damit – wirtschaftlich betrachtet – die Freistellung auf 95 % der Dividenden bzw. des Gewinns begrenzt.

Die Freistellungsmethode führt dazu, dass die Einkünfte nur mit dem jeweils im Ausland geltenden Steuersatz belastet werden. Insoweit überrascht, dass § 8b KStG für die Freistellung keine zusätzlichen oder näheren Voraussetzungen verlangt.[50] Für die Standortwahl hat diese Methode große Bedeutung: Sie führt dazu, dass die Einkünfte nur mit ausländischen Steuern belastet werden. Sofern die im Ausland geltenden Steuersätze niedriger sind, als die im Inland geltenden, besteht damit ein steuerlicher Anreiz zu einer Verlagerung von Einkommensquellen in das (niedriger besteuernde[51]) Ausland. Hieraus resultiert ein Wettbewerbsvorteil für ausländische Standorte, die niedrige Steuersätze haben. Wird ein Investor betrachtet, der eine bestimmte Nachsteuerrendite erreichen will, so ist die erforderliche Vorsteuerrendite umso geringer, je niedriger die Steuersätze im Ausland sind. Wird hingegen die Rendite vor Steuern aus einer Investition als determiniert angesehen, so ist die Nachsteuerrendite umso höher, je niedriger die ausländische Steuerbelastung ist. Folglich wird ein Investor im Rahmen der Standortwahl bei Anwendung der Freistellungsmethode im Inland der Steuerbelastung im Ausland große Beachtung schenken. Im Ergebnis führte somit die Einführung der Steuerfreiheit der Dividenden und der Veräußerungsgewinne im Sinne des § 8b KStG zu einem Anreiz ausländische Investitionen in Kapitalgesellschaften auch in Nicht-DBA-Ländern vorzunehmen, da diese Vergünstigung unilateral gegenüber jedem Staat gewährt wird und nicht nur im Verhältnis zu Staaten greift, mit denen ein DBA abgeschlossen wurde.

---

[49] Hierbei ist es irrelevant, ob es sich um eine Beteiligung an einer in- oder einer ausländischen Kapitalgesellschaft handelt. Außerdem sind die steuerlichen Konsequenzen bei einer Weiterausschüttung an den Anteilseigner gesondert zu diskutieren.

[50] Andere Besteuerungskonsequenzen ergeben sich, wenn die Regelungen zur so genannten Hinzurechnungsbesteuerung zur Anwendung kommen, vgl. hierzu S. 84 ff.

[51] Hierunter ist eine niedrigere Besteuerung als in Deutschland gemeint, die jedoch nicht zum Eingreifen der Hinzurechnungsbesteuerung führt.

Eine weitere unilaterale Maßnahme zur Vermeidung der Doppelbesteuerung ist die **Abzugsmethode**. Danach können die im Ausland gezahlten Steuern im Inland von der Bemessungsgrundlage abgezogen werden. Hierbei kommt der Anrechnungshöchstbetrag nach § 34c Abs. 1 EStG nicht zur Anwendung. Im Ergebnis erfolgt damit die Verringerung der inländischen Bemessungsgrundlage um die ausländischen Steuern, ohne dass darüber hinaus eine Anrechnung auf die sich danach ergebende Steuerbelastung im Inland erfolgen kann. Für die Abzugsmethode sind zwei unterschiedliche Anwendungsbereiche vorgesehen: Einerseits hat der Steuerpflichtige gem. § 34c Abs. 2 EStG die Möglichkeit einen **Antrag** zu stellen, statt der Anrechnungsmethode die Abzugsmethode zur Anwendung kommen zu lassen, andererseits erfolgt ein Abzug von Amtswegen (§ 34c Abs. 3 EStG). Der Antrag ist immer dann sinnvoll, wenn im Inland Verluste entstehen und deshalb bereits eine Steuerbelastung in Höhe von null eintritt. In einem solchen Fall würde eine Steueranrechnung wirtschaftlich betrachtet leer laufen, während der Abzug der Steuern im Inland (vergleichbar einem Betriebsausgabenabzug) dazu führt, dass die Verlustvorträge erhöht werden und insoweit eine interperiodische Berücksichtigung erfolgen kann. Damit wird – wirtschaftlich betrachtet – ein Verfallen der Anrechnungsmöglichkeit in der Form verhindert, dass zumindest im Wege der interperiodischen Verlustberücksichtigung eine Entlastung erfolgen kann. Ferner können Anrechnungsüberhänge entstehen[52], sodass es in bestimmten Fällen günstiger sein kann, statt der Anrechnungs- die Abzugsmethode zu wählen. Hierbei hat eine Ausübung des Wahlrechtes einheitlich für alle Einkünfte und Steuern aus einem Staat innerhalb eines Veranlagungszeitraumes zu erfolgen, während es möglich ist, für unterschiedliche Staaten dieses Wahlrecht unterschiedlich auszuüben.

Darüber hinaus ist eine Anwendung der Abzugsmethode auch **von Amtswegen** möglich. Diese Fälle erfasst § 34c Abs. 3 EStG bzw. § 26 Abs. 6 KStG. Sie erfolgt, wenn die ausländische Steuer nicht der deutschen Einkommen- bzw. Körperschaftsteuer entspricht. Dies ist z. B. der Fall, wenn im Ausland eine Besteuerung vorgenommen wird, die unabhängig von der Ertragssituation ist, wie dies z. B. im Rahmen einer so genannten Liefergewinnbesteuerung erfolgt.[53] Ferner ist diese Methode anzuwenden, wenn die Steuer entweder nicht im Ursprungsland der Einkünfte erhoben wird, wie dies z. B. der Fall sein kann, wenn eine Betriebsstätte Lizenzeinkünfte aus einem Drittstaat erzielt und dieser Staat eine Quellensteuer erhebt, sowie wenn die Einkünfte, die im Ausland erzielt werden, nicht als solche im Sinne des § 34d EStG qualifiziert werden, gleichwohl im Ausland eine Besteuerung erfolgt. Zu beachten ist, dass es eine Abzugsmethode im Bereich der Erbschaftsteuer nicht gibt. Folglich kommt es bei dieser Steuer zu einer deutlich höheren Belastung, wenn die im Ausland erhobene Steuer

---

[52]   Vgl. hierzu bereits S. 23 ff.
[53]   Im Rahmen der so genannten Liefergewinnbesteuerung wird unterstellt, dass der Steuerpflichtige aus einem Geschäft einen bestimmten Mindestgewinn erzielt, der – regelmäßig ohne Widerlegungsmöglichkeit – der Besteuerung im Ausland unterworfen wird.

auf unternehmerisches Vermögen nicht mit der deutschen Erbschaftsteuer vergleichbar ist.

Aus wirtschaftlicher Sicht ist festzustellen, dass die Entlastung, die mit einer Anwendung der Abzugsmethode entsteht, regelmäßig deutlich geringer ist als dies bei Anwendung der Anrechnungsmethode der Fall ist. Entscheidend hierfür ist, dass bei der Abzugsmethode im Inland ein Abzug von den Einkünften erfolgt, während bei der Anrechnungsmethode eine Anrechnung der ausländischen Steuer auf die aus den Einkünften entstehende inländische Steuer erfolgt. Folglich ist die Entlastungswirkung regelmäßig deutlich größer. Allerdings ist zu berücksichtigen, dass bei der Abzugsmethode keine Regelungen hinsichtlich des Höchstbetrages bestehen, sodass die im Ausland gezahlte Steuer im Inland vollständig abgezogen werden kann. Dies gilt auch dann, wenn hieraus im Inland negative Einkünfte entstehen. Diese sind dann nach den allgemeinen inländischen Regelungen über die Behandlung von Verlusten zu berücksichtigen.

Von vergleichsweise geringerer Bedeutung sind die so genannte **Pauschalierungs- und die Erlassmethode**. Gemäß § 34c Abs. 5 EStG ist vorgesehen, dass in den Fällen, in denen eine Anrechnung oder ein Abzug nach § 34c Abs. 1 – 3 EStG nicht zu sachgerechten Ergebnissen führt oder aus gesamtwirtschaftlichen Gründen die angestrebte Vermeidung der Doppelbesteuerung nicht erreicht wird, eine Pauschalierung der Steuer auf die ausländischen Einkünfte erfolgen kann. Konkret werden als Voraussetzungen verlangt:

- der Erlass bzw. die Pauschalierung ist aus volkswirtschaftlichen Gründen geboten oder

- die Anrechnung der ausländischen Steuer ist besonders schwierig.

Auch in diesen Fällen wird vorausgesetzt, dass es sich um die deutsche Steuer auf ausländische Einkünfte i. S. d. § 34d EStG handelt. Darüber hinaus besteht die Möglichkeit, dass die Bundesrepublik Deutschland ganz oder teilweise auf die Besteuerung ausländischer Einkünfte verzichtet, sog. Erlassmethode. Da Deutschland nicht nur über unilaterale Maßnahmen zur Vermeidung der Doppelbesteuerung verfügt sondern ein vergleichsweise „dichtes" Netz an Doppelbesteuerungsabkommen hat, kommt diesen Methoden geringe praktische Bedeutung zu. Sie sollen deshalb im Weiteren nicht mehr berücksichtigt werden.

2.1.1.2 Vermeidung der Doppelbesteuerung bei Vorliegen eines Doppelbesteuerungsabkommens

Die unilateralen Maßnahmen der §§ 34c EStG und 26 KStG sind im Verhältnis zu allen ausländischen Steuern aus jedem Staat anwendbar, und zwar unabhängig davon, ob der Staat seinerseits entsprechende Maßnahmen gewährt, wenn einer seiner Steuerpflichtigen in der Bundesrepublik Deutschland investiert. Hingegen finden die bilateralen Regelungen zur Vermeidung der Doppelbesteuerung im gegenseitigen Verhältnis Anwendung.

Die Bundesrepublik Deutschland hat mit einer Vielzahl von Staaten völkerrechtliche Verträge abgeschlossen[54], in denen eine Aufteilung von Besteuerungsrechten erfolgt. Die deutschen Abkommen folgen – mehr oder weniger eng – den Vorgaben des **OECD-Musterabkommens**. Hierbei handelt es sich um eine „Vorlage" der Organisation für wirtschaftliche Zusammenarbeit und Entwicklung, die den Finanzverwaltungen als Grundlage bei den Verhandlungen über den Abschluss von Abkommen dient. Rechtlich ist das OECD-MA nicht bindend. Vielmehr ist auf den Wortlaut und die Regelungen des jeweiligen Abkommens abzustellen. Allerdings ist mittlerweile unstreitig, dass bei Zweifelsfragen für Zwecke der Auslegung auf das Musterabkommen zurückgegriffen werden kann. Dies gilt sowohl für das Abkommen selbst, als auch für den umfangreichen Kommentar, den die OECD zu diesem Abkommen erstellt hat. Dieses Abkommen, das den weiteren Ausführungen zu Grunde liegt[55], hat folgenden Aufbau:

- Geltungsbereich des Abkommens,

- Begriffsbestimmungen,

- Besteuerung des Einkommens,

- Besteuerung des Vermögens,

- Methoden zur Vermeidung der Doppelbesteuerung,

- besondere Bestimmungen und

- Schlussbestimmungen.

Häufig werden die Regelungen in den Abkommen ergänzt um sog. Protokolle oder Notenwechsel. Hierbei handelt es sich um eine Verständigung zwischen den Staaten, wie bestimmte Regelungen zu verstehen sind. Diese Vorgaben sind bei der Auslegung des Abkommens ebenfalls zu berücksichtigen. Aus Sicht der Steuerpflichtigen erweist es sich als ärgerlich, wenn – häufig wesentliche[56] – Regelungen sich nicht im Abkommen selbst finden, sondern in ergänzenden Quellen.

Wichtig ist zunächst die Frage, ob sich der Steuerpflichtige auf die Regelungen des DBA berufen kann. Hierfür wird auf die Ansässigkeit in einem der Vertragsstaaten

---

[54] Das BMF veröffentlicht zu Beginn eines jeden Jahres ein Schreiben, indem die jeweils geltenden deutschen DBA und die laufenden Abkommensverhandlungen aufgeführt werden, vgl. zuletzt BMF-Schreiben vom 11.1.2006, IV B 5 – S 1301 – 1/06, BStBl. I 2006, S. 85.

[55] Hierbei darf nicht übersehen werden, dass bei einer praktischen Anwendung des Abkommens ausschließlich die Regelung im **jeweiligen** Abkommen und deren Auslegung relevant sind.

[56] Als Beispiel sind die immer häufiger werdenden Aktivitätsvorbehalte zu nennen, vgl. S. 89.

abgestellt.[57] Diese ist gegeben, wenn eine Person in einem Staat der unbeschränkten Steuerpflicht unterliegt.[58]

In den Abkommen werden eigene Einkunftsarten definiert. Diese finden sich in den Art. 6 ff. OECD-MA und entsprechen nicht der Qualifizierung von Einkünften in § 2 Abs. 1 EStG. Vielmehr ist für jeden Fall gesondert zu prüfen, unter welche Einkunftsart er nach Maßgabe des Abkommensrechts fällt. Zur Vermeidung der Doppelbesteuerung sieht das Abkommen alternativ zwei Methoden vor: Entweder die Anrechnungs- oder die Freistellungsmethode. Hierbei werden keine detaillierten Vorgaben zur Ausgestaltung und Anwendung dieser Regelungen getroffen, sodass insoweit auf die Vorschriften des nationalen Rechts zurückzugreifen ist. Wichtig ist, dass eine Freistellung regelmäßig nur unter Anwendung des Progressionsvorbehalts gewährt wird.[59] **Abbildung 2-2** fasst zusammen, wie bei den Einkunftsarten eine Vermeidung der Doppelbesteuerung erfolgt. Die deutsche Abkommenspraxis ist gesondert vermerkt.

Abbildung 2-2:   *Zuweisung von Besteuerungsrechten im OECD-MA*

Einkunftsart	Quellenstaat	(Wohn-) Sitzstaat
unbewegliches Vermögen (Art. 6), insbesondere VuV (auch wenn Vermögen eines Unternehmens oder zu einer selbstständigen Tätigkeit gehörend)	Belegenheitsstaat Besteuerungsrecht bleibt bestehen	Anrechnung oder Freistellung; D: Freistellung
Unternehmensgewinne (Art. 7) und Einkünfte aus selbstständiger Arbeit	kein Besteuerungsrecht	Alleiniges Besteuerungsrecht
Ausnahme: Betriebsstätte (i. S. d. Art. 5)	Besteuerungsrecht	Anrechnung oder Freistellung; D: Freistellung
Seeschifffahrt, Binnenschifffahrt und Luftfahrt (Art. 8)	kein Besteuerungsrecht	Alleiniges Besteuerungsrecht in dem Staat, in dem sich der Ort der tatsächlichen Geschäftsleitung befindet

---

[57]   Vgl. Art. 1 i. V. m. Art. 4 OECD-MA.

[58]   Vgl. zur Abgrenzung dieser Merkmale z. B. Kaminski/Strunk, Grundlagen der Besteuerung unternehmerischer Tätigkeiten, Kriftel 2001, S. 68 ff., m. w. N. sowie die Kommentierung zu § 1 EStG.

[59]   Vgl. zum Progressionsvorbehalt Kaminski/Strunk, Grundlagen der Besteuerung unternehmerischer Tätigkeiten, Kriftel 2001, S. 122 ff. sowie die Kommentierung zu § 32b EStG. Aufgrund des linearen Körperschaftsteuertarifs hat er für Körperschaften keine Bedeutung.

Dividenden (Art. 10)	Besteuerungsrecht, jedoch der Höhe nach beschränkt auf a) 5 % des Bruttobetrages bei einer Beteiligung von mind. 25 % (sog. Schachteldividende) bzw. b) sonst 15 % (sog. Streubesitz). Im EG-Fall: Mutter-Tochter-Richtlinie beachten.	Anrechnung, und zwar auch dann, wenn im Abkommen sonst die Freistellung vereinbart ist (Art. 23 Abs. 2) D: Schachteldividende (unilateral schon ab 10 %-Beteiligung): Freistellung; bei Streubesitz: Anrechnung; bei Kapitalgesellschaften: § 8b KStG
Zinsen (Art. 11) **Ausnahme:** Betriebsstättenvorbehalt (s. dort)	Besteuerungsrecht der Höhe nach auf 10 % des Bruttobetrages der Zinsen beschränkt	Anrechnung
Lizenzgebühren (Art. 12) **Ausnahme:** Betriebsstättenvorbehalt (s. dort)	kein Besteuerungsrecht	Alleiniges unbeschränktes Besteuerungsrecht
Gewinne aus der Veräußerung v. Vermögen (Art. 13)		
◼ unbewegliches Vermögen	Besteuerungsrecht	Anrechnung oder Freistellung
◼ Betriebsvermögen einer Betriebsstätte	Besteuerungsrecht	Anrechnung oder Freistellung
◼ Veräußerung v. Seeschiffen und Luftfahrzeugen im internationalen Verkehr	alleiniges Besteuerungsrecht für den Staat mit dem Ort der tatsächlichen Geschäftsleitung	

Grundregel:

Das Besteuerungsrecht hat primär der Staat, der vor der Veräußerung die Erträge des Objektes besteuern durfte.

unselbstständige Arbeit (Art. 15)	kein Besteuerungsrecht	Alleiniges, unbeschränktes Besteuerungsrecht
Ausnahme: Ausübung in einem anderen Staat, es sei denn, der AN hält sich innerhalb von 12 Monaten nicht länger als 183 Tage auf und die Vergütung ist von einem oder für einen AG, der nicht im Staat des Arbeitsortes ansässig, sowie nicht von einer Betriebsstätte oder festen Einrichtung des AG im Staat des Arbeitsorts gezahlt worden ist.	Besteuerungsrecht des „Arbeitsort"-Staats	Anrechnung oder Freistellung
Aufsichtsrats- oder Verwaltungsratsvergütungen (Art. 16)	Besteuerungsrecht	Anrechnung oder Freistellung
Künstler und Sportler (Art. 17)	Besteuerungsrecht bleibt bestehen	Anrechnung oder Freistellung
Ruhegehälter für eine frühere unselbstständige Arbeit (Art. 18)	kein Besteuerungsrecht, auch wenn hier die zu Grunde liegende Arbeit ausgeübt wurde	Alleiniges Besteuerungsrecht
Vergütungen für im öffentlichen Dienst geleistete Arbeit (Art. 19)	alleiniges Besteuerungsrecht, sog. Kassenprinzip	Freistellung
Ausnahme: ■ Dienste werden im anderen Staat geleistet, ■ Ansässigkeit im anderen Staat, ■ Staatsangehörigkeit dieses Staates, ■ nicht ausschließlich in diesem Staat ansässig, um die Dienste zu leisten	kein Besteuerungsrecht	alleiniges Besteuerungsrecht

Ruhegehälter für im öffentlichen Dienst geleistete Arbeit	alleiniges Besteuerungsrecht des sog. Kassenstaats	Freistellung
Ausnahme: s. o.	kein Besteuerungsrecht	Alleiniges Besteuerungsrecht
Studenten, Praktikanten, Auszubildende – ausschließlich zu Ausbildungszwecken (Art. 20)	Land, aus dem die Vergütung kommt: alleiniges Besteuerungsrecht	Gastland: kein Besteuerungsrecht
Andere Einkünfte (Art. 21)	kein Besteuerungsrecht	Alleiniges Besteuerungsrecht

Beachte:

Bestimmte Einkünfte aus gewerblicher Tätigkeit oder selbstständiger Arbeit fallen nicht unter Art. 21 Abs. 1 OECD-MA, sondern unter Art. 7, wenn sie durch eine in einem Vertragsstaat gelegene Betriebsstätte oder feste Einrichtung bezogen werden (Abs. 2).

Vermögen: (Art. 22)		
▪ unbewegliches Vermögen	unbegrenztes Besteuerungsrecht	Anrechnung/Freistellung
▪ Betriebsstättenvermögen	Betriebsstättenstaat: unbegrenztes Besteuerungsrecht	Anrechnung/Freistellung
▪ Seeschiffe und Luftfahrzeuge im internationalen Verkehr	kein Besteuerungsrecht	Ort der tatsächlichen Geschäftsleitung: alleiniges Besteuerungsrecht
▪ andere Vermögensteile	kein Besteuerungsrecht	Alleiniges Besteuerungsrecht
		Beachte: Die Vermögensteuer darf (derzeit) in Deutschland nicht erhoben werden!

Stellt die Bundesrepublik Deutschland im Ausland bereits besteuerte Einkünfte von der deutschen Besteuerung frei, geschieht dies aus Gründen der **Wettbewerbsneutralität**. Deutsche Unternehmen stehen im Ausland im Wettbewerb mit den dort ansässigen Unternehmen. Folglich kann eine höhere Steuerbelastung zu Wettbewerbsnachteilen im Ausland führen. Würde diesen Erwägungen nicht Rechnung getragen, wäre es zur Vermeidung der Doppelbesteuerung ausreichend, eine Anrechnung der ausländischen Steuern zu gewähren.

Die Doppelbesteuerungsabkommen nehmen **lediglich die Zuweisung** von Besteuerungsrechten vor. Sie sind jedoch keine Grundlage, um eine unmittelbare Besteuerung vornehmen zu können. Vielmehr bedarf es hierfür einer Regelung des nationalen Rechts. Denkbar ist, dass eine Zuweisung von Besteuerungsrechten in der Weise erfolgt, dass einem Staat das Besteuerungsrecht nach Abkommensrecht entzogen und dem anderen zugewiesen wird, der andere Staat dieses jedoch nicht nutzt, weil es im nationalen Recht an einem entsprechenden Besteuerungstatbestand fehlt. In solchen Fällen liegen sog. **weiße Einkünfte** vor, die in keinem Staat besteuert werden. Allerdings werden zunehmend besondere Klauseln in die Abkommen aufgenommen, die in einem solchen Fall dem ersten Staat wieder ein Besteuerungsrecht geben.[60]

Literaturhinweise:

Bächle, E./Rupp, T., Internationales Steuerrecht, Stuttgart 2002, S. 20 ff.

Frotscher, G., Internationales Steuerrecht, 2. Aufl., München 2005, S. 85 ff.

Grotherr, S./Herfort, C./Strunk, G., Internationales Steuerrecht, 2. Aufl., Achim 2003, S. 81 ff.

Kluge, V., Das deutsche internationale Steuerrecht, 4. Aufl., München 2000, S. 220 ff.

Mössner, J. M. u. a., Steuerrecht international tätiger Unternehmen. Handbuch der Besteuerung von Auslandsaktivitäten inländischer Unternehmen und von Inlandsaktivitäten ausländischer Unternehmer, 3. Aufl., Köln 2005, S. 197 ff.

Schaumburg, H., Internationales Steuerrecht, 2. Aufl., Köln 1998, S. 596 ff.

Wilke, K.-M., Lehrbuch des internationalen Steuerrechts, 8. Aufl., Herne/Berlin 2005, S. 55 ff.

Kommentierungen zu §§ 34c, 34d EStG, 26 KStG und § 21 ErbStG

2.1.1.3 Auswirkungen ausländischer Verluste

Aufgrund des Welteinkommensprinzips des § 2 Abs. 1 EStG sind grundsätzlich alle positiven wie negativen Einkünfte bei der Ermittlung des zu versteuernden Einkommens im Inland zu berücksichtigen. Neben den grundsätzlich zu beachtenden Verlustverrechnungsbeschränkungen des EStG, wie insbesondere §§ 15a, 15b, 15 Abs. 4 EStG, kommt im Verhältnis zum Ausland § 2a EStG sowie § 32b EStG besondere Bedeutung zu. § 2a EStG enthält Sonderregelungen für ausländische Verluste, § 32b EStG regelt den Progressionsvorbehalt.

§ 2a EStG führt zur Einschränkung des Verlustausgleichs bei Vorliegen negativer ausländischer Einkünfte. Vielmehr können ausländische Verluste nur mit Gewinnen aus derselben Einkunftsart und aus demselben Staat ausgeglichen bzw. verrechnet werden. Die Rechtfertigung für diese Verlustverrechnungsbeschränkung wird nach herrschender Auffassung in wirtschaftspolitischen Zielen gesehen, da es als nicht erwünscht angesehen wird, Verluste aus bestimmten Auslandsinvestitionen durch

---

[60] Hierbei handelt es sich um sog. subject-to-tax- und switch-over-Klauseln.

sofortige Verlustverrechnungen im Inland zu begünstigen. Die Vorschrift verstößt nicht gegen die deutsche Verfassung, doch bestehen erhebliche europarechtliche Bedenken gegen den Ausschluss der Verlustverrechnung bei Unternehmenstätigkeiten innerhalb der europäischen Gemeinschaft.[61]

Die Verlustverrechnungsbeschränkung des § 2a Abs. 1 EStG wird jedoch durch § 2a Abs. 2 EStG wieder eingeschränkt, wenn der Steuerpflichtige nachweist, dass die negativen Einkünfte aus einer gewerblichen Betriebsstätte im Ausland stammen. Außerdem muss diese ausschließlich oder fast ausschließlich die Herstellung oder Lieferung von Waren, außer Waffen, die Gewinnung von Bodenschätzen sowie die Bewirkung gewerblicher Leistungen zum Gegenstand haben. Diese Ausnahme wird allerdings wiederum durch weitere Ausnahmetatbestände eingeschränkt. So sind Verluste aus dem Ausland zum Beispiel dann nicht mehr mit positiven Einkünften auszugleichen, wenn die negativen Einkünfte unter anderem aus der Vermietung und Verpachtung von Wirtschaftsgütern stammen.

Die nachfolgenden Beispiele verdeutlichen die Wirkungsweise des § 2a EStG. Dabei wird davon ausgegangen, dass eine inländische natürliche Person eine Betriebsstätte im Ausland unterhält und hieraus negative ausländische Einkünfte erzielt. Im Einzelnen sind folgende Fallkonstellationen denkbar:

- Die ausländische Betriebsstätte liegt in einem Staat, mit dem kein DBA besteht, oder das DBA sieht keine Freistellung der ausländischen Einkünfte von der deutschen Besteuerung vor und die Verrechnung der Verluste ist nach § 2a Abs. 1 EStG beschränkt.

- Die ausländische Betriebsstätte liegt in einem Staat, mit dem kein DBA besteht, oder das DBA sieht keine Freistellung der ausländischen Einkünfte von der deutschen Besteuerung vor, aber die Verlustverrechnungsbeschränkung des § 2a Abs. 1 EStG wird durch die Tatbestandsvoraussetzungen des § 2a Abs. 2 EStG ausgeschlossen.

- Die ausländische Betriebsstätte liegt in einem Staat, mit dem ein DBA besteht, das eine Freistellung der im Ausland erzielten Einkünfte von der deutschen Besteuerung für Unternehmensgewinne vorsieht, aber die Einkünfte unterliegen gem. § 2a Abs. 1 EStG im Inland der Verlustverrechnungsbeschränkung.

- Die ausländische Betriebsstätte liegt in einem Staat, mit dem ein DBA besteht, dass eine Freistellung der im Ausland erzielten Einkünfte von der deutschen Besteuerung für Unternehmensgewinne vorsieht, aber die Einkünfte unterliegen im Inland

---

[61] Der EuGH hat in seiner Entscheidung vom 21.2.2006, Rs. C-152/03 *Ritter-Coulais*, DB 2006, S. 479, festgestellt, dass eine nationale Regelung, die die Berücksichtigung von Verlusten aus Vermietung und Verpachtung von in einem anderen Mitgliedstaat belegenem unbeweglichem Vermögen beschränkt, das Europarecht verletzt.

nicht der Verlustverrechnungsbeschränkung des § 2a Abs. 1 EStG, da die Tatbestandsvoraussetzungen des § 2a Abs. 2 EStG vorliegen.

Es kann als gesichert angesehen werden, dass negative Einkünfte bei Vorliegen des Besteuerungsrechtes im Ausland nicht das zu versteuernde Einkommen im Inland beeinflussen, aber den Steuersatz der inländischen Einkünfte mindern, der auf Grund des (hier negativen) Progressionsvorbehalts bis auf null sinken kann. Voraussetzung hierfür ist, dass der Verlustabzug nicht gesetzlich ausgeschlossen ist, wie dies z. B. durch § 15 Abs. 4, § 15a oder § 15b EStG der Fall sein kann.

Hat die Bundesrepublik Deutschland ein DBA mit dem anderen Staat abgeschlossen und sieht dieses die Freistellung der im Ausland erzielten Einkünfte vor, ist eine Verlustberücksichtigung grundsätzlich über den **(negativen) Progressionsvorbehalt** möglich. Schließt § 2a EStG auch diese Möglichkeit aus, kann der Verlust in Jahre vorgetragen werden, in denen aus der ausländischen Einkunftsquelle positive Einkünfte erzielt werden. Diese würden möglicherweise zu einer Erhöhung der Steuerbelastung führen, aber wegen der in der Vergangenheit erzielten Verluste bei der Ermittlung des anzuwendenden Steuersatzes für die inländischen, steuerpflichtigen Einkünfte keinen Einfluss haben.

Der Progressionsvorbehalt kommt nur bei natürlichen Personen zur Anwendung, da nur bei diesen eine Besteuerung nach der Leistungsfähigkeit vorgenommen werden soll, die regelmäßig auch die Höhe des anzuwendenden Steuersatzes betrifft. Durch die Inanspruchnahme eines negativen Progressionsvorbehaltes kann im Einzelfall ein steuerlicher Vorteil entstehen, doch sind auch Fälle denkbar, bei denen weder ein positiver wie negativer Progressionsvorbehalt Auswirkungen auf die Steuerlast entfaltet. Dies ist immer dann der Fall, wenn der Steuerpflichtige sich auch unter Berücksichtigung der ausländischen Einkünfte mit seinen steuerpflichtigen inländischen Einkünften in der oberen Proportionalzone bewegt.

Der Europäische Gerichtshof hat in seinem Urteil vom 21. Februar 2006 entschieden[62], dass eine Nichtberücksichtigung ausländischer Verluste aus einer im EU-Ausland belegenen Immobilien gemeinschaftsrechtswidrig ist. Inwieweit der deutsche Gesetzgeber auf diese Entscheidung reagieren wird, ist noch offen.

Literaturhinweise:

Kommentierung zu §§ 2a und 32b EStG

---

[62] EuGH-Urt. vom 21.2.2006, C-152/03, Rs. *Ritter-Coulais*, DB 2006, S. 479.

2.1.1.4 Ergänzungen nach dem KStG

Infolge des Verweises in § 26 KStG gelten die Regelungen des § 34c EStG grundsätzlich auch für Kapitalgesellschaften. Das Körperschaftsteuergesetz sieht – seit der Ausweitung der §§ 8a und 8b KStG auf Inlandsfälle – keine ergänzenden Besonderheiten für Outboundtransaktionen vor, die nicht bereits aufgrund der Generalverweisung des § 8 Abs. 1 KStG auf das Einkommensteuergesetz abgedeckt sind.

Hinzuweisen ist allerdings auf die räumliche Begrenzung einer körperschaftsteuerlichen Organschaft gem. §§ 14 ff. KStG. Diese verhindert die Einbeziehung von ausländischen Gesellschaften in die Gewinn- und Verlustpoolung. Insbesondere durch die Entscheidung des EuGH in der Rs. Marks & Spencer vom 13. Dezember 2005[63] erscheint diese Regelung als überarbeitungsbedürftig.

2.1.1.5 Ergänzungen für die Gewerbesteuer

Unternimmt ein inländisches, gewerbliches Unternehmen ausländische Geschäftsaktivitäten, ist fraglich, ob dieses Unternehmen auch mit den ausländischen Einkünften der deutschen Gewerbesteuer unterliegt. Grundsätzlich ist festzustellen, dass die Gewerbesteuer keine Territorialsteuer ist. Sie erfasst die Einkünfte, die dem stehenden inländischen Gewerbebetrieb zugerechnet werden. Dies bedeutet nicht zwangsläufig, dass nur Einkünfte aus inländischen Quellen der Gewerbesteuer unterliegen. So sind z. B. ausländische Lizenzeinkünfte dem inländischen Gewerbebetrieb zuzuordnen, sofern das Patentrecht bzw. Urheberrecht der Betriebsstätte wirtschaftlich zuzurechnen ist. Daher sind die Einkünfte sowohl im Ausland der beschränkten Steuerpflicht als auch im Inland der unbeschränkten Einkommen- bzw. Körperschaftsteuerpflicht und der Gewerbesteuer zu unterwerfen.

Eine Vermeidung der Belastung von ausländischen Einkünften mit inländischer Gewerbesteuer erfolgt nur dann, wenn entweder eine der Kürzungsvorschriften des § 9 GewStG zum Tragen kommt oder bereits bei der Ermittlung des Gewerbeertrags eine DBA-Freistellung zu erfolgen hat.

Gemäß § 7 GewStG ermittelt sich der Gewerbeertrag nach den einkommen- oder körperschaftsteuerlichen Vorschriften, sodass z. B. die Befreiungsvorschrift gem. § 8b KStG sich unmittelbar für die Gewerbesteuer auswirkt. Ist nach einem DBA ein Teil der ausländischen Einkünfte von der inländischen Ertragbesteuerung freizustellen, gilt dies auch für die Gewerbesteuer. Dies ist z. B. bei ausländischem Grundbesitz, ausländischen Betriebsstätteneinkünften oder Schachteldividenden der Fall. Dies bedeutet in DBA-Fällen, dass eine gewerbesteuerliche Erfassung ausscheidet, wenn auf Grund des Abkommens die Bundesrepublik Deutschland die im Ausland belegenen Einkünfte nicht besteuern darf oder für diese Einkünfte die Freistellung mit dem anderen Staat vereinbart hat.

---

[63] C-446/03, BFH/NV Beilage 2006, S. 117.

Außerdem kommen noch ergänzend die speziellen **Kürzungsvorschriften** des Gewerbesteuergesetzes in Betracht. Hier sind die folgenden Regelungen zu nennen:

▪ **Dividendenausschüttungen** von einer ausländischen Kapitalgesellschaft sind gemäß § 9 Nr. 7 GewStG nicht der Gewerbesteuer zu unterwerfen, sofern die Beteiligung am Stammkapital der ausländischen Gesellschaft mindestens 10 % beträgt. Auf den ersten Blick kommt es nicht zu einer Besteuerung der Dividenden, weil der bereits bei der Ermittlung des Gewerbeertrages zu berücksichtigende § 8b Abs. 1 KStG an keine Mindestbeteiligung geknüpft ist. Allerdings müssen gem. § 8 Nr. 5 GewStG die Dividenden wieder hinzugerechnet werden, sofern die verlangte Mindestbeteiligung des § 9 Nr. 7 GewStG nicht vorliegt. Dies bedeutet im Ergebnis eine gewerbesteuerliche Belastung aller Dividenden, die aus Beteiligungen von weniger als 10 % stammen.

▪ Hinsichtlich etwaiger **Veräußerungsgewinne** ist nur dann und insoweit eine Freiheit von der Gewerbesteuer gegeben wie Regelungen des DBA eine Befreiung vorsehen bzw. sich dies aus § 8b Abs. 2 KStG ergibt.

▪ Entsprechendes gilt gem. § 9 Nr. 2 GewStG für die Beteiligungen an **ausländischen Personengesellschaften**. Danach werden die Beteiligungserträge, die aus der ausländischen Personengesellschaft bezogen werden aus der Bemessungsgrundlage der Gewerbesteuerpflicht in Deutschland ausgenommen.

▪ Eine der wesentlichen Vorschriften, insbesondere im Verhältnis zu Nicht-DBA-Staaten, ist § 9 Nr. 3 GewStG. Hiernach werden Einkünfte, die einer **ausländischen Betriebsstätte** zuzurechnen sind, von der deutschen Gewerbesteuer ausgenommen. Hierbei erstreckt sich diese Freistellung jedoch nur insoweit, wie eine Zuordnung von Einkünften zur Betriebsstätte gegeben ist.

Weitere gewerbesteuerliche Konsequenzen ergeben sich, wenn Miet- und Pachtverträge mit ausländischen Unternehmen abgeschlossen werden. In diesen Fällen muss eine hälftige Hinzurechnung der Entgelte für die Miete und Pacht zum Gewerbeertrag erfolgen, da sie beim Empfänger nicht der deutschen Gewerbesteuer unterliegen. Bei der mietweisen Überlassung von Urheberrechten, Marken, Geschmacksmustern und sonstigen Rechten ist zu beachten, dass nach Verwaltungsauffassung[64] eine Hinzurechnung zu unterbleiben hat. Allerdings unterliegen die Einnahmen des im Inland ansässigen Unternehmens aus der Vermietung von Urheberrechten an ausländische Kunden der deutschen Gewerbesteuer.

Beispiel zur Minimierung der Gewerbesteuerbelastung:

Sofern die Urheberrechte einer in Deutschland ansässigen Gesellschaft im Betriebsvermögen des inländischen Stammhauses liegen, kommt es zu einer vollständigen Erfassung der Lizenzeinnahmen weltweit ansässiger Kunden für gewerbesteuerliche

---

[64] Vgl. Abschn. 53 Abs. 1 Satz 7 GewStR.

Zwecke. Eine solche kann nur dann vermieden werden, wenn die den Lizenzen zugrunde liegenden Wirtschaftsgüter nicht dem inländischen Stammhaus sondern einer ausländischen Betriebsstätte zugeordnet werden können, da nur in diesen Fällen die Kürzungsvorschrift des § 9 Nr. 3 GewStG zum Tragen kommt.

2.1.1.6 Umsatzsteuerliche Besonderheiten

Umsatzsteuerliche Fragestellungen im Zusammenhang mit grenzüberschreitenden Tätigkeiten sind wichtig, weil eine Bestimmung des Ortes der Lieferung oder Leistung notwendig ist. Dies setzt Kenntnisse des jeweiligen Umsatzsteuerrechtes voraus. Für die Inrechnungstellung und Abführung von USt ist von besonderer Bedeutung, ob an ein Unternehmen oder an einen Nichtunternehmer geleistet wird. Alle EU-Staaten verfügen – wie auch viele andere Staaten – über ein so genanntes **Allphasen-Netto-Umsatzsteuersystem mit Vorsteuerabzug**. Dies macht eine weitergehende Abstimmung (z. B. im Rahmen von Doppelbesteuerungsabkommen) nicht erforderlich. Gleichwohl kann im Einzelfall auch eine Kenntnis des ausländischen Umsatzsteuerrechts erforderlich sein, da zahlreiche Staaten für besondere Umsätze und bestimmte Unternehmern Begünstigungen und Befreiungen vorsehen, die auch von deutschen Unternehmern bei Lieferungen und Leistungen in das Ausland beachtet werden müssen.

Für die **Umsatzsteuerbarkeit im Inland** ist danach zu differenzieren, ob es sich um eine Lieferung oder eine sonstige Leistung handelt, die im Inland ausgeführt wird:

Liegt eine **Lieferung** im Sinne des § 3 Abs. 1 UStG vor, ist der Ort der Lieferung dort belegen, wo die Verfügungsmacht an dem Gegenstand der Lieferung verschafft wird. Etwas anderes gilt, wenn der Gegenstand befördert oder versendet wird, da in diesen Fällen der Ort der Lieferung sich danach bestimmt, wo die Beförderung oder Versendung der Ware beginnt. Das Vorliegen einer steuerbaren Lieferung bedeutet jedoch noch nicht zwangsläufig, dass es zu einer Umsatzsteuerzahlung im Inland kommt. Insbesondere Lieferungen an Unternehmer in der Europäischen Union sind ebenso von der deutschen Umsatzsteuer befreit wie so genannte Ausfuhrlieferungen. Im Einzelfall bedarf es der genauen Analyse der Geschäftsbeziehungen, um zu entscheiden, ob und wenn ja in welchem Land Umsatzsteuer anfällt und ob die Umsatzsteuer für eine der Vertragsparteien zu effektiven Kosten bzw. Preisbestandteilen führt.

Der Export von Waren in einen Drittstaat führt in Deutschland dann nicht zur Umsatzsteuerpflicht, wenn der Empfänger eine im Ausland ansässige Person ist (§ 4 Abs. 1 Nr. 1 i. V. m. § 6 UStG), da dann die Steuerbefreiung greift. Voraussetzung hierfür ist allerdings, dass der Warenweg der Lieferung vom Inland in das Ausland verläuft. Diese Ausfuhr ist beleg- und buchmäßig nachzuweisen. Eine Ausfuhr wird definiert als jedes Verbringen eines Gegenstandes vom Inland ins Drittlandsgebiet bzw. in Gebiete im Sinne des § 1 Abs. 3 UStG. Außerdem muss es sich um eine steuerbare Lieferung handeln, weil es sonst einer Steuerbefreiung nicht bedarf, um die Wettbewerbs-verzerrungen zu verhindern.

Der ausländische Abnehmer muss seinen Wohnort/Sitz im Ausland haben. Der Sitz bestimmt sich nach § 11 AO. Bei natürlichen Personen, die eine Ware als Privatperson abnehmen, kommt es auf den Wohnort im Sinne des § 6 Abs. 2 Nr. 1 UStG an (= Ausland, ausgenommen die in § 1 Abs. 3 UStG genannten Gebiete). Der BFH definiert diesen Ort als denjenigen, an dem der Abnehmer für längere Zeit eine Wohnung inne hat und der nicht nur auf Grund subjektiver Willensentscheidung, sondern auch bei objektiver Betrachtung als der örtliche Mittelpunkt seines Lebens anzusehen ist.[65] Hierbei ist auf den Zeitpunkt abzustellen, zu dem dem Abnehmer die Verfügungs-macht an dem Liefergegenstand verschafft wird. Ausländische Abnehmer sind z. B. auch:

- Ausländische Touristen und Künstler, die sich nur vorübergehend im Inland auf-halten,

- deutsche Auslandsbeamte, die ihren Wohnort im Ausland haben,

- Bewohner der Insel Büsingen und der Insel Helgoland.

Die Ausfuhrlieferung ist steuerfrei, wenn:

- der Lieferer bzw. sein Erfüllungsgehilfe der Ausführer ist,

- die Ausfuhr des Liefergegenstandes in das Drittlandsgebiet erfolgt,

- ein Ausfuhrnachweis nach §§ 9 und 10 UStDV vorliegt und

- ein Buchnachweis nach § 13 UStDV erbracht werden kann.

Darüber hinaus gibt es noch Sonderregelungen für den Fall, dass der Liefergegenstand durch den ausländischen Abnehmer selbst oder durch seinen Erfüllungsgehilfen aus-geführt wird.

Ein steuerbarer Umsatz im Sinne des § 1 Abs. 1 Nr. 1 UStG kann von der Steuer befreit sein, wenn es sich z. B. um eine **innergemeinschaftliche Lieferung** oder um eine **Ausfuhrlieferung** im Sinne des § 6 UStG handelt. Eine solche Ausfuhrlieferung ist gege-ben, wenn es sich um eine Beförderungs- oder Versendungslieferung handelt, die durch einen Unternehmer oder den ausländischen Abnehmer vom Inland in das Dritt-landsgebiet erbracht wird. Die Ausfuhrlieferung folgt damit der Zwecksetzung, dass im Ergebnis eine Besteuerung nur im Bestimmungsland erfolgen soll. Für Zwecke der Lieferung in ein Gemeinschaftsgebiet kommen die Steuerbefreiungen nach § 4 Nr. 1 UStG zum Tragen, da es sich hierbei entweder um Ausfuhrlieferungen, um Lohnver-edlung an Gegenständen der Ausfuhr, um innergemeinschaftliche Lieferungen oder um grenzüberschreitende Beförderung von Gegenständen handelt.

---

[65] Vgl. BFH-Urt. vom 31.7.1975, V R 52, BStBl. II 1976, S. 80.

Eine innergemeinschaftliche Lieferung ist grundsätzlich ein steuerbarer Vorgang im Inland, der jedoch infolge der Verbringung des Gegenstandes der Lieferung in das übrige Gemeinschaftsgebiet zu einer Steuerfreiheit im Inland und einer entsprechenden Steuerpflicht im Staat des empfangenden Unternehmers führt. Voraussetzung für die Steuerfreiheit der innergemeinschaftlichen Lieferung ist, dass der Empfänger ein Unternehmer ist, der den Gegenstand der Lieferung innerhalb des übrigen Gemeinschaftsgebietes nutzt. Gem. § 3c UStG liegt der Ort der innergemeinschaftlichen Lieferung im Bestimmungsmitgliedstaat der EU, wenn:

- eine Lieferung vorliegt,

- durch Beförderung oder Versendung

- aus dem Gebiet eines Mitgliedstaates (also dem Inland)

- in das Gebiet eines anderen Mitgliedstaates erfolgt und

- der Abnehmer entweder Privatperson oder Halbunternehmer ist und der Lieferer entweder die Lieferschwelle überschritten oder für die Besteuerung im Bestimmungsland optiert hat.

Hiervon ausgenommen ist die Lieferung neuer Fahrzeuge sowie verbrauchssteuerpflichtige Ware.

Beispiel:

Der deutsche Elektronikhändler E mit Umsatzsteueridentifikationsnummer in Hamburg befördert mit eigenem LKW ein Fernsehgerät für 1.000 € netto an den Privatmann P in Österreich. Der Ort der Lieferung ist gem. § 3c Abs. 1 Satz 1 UStG Österreich, weil dort die Beförderung endet, sodass keine Steuerbarkeit in Deutschland gegeben ist. Dieser Fall ist von den Fällen zu trennen, bei denen der Empfänger ebenfalls Unternehmer ist. Im letzteren Fall wäre eine Steuerbarkeit gegeben, die allerdings nicht zur Steuerpflicht führt, weil die Befreiungsvorschrift gem. § 4 i. V. m. § 4a UStG zum Tragen kommt.

Bei **sonstigen Leistungen** ist nach deutschem Umsatzsteuerrecht insbesondere die Vorschrift des § 3a UStG zu beachten. Eine Steuerbarkeit von Leistungen im Sinne des § 3 Abs. 9 UStG liegt nur vor, wenn der Ort der sonstigen Leistung im Inland belegen ist. Als Grundregel sieht § 3a Abs. 1 UStG vor, das als Ort der sonstigen Leistung der Ort anzusehen ist, von dem der Unternehmer gewöhnlich seine Geschäftsaktivitäten ausübt. Dies kann sowohl das Stammhaus des Unternehmens als auch eine Niederlassung/Betriebsstätte sein. Insbesondere durch die abweichenden Bestimmungen in § 3a Abs. 2 und 3 UStG wird dieser Grundsatz in vielen Fällen durchbrochen, sodass eine genaue Prüfung der Umsatzart sowie der beteiligten Personen und deren Ansässigkeit zu erfolgen hat. Neben dem Grundprinzip des Ortes des Leistenden bestimmt § 3a Abs. 2 UStG das Belegenheitsprinzip, wenn Leistungen an Immobilien vorgenommen werden sowie das Tätigkeitsortprinzip, wenn ein Unternehmer persönlich im Rahmen von Unterhaltung, Bildung oder Kultur vor Personen vortragend oder unterhaltend tätig wird.

Die weitaus bedeutendste Abweichung vom Grundsatz der Leistungsortbestimmung ergibt sich aus § 3a Abs. 3 i. V. m. Abs. 4 UStG, da hiernach der Ort des Leistungsempfängers für die Frage der Steuerbarkeit entscheidend ist, sofern es sich um eine der in § 3a Abs. 4 UStG abschließend genannten Leistungen handelt und der Leistungsempfänger ein Unternehmer ist.

Bei auf **elektronischem Wege** erbrachten Dienstleistungen liegt der Ort der Leistung am Ort des Empfängers, wenn dieser keine Unternehmereigenschaft besitzt. Das UStG regelt nicht abschließend welche Leistungen unter dieses Kriterium fallen. Hierzu gehören insbesondere:[66]

- Erstellung und Überlassung von Internet-Seiten, Online-Wartung von Programmen und technischen Ausrüstungen,

- die Überlassung von Software und deren Updating,

- die Überlassung von Bildern, Texten und Informationen auf elektronischem Weg und der Zugang zu Datenbanken,

- die Überlassung von Musik, Filmen und Spielen und von wissenschaftlichen, kulturellen, sportlichen und unterhaltenden Sendungen und Veranstaltungen auf elektronischem Weg und

- der Fernunterricht.

Für die Praxis der internationalen Steuerberatung und -gestaltung bedeutet dies, das der immer wichtiger werdende Teil der Geschäftsabwicklung über das Internet im so genannten Electronic Business zu einer Besteuerung am Ort des Empfängers führt, sofern dieser ein Unternehmer ist. Für die Fälle einer natürlichen Person als Leistungsempfänger soll in jedem Fall eine Besteuerung in der Europäischen Gemeinschaft sichergestellt werden, wobei entweder der Grundsatz des § 3a Abs. 1 UStG oder § 1 UStDV zur Anwendung kommt.

Neben der wirtschaftlich bedeutenden Form der Leistungserbringung im Zusammenhang mit Electronic Business sind die folgenden zwei weiteren Bereiche zu nennen, die signifikante Abweichungen von den Grundsätzen der allgemeinen Ortsbestimmung des § 3a UStG vorweisen:

- **Beförderungsleistungen** werden an dem Ort ausgeführt, an dem die Beförderung tatsächlich bewirkt wird. Folglich ist bei grenzüberschreitenden Beförderungen eine Aufteilung vorzunehmen, wobei nur inländische Streckenabschnitte steuerbar sind. Dieses Problem ist jedoch regelmäßig nur bei Personenbeförderungen von praktischer Bedeutung, während bei der Beförderung von Gütern Sonderregelun-

---

[66] Vgl. Vellen, in Strunk (Hrsg.), Steuern und Electronic Business, 2. Aufl. 2003, S. 289 ff.

gen für die Ein-, Durch- und Ausfuhr bewirken, dass eine Steuerbefreiung erfolgt. Da sich Unternehmer, die steuerfreie Beförderungsleistungen erbringen, vom Finanzamt von der Verpflichtung zur getrennten Aufzeichnung der nicht-steuerbaren (= ausländischen) und der steuerfreien (= inländisch) Beförderungsleistungen befreien lassen können, erübrigt sich in der Praxis regelmäßig die Aufteilung.

■ **Vermittlungsleistungen** werden grundsätzlich an dem Ort bewirkt, an dem der zu Grunde liegende **Umsatz ausgeführt** wird. Hierbei sind jedoch die folgenden Ausnahmen zu beachten:

- Die Vermittlung von **Katalogleistungen** wird grundsätzlich an dem Ort erbracht, wo der Leistungsempfänger der Vermittlungsleistungen, als derjenige der von der Provision profitiert und die Provision bezahlt, sein Unternehmen betreibt.

- Vermittlungsleistungen im Zusammenhang mit **Grundstücken** werden am Belegenheitsort des Grundstücks ausgeführt.

In der konkreten Anwendung der Regelungen des Umsatzsteuerrechtes ist es für das handelnde Unternehmen besonders wichtig, gegenüber der Finanzverwaltung darzulegen, dass der Leistungsempfänger einer Leistung im Sinne des § 3a Abs. 4 UStG ein ausländischer Unternehmer ist, wobei sich die Bestimmung nach § 2 UStG richtet, um nachzuweisen, dass es sich nicht um einen steuerbaren Umsatz im Inland gem. § 1 UStG handelt.

Literaturhinweise:

Stadie, H., Umsatzsteuer mit Auslandsbeziehungen, in: Mössner, J. M. u. a., Steuerrecht international tätiger Unternehmen. Handbuch der Besteuerung von Auslandsaktivitäten inländischer Unternehmen und von Inlandsaktivitäten ausländischer Unternehmer, 3. Aufl., Köln 2005, S. 998 ff.

2.1.2 Verfahrensrechtliche Besonderheiten

Neben den oben bereits dargestellten materiellrechtlichen Veränderungen führen Outbound-Aktivitäten auch zu veränderten verfahrensrechtlichen Anforderungen. Diese bestehen insbesondere in der Befolgung ausländischer Steuerpflichten und inländischer Dokumentationsanforderungen.

Die wesentlichen Regelungen lassen sich wie folgt zusammenfassen:

- Aufgrund des in Deutschland vorherrschenden **Amtsermittlungsgrundsatzes**[67] und des Veranlagungssystems zur Ermittlung der Steuerschuld unterliegen die Steuerpflichtigen Mitwirkungspflichten. Wegen der besonderen Ermittlungsschwierigkeiten der deutschen Finanzverwaltung im Ausland sieht § 90 Abs. 2 AO erweiterte Mitwirkungspflichten bei Auslandssachverhalten vor. Die deutsche Finanzverwaltung darf keine Ermittlungshandlungen im Ausland durchführen, weil damit die Hoheitsrechte des anderen Staates verletzt würden. Diese Pflichten treffen vor allem unbeschränkt Steuerpflichtige mit ausländischen Geschäftstransaktionen sowie beschränkt Steuerpflichtige hinsichtlich ihrer grenzüberschreitenden Beziehungen zum eigenen Unternehmen oder zu Kunden im Ausland. Die Steuerpflichtigen haben dabei alle für sie bestehenden rechtlichen und tatsächlichen Möglichkeiten zur Beschaffung von Informationen auszuschöpfen. Der Steuerpflichtige kann sich der Pflicht zur Mitwirkung und Vorlage von Unterlagen nicht dadurch entziehen, dass er vorbringt, die Unterlagen nicht beschaffen zu können, obwohl er hierzu bei sorgfältiger Planung in der Lage gewesen wäre. Folglich kommt bei der Gestaltung von Auslandsaktivitäten der Beweisvorsorge besondere Bedeutung zu. Außerdem ist zu beachten, dass ein inländisches Stammhaus bzw. eine inländische Konzernmutter gesellschaftsrechtlich andere Möglichkeiten hat, dieses Mitwirkungsverlangen der deutschen Finanzverwaltung ihren ausländischen Unternehmensteilen gegenüber durchzusetzen, als dies etwa bei einer inländischen Tochtergesellschaft gegenüber ihrer ausländischen Konzernmutter der Fall ist.

- Durch das StVerGAbG[68] wurde eine Spezialvorschrift geschaffen, die ausschließlich für grenzüberschreitende konzerninterne Geschäftsbeziehungen und für die grenzüberschreitende **Gewinnabgrenzung** zwischen Stammhaus und Betriebsstätte gilt. Dabei stellt **§ 90 Abs. 3** Satz 1 AO ausdrücklich klar, dass diese Verpflichtung ausschließlich dann gilt, wenn es sich um Vorgänge mit Auslandsbezug handelt. Hingegen werden reine Inlandssachverhalte von dieser Vorschrift nicht erfasst. Dabei wird zwischen so genannten außergewöhnlichen und gewöhnlichen Geschäftsvorfällen unterschieden. Bei außergewöhnlichen Geschäftsvorfällen besteht eine Verpflichtung zur zeitnahen Dokumentation, während das Gesetz für gewöhnliche Geschäftsvorfälle keine Aussage zum Dokumentationszeitpunkt enthält. Es wird lediglich bestimmt, dass die Vorlage dieser Unterlagen innerhalb von 60 Tagen nach Aufforderung durch die Finanzverwaltung zu erfolgen hat. Die Gewinnabgrenzungsaufzeichnungsverordnung[69] sowie die Verwaltungsgrundsätze-Verfahren[70] beschreiben die vom Steuerpflichtigen zu erfüllenden Dokumentationspflichten sehr detailliert.[71]

---

[67] Vgl. § 88 AO.
[68] Steuervergünstigungsabbaugesetz vom 16.5.2003, BGBl. I 2003, S. 660
[69] Vom 13.11.2003, BGBl. I 2003, S. 2296 = BStBl. I 2003, S. 739.
[70] BMF-Schreiben vom 12.4.2005, IV B 4 – S 1341 – 1/05, BStBl. I 2005, S. 570.
[71] Vgl. S. 183 ff.

▣ Unbeschränkt Steuerpflichtige haben die **Aufnahme** einer geschäftlichen Tätigkeit im Ausland gem. **§ 138** Abs. 2 **AO** anzuzeigen. Dies gilt gem. § 138 Abs. 1 AO auch für die Aufnahme der Tätigkeit in Deutschland durch einen im Ausland ansässigen Steuerpflichtigen. Eine Mitteilung ist jedoch nur dann erforderlich, wenn eine Betriebsstätte begründet wird oder eine Beteiligung an einer Personen- oder Kapitalgesellschaft geschaffen wurde.

▣ Eine Vorschrift, die gleichermaßen unbeschränkt wie beschränkt Steuerpflichtige trifft, ist **§ 160 AO**. Letztere sind nur dann betroffen, wenn sie nicht nur Einkünfte erzielen, die im Inland dem Steuerabzug unterliegen und denen hierdurch die deutsche Steuer abgegolten wird. Nach § 160 Abs. 1 AO dürfen Schulden, Betriebsausgaben, Werbungskosten und andere Ausgaben nur steuermindernd berücksichtigt werden, wenn der Gläubiger der Zahlungen benannt wird. Hierdurch soll verhindert werden, dass im Inland Steuerpflichtige ihre inländischen Steuern dadurch verringern, dass Geschäftsvorfälle und Zahlungsvorgänge mit nahe stehenden Personen im Ausland fingiert werden. Die Finanzverwaltung vertritt die Auffassung, dass im Einzelfall auch auf die Gesellschafter einer im Ausland ansässigen Kapitalgesellschaft geschaut werden muss, wenn vermutet wird, dass die Gesellschaft selbst die vereinbarte und vergütete Leistung nicht erbracht hat. Dies gilt insbesondere, wenn ihr die personellen und sachlichen Ressourcen fehlen. Dieser Auffassung ist der BFH mit Urteil vom 1. April 2003[72] gefolgt.

2.2   Inbound-Fälle

2.2.1   Materiellrechtliche Aspekte des EStG

Bei Inbound-Fällen stellt sich die Frage, inwieweit dies zur Begründung einer Steuerpflicht in Deutschland führt. Eine beschränkte Steuerpflicht setzt voraus, dass der Steuerpflichtige weder seinen Wohnsitz noch seinen gewöhnlichen Aufenthalt im Inland hat, gleichwohl aber Einkünfte im Sinne von § 49 EStG erzielt werden. Dieser Regelung kommt eine doppelte Bedeutung zu: Einerseits wird auf ihrer Grundlage entschieden, ob überhaupt eine beschränkte Steuerpflicht gegeben ist. Wird diese Frage bejaht, ergibt sich aus § 49 EStG abschließend, welche Einkünfte der Steuerpflicht unterliegen.

§ 49 EStG knüpft an die sieben Einkunftsarten in § 2 Abs. 1 EStG an. Da bei beschränkt Steuerpflichtigen der Bezug zum Inland nicht über die Person des Steuerpflichtigen

---

[72] BFH-Urt. vom 1.4.2003, I R 28/02, BFH/NV 2003, S. 1241.

besteht, sondern über die Einkunftsquelle, bedarf es jeweils eines zusätzlichen Kriteriums, das diesen Bezug zum Inland herstellt. Folgerichtig geht § 49 EStG von den Tatbestandsmerkmalen der einzelnen Einkunftsarten im Sinne der §§ 13 ff. EStG aus und ergänzt diese um den jeweiligen Inlandsbezug. Hierbei wird für jede der Einkunftsarten ein Bezugspunkt gewählt, der neben den allgemeinen Tatbestandsmerkmalen dieser Einkunftsart erfüllt sein muss. Die jeweils zusätzlich erforderlichen Bezugspunkte sind in **Abbildung 2-3** dargestellt.

Abbildung 2-3:   *Erforderlicher Inlandsbezug bei den Einkünften gem. § 49 EStG*

Einkünfte aus	Inlandbezug
1. Land- und Forstwirtschaft (§§ 13, 14 EStG)	im Inland betrieben, d. h., die bewirtschafteten Grundstücke müssen im Inland belegen sein
2. Gewerbebetrieb (§§ 15 bis 17 EStG)	inländische Betriebsstätte (§ 12 AO) oder inländischer ständiger Vertreter (§ 13 AO); Einkünfte i. S. v. § 17 EStG, wenn es sich um Anteile an einer Kapitalgesellschaft mit Sitz oder Geschäftsleitung im Inland handelt; soweit keine Betriebsstätte und kein ständiger Vertreter besteht: Veräußerungsgewinne von unbeweglichem Vermögen, Sachinbegriffen oder Rechten i. S. d. § 49 Abs. 1 Nr. 6 EStG; ergänzend unterliegen bestimmte Sondertatbestände ebenfalls der beschränkten Steuerpflicht
3. selbstständiger Arbeit (§ 18 EStG)	Ausübung oder Verwertung erfolgen im Inland; im Inland wird eine feste Einrichtung oder Betriebsstätte unterhalten
4. nicht selbstständiger Arbeit (§§ 19 f. EStG)	Ausübung oder Verwertung erfolgen im Inland oder die Einkünfte werden aus einer öffentlichen Kasse gewährt; einschließlich Vergütungen für entsprechende frühere Dienstverhältnisse; abweichend von Ausübung oder Verwertung sind die Einkünfte von leitenden Personen eines

		Unternehmens mit Ort der Geschäftsleitung sowie Abfindungen generell steuerpflichtig
5.	Kapitalvermögen (§ 20 EStG)	je nach Art der Kapitalforderung: wenn der Schuldner seinen Wohnsitz, seine Geschäftsleitung oder seinen Sitz im Inland hat oder wenn die Kapitalforderung durch inländischen Grundbesitz besichert ist
6.	Vermietung und Verpachtung (§ 21 EStG)	im Inland belegen oder in ein inländisches öffentliches Buch oder Register eingetragen oder in einer inländischen Betriebsstätte oder anderen Einrichtung verwertet
7.	wiederkehrenden Bezügen i. S. d. § 22 Nr. 1 EStG	dem inländischen Steuerabzug unterworfen; diese Regelung ist derzeit gegenstandslos, weil ein entsprechender Steuerabzug für diese Einkünfte nicht vorgesehen ist
8.	privaten Veräußerungsgeschäf-ten i. S. d. § 23 i. V. m. § 22 Nr. 2 EStG	mit inländischen Grundstücken oder mit Anteilen an Kapitalgesellschaften mit Geschäftsleitung oder Sitz im Inland
8a.	Abgeordnetenbezügen i. S. d. § 22 Nr. 4 EStG	keine Bedingung
9.	Einkünfte für Leistungen i. S. d. § 22 Nr. 3 EStG	Einkünfte aus der Nutzung beweglicher Sachen, die im Inland belegen sind, oder von Rechten, die im Inland genutzt werden oder genutzt worden sind

2.2.1.1 Grundlagen der beschränkten Steuerpflicht nach dem EStG

Im Inland ansässige Personen sind gem. § 1 Abs. 1 Satz 1 EStG bzw. gem. § 1 Abs. 1 KStG i. V. m. § 2 Abs. 1 EStG bzw. § 1 Abs. 2 KStG unbeschränkt steuerpflichtig. Alle Einkünfte unterliegen unabhängig von ihrer Quelle somit der deutschen Einkommen- oder Körperschaftsteuerpflicht. Demgegenüber liegt bei Personen, die nicht im Inland ansässig sind, nur dann eine Steuerpflicht vor, wenn die Einkünfte den in **Abbildung**

2-3 bereits dargelegten Inlandsbezug aufweisen. § 49 EStG ergänzt die Tatbestandsvoraussetzungen der jeweiligen Einkunftsarten nach §§ 13 – 23 EStG um solche, die den geforderten Inlandsbezug als sachliche Begründung einer beschränkten Steuerpflicht sicherstellen. Die Tatbestandsvoraussetzungen müssen kumulativ erfüllt sein. Eine einseitige Ausweitung oder Umqualifizierung der zu beurteilenden Sachverhalte auf Einkunftsarten, die zur beschränkten Steuerpflicht führen, ist nicht zulässig.

Alle Anknüpfungskriterien nehmen Bezug auf das Territorium der Bundesrepublik Deutschland, wobei die Quelle der Einkünfte eine Geschäftseinrichtung, ein persönliches Tätigwerden oder eine Verwertung in einer inländischen Geschäftseinrichtung sein kann. Als mögliche Anknüpfungspunkte kommen in Betracht:

- **geografischer Ort**, wie dies bei der Ortsbestimmung der Betriebsstätte bei gewerblichen Einkünften i. S. d. § 49 Abs. 1 Nr. 2 Buchst. a EStG sowie der Belegenheit von Grundvermögen im Inland bei Einkünften gem. § 49 Abs. 1 Nr. 6 EStG sowie bei inländischen land- und forstwirtschaftlichen Betrieben gem. § 49 Abs. 1 Nr. 1 EStG der Fall ist;

- **Tätigkeits- oder Ausübungsort**, wie dies bei Einkünften aus selbstständiger Arbeit gem. § 49 Abs. 1 Nr. 3 und bei Einkünften aus nicht selbstständiger Arbeit gem. § 49 Abs. 1 Nr. 4 EStG zu beobachten ist; die Besteuerungspflicht knüpft hierbei an die physische Präsenz der persönlich tätig werdenden Steuerpflichtigen an;

- **Nutzungs- oder Verwertungsort**, wie dies bei Einkünften gem. § 49 Abs. 1 Nr. 6 oder Nr. 9 EStG der Fall ist.

Im Ergebnis kann es damit zu Situationen kommen, bei denen ein im Ausland ansässiger Unternehmer mit inländischen Kunden Handel betreibt, der unstreitig die Voraussetzungen für gewerbliche Einkünfte im Sinne des § 15 Abs. 2 EStG erfüllt, gleichwohl aber keine Steuerpflicht im Inland besteht. Dies ist der Fall, wenn die ergänzend zu erfüllenden Voraussetzungen des § 49 EStG, wie z. B. ein räumlicher Anknüpfungspunkt über eine inländische Betriebsstätte, nicht erfüllt sind.

2.2.1.2 Umfang der Steuerpflicht

2.2.1.2.1 Gewerbliche Einkünfte

Gem. § 49 Abs. 1 Nr. 2 Buchst. a EStG hat ein im Ausland Ansässiger inländische steuerbare und steuerpflichtige gewerbliche Einkünfte, wenn er im Inland eine Betriebsstätte unterhält und die Einkünfte wirtschaftlich der Betriebsstätte zuzurechnen sind. Die Bedeutung der Betriebsstätte ist nicht zu unterschätzen, da Direktgeschäfte ohne Begründung einer Betriebsstätte nicht zur inländischen Steuerpflicht führen, wenn die Einkünfte nicht einer der anderen Einkunftsarten des § 49 Abs. 1 EStG zuzurechnen sind.

Beim Vorliegen einer Betriebsstätte besteht die Notwendigkeit, eine Zuordnung von Wirtschaftsgütern und darauf aufbauend von Einkünften zu Stammhaus oder Betriebsstätte vorzunehmen.[73] Außerdem führt das Vorliegen einer Betriebsstätte zur Pflicht der Einbehaltung von Lohnsteuer und bei Banken ggf. von Kapitalertragsteuer. Ferner ist zu prüfen, inwieweit gem. §§ 140 f. AO die Voraussetzungen für eine Buchführungspflicht im Inland erfüllt sind. Außerdem führt das Vorliegen einer Betriebsstätte zur Anwendung der Dokumentationsvorschriften für Zwecke der Gewinnabgrenzung, und auch die Umsatzsteuer knüpft an das Vorliegen einer Betriebsstätte Verpflichtungen.

Schon dieser Überblick zeigt, dass dem Kriterium der Betriebsstätte große Bedeutung zukommt. Der Begriff wird in § 12 AO definiert als „. . . jede feste Geschäftseinrichtung oder Anlage, die der Tätigkeit eines Unternehmens dient. Als Betriebsstätten sind insbesondere anzusehen:

1. die Stätte der Geschäftsleitung,

2. Zweigniederlassungen,

3. Geschäftsstellen,

4. Fabrikations- oder Werkstätten,

5. Warenlager,

6. Ein- oder Verkaufsstellen,

7. Bergwerke, Steinbrüche oder andere stehende, örtlich fortschreitende oder schwimmende Stätten der Gewinnung von Bodenschätzen,

8. Bauausführungen oder Montagen, auch örtlich fortschreitende oder schwimmende, wenn

   a) die einzelne Bauausführung oder Montage oder

   b) eine von mehreren zeitlich nebeneinander bestehenden Bauausführungen oder Montagen oder

   c) mehrere ohne Unterbrechung aufeinander folgende Bauausführungen oder Montagen

   länger als sechs Monate dauern."

Der Betriebsstätte wird der ständige Vertreter gleichgestellt. Dieser wird in § 13 AO definiert als „eine Person, die nachhaltig die Geschäfte eines Unternehmens besorgt und dabei dessen Sachweisungen unterliegt. Ständiger Vertreter ist insbesondere eine Person, die für ein Unternehmen nachhaltig:

---

[73]   Vgl. hierzu ausführlich S. 186 ff.

1. Verträge abschließt, vermittelt oder Aufträge einholt oder

2. einen Bestand von Gütern oder Waren unterhält und davon Auslieferungen vornimmt."

Eine Geschäftseinrichtung ist nach ständiger BFH-Rechtsprechung[74] jeder körperliche Gegenstand und jede Zusammenfassung körperlicher Gegenstände, die geeignet sind, die Grundlage unternehmerischer Tätigkeiten zu sein. Beispielsfälle für solche Einrichtungen sind Gebäude sowie abgrenzbare unbebaute Flächen (Lager, Standplätze). In das Handelsregister eingetragene Zweigniederlassungen i. S. d. §§ 13 d ff. HGB sprechen grundsätzlich für das Vorliegen einer Betriebsstätte, doch bedarf es einer Detailprüfung. Wenngleich keine besonderen Anforderungen an die baulichen Gegebenheiten der Geschäftseinrichtungen gestellt werden, ist eine gegenständliche, körperlich fassbare Einrichtung zwingende Voraussetzung.

Die Auflistung möglicher Geschäftseinrichtungen in § 12 Abs. 2 AO führt bei Geschäftsleitungseinrichtungen nur dann zur Annahme einer Betriebsstätte, wenn die in § 12 Abs. 1 AO genannten Tatbestandsvoraussetzungen erfüllt werden.

Die Geschäftseinrichtung muss einen Bezug zu einem bestimmten Punkt der Erdoberfläche besitzen.[75] Nicht erforderlich ist hingegen, dass die Einrichtung mittels Fundamenten fest mit dem Erdboden verbunden ist, sodass auch transportable Stände, wie sie typischerweise auf Wochenmärkten anzutreffen sind, Betriebsstätten begründen können. Das ist beispielsweise der Fall, wenn fahrbare Stände an unterschiedlichen Tagen der Woche stets an den gleichen Orten aufgestellt werden. Wie schwierig die Abgrenzung jedoch im Einzelfall sein kann, wird daraus ersichtlich, dass eine vergleichbare Tätigkeit mit Fahrständen bei wechselnden Einsatzorten in einem Bezirk nicht als eine feste Geschäftseinrichtung bewertet wird. Auch der nur für vier Wochen in mehreren Jahren auf einem Weihnachtsmarkt unterhaltene Verkaufsstand begründet keine Betriebsstätte. Abweichungen von der geforderten festen Verbindung zur Erdoberfläche ergeben sich immer dann, wenn die feste Einrichtung auf einem sich bewegenden Fahrzeug unterhalten wird, wie dies z. B. bei Restaurationsbetrieben auf Fremdschiffen der Fall ist.

Dem zeitlichen Moment der Nachhaltigkeit ist besonderes Gewicht beizumessen. Die Verbindung zu einem bestimmten Punkt der Erdoberfläche muss von einer gewissen Dauer und Stetigkeit, oder zumindest auf eine solche angelegt sein.

Die Betriebsstätte muss außerdem der Tätigkeit eines Unternehmens dienen. Das Unternehmen umfasst hierbei die Gesamtheit der gewerblichen und beruflichen Tätigkeiten eines Unternehmers, wobei es nicht auf eine Gewinnerzielungsabsicht des Unter-

---

74 Vgl. BFH-Urt. vom 3.2.1993, I R 80-81/91, BStBl. II 1993, S. 462.
75 Vgl. BFH-Urt. vom 9.10.1974, I R 128/73, BStBl. II 1975, S. 203; aber auch das BVerwG-Urt. vom 4.8.1993, 11 C 36.93, BStBl. II 1994, S. 136 sowie BFH-Urt. vom 13.5.1958, I B 49/58-U, BStBl. III 1958, S. 379.

nehmens ankommt. Die Betriebsstätte muss dem Unternehmen dienen. Hierbei handelt es sich nicht um eine unspezifische Förderung des Unternehmens, sondern um eine unmittelbare Dienlichkeit der Betriebsstätte. In der Betriebsstätte muss eine unternehmerische Tätigkeit ausgeübt werden. Die in der Geschäftseinrichtung ausgeübten Tätigkeiten können kaufmännischer oder technischer Art sein, wobei es unerheblich ist, ob es sich um Haupttätigkeiten oder Hilfs- und Nebentätigkeiten handelt.

Weitere Voraussetzung ist, dass der Steuerpflichtige die nicht nur vorübergehende Verfügungsmacht über die Einrichtung hat. Diese kann begründet werden durch die Rechtsstellung (z. B. Eigentum, Gebrauchsrecht) oder andere Umstände, die nicht zwingend entgeltlich sein müssen. Demgegenüber reicht eine bloße Nutzungsmöglichkeit nicht aus. Eine Verfügung über Geschäftseinrichtungen liegt vor allem dann nicht vor, wenn der Steuerpflichtige in den Geschäftsräumen seiner Kunden tätig wird oder die Räume nur gelegentlich benutzen kann.

Der Einsatz von Personal in der Geschäftseinrichtung ist nicht erforderlich, sodass auch mechanische und vollautomatische Einrichtungen und Anlagen Betriebsstätten begründen.[76] Wenn allerdings Personal zur Vornahme der Tätigkeit erforderlich ist, muss sich dieses auch in der festen Geschäftseinrichtung aufhalten.

Die Frage, ob ein **ständiger Vertreter** vorliegt, ist stets subsidiär zur Prüfung nach § 12 AO zu entscheiden. Liegen tatbestandlich sowohl die Voraussetzungen für eine Betriebsstätte als auch für einen ständigen Vertreter vor, geht die Qualifizierung als Betriebsstätte vor.

Ein ständiger Vertreter ist gem. § 13 AO eine Person, derer sich der Steuerpflichtige zur Erzielung seiner Einkünfte im Inland bedient. Hierbei ist es zunächst unerheblich, ob es sich um einen nicht selbstständigen, abhängigen Mitarbeiter des Unternehmens oder um einen selbstständigen Vertreter im zivilrechtlichen Sinne handelt. Wird die Tätigkeit durch einen unselbstständigen Mitarbeiter des Unternehmens im Inland vorgenommen, ist i. d. R. bereits der Arbeitsplatz dieses Mitarbeiters eine Betriebsstätte des ausländischen Unternehmens, sofern die Räumlichkeiten vom Unternehmen selbst angemietet wurden oder in sonstiger Weise in seiner Verfügungsmacht stehen. Demgegenüber können Vorstandsmitglieder einer ausländischen Kapitalgesellschaft nicht ständige Vertreter i. S. d. § 13 AO sein, wenn sie im Inland für Unternehmen Verträge abschließen. Die steuerlich geforderte Sachweisungsbefugnis des Unternehmens kann sowohl rechtlich, wirtschaftlich als auch faktisch gegeben sein, sodass dem zivilrechtlichen Vertragsverhältnis nur ein Indizcharakter zukommt. Der ständige Vertreter wird beispielhaft qualifiziert durch die Vornahme folgender Tätigkeiten:

- den Abschluss von Verträgen,

- die Vermittlung von Aufträgen oder

- die Lagerung und Auslieferung von Waren und Gütern.

---

[76] Vgl. BFH-Urt. vom 30.10.1996, II R 12/92, IStR 1997, S. 147 ff. und Beschluss vom 4.12.1962, I B 14/62 U, BStBl. III 1962, S. 156.

Bei dem ständigen Vertreter muss es sich um eine Person handeln, wobei unerheblich ist, ob es eine natürliche oder eine juristische Person ist.

Ein weiteres Kriterium ist die geforderte Nachhaltigkeit der Geschäftsbesorgung durch den ständigen Vertreter, die entweder durch die wiederholte Vornahme von Geschäften dokumentiert oder zu Beginn der Tätigkeit durch Feststellung der Indizien bestimmt wird, die auf eine Wiederholungsabsicht und Nachhaltigkeit schließen lassen. Von besonderer Bedeutung ist das Kriterium der Abschlussvollmacht bzw. im deutschen Steuerrecht als ergänzender Tatbestand die Vermittlung von Verträgen und die Einholung von Aufträgen.

Die Besteuerung der **Veräußerung von Anteilen** an inländischen Kapitalgesellschaften im Rahmen der beschränkten Steuerpflicht ist grundsätzlich nur dann steuerbar und steuerpflichtig, wenn die Anteile sich in einem Betriebsvermögen befinden. Auch bei unbeschränkt Steuerpflichtigen gelten die Anteilsveräußerungen nur dann als steuerpflichtig, wenn die Anteile im Privatvermögen gehalten werden, wenn mindestens ein Prozent am Grundkapital der Gesellschaft gegeben ist.

Zur Gleichbehandlung zwischen Beteiligung an Mitunternehmerschaften und Beteiligungen an Kapitalgesellschaften hat der Gesetzgeber § 17 Abs. 1 EStG eingeführt und gem. § 49 Abs. 1 Nr. 2 e EStG auch für die beschränkte Steuerpflicht insoweit zur Anwendung gebracht, als eine Beteiligung an einer inländischen Kapitalgesellschaft besteht. Es handelt sich hierbei um gewerbliche Einkünfte, die allerdings nicht der deutschen Gewerbesteuer unterliegen, da dem im Ausland Ansässigen regelmäßig eine Zurechnung der Beteiligung zu einer inländischen Betriebsstätte nicht möglich ist. Das Halbeinkünfteverfahren ist auf die Veräußerungsgewinne gem. § 3 Nr. 40 EStG anzuwenden. Zu einer Kapitalertragsteuerpflicht kommt es bei der Veräußerung nicht, da es sich nicht um laufende Kapitalerträge sondern um einen einmaligen Veräußerungsgewinn handelt, der nicht zu den Kapitalerträgen im Sinne des § 43 EStG zählt. Die Veräußerungsverluste können unter Berücksichtigung der Beschränkung des § 17 Abs. 2 Satz 4 sowie des § 50 Abs. 1 Satz 1, 3 EStG steuermindernd geltend gemacht werden.

Im Nicht-DBA-Fall erfolgt eine uneingeschränkte Besteuerung, in DBA-Fällen zumeist eine Zuweisung des Besteuerungsrechtes zum Ansässigkeitsstaat, sodass insoweit das bestehende Besteuerungsrecht nach nationalem Recht ins Leere läuft. Daher hat der deutsche Gesetzgeber die Regeln des § 6 AStG eingeführt, um auch in Fällen der Wohnsitzverlegung in höher besteuernden Staaten, vor allem in Abkommensstaaten eine Besteuerung der stillen Reserven im Inland zu gewährleisten.

Beispiel:

Eine italienische Kapitalgesellschaft ist zu 40 % an einer GmbH mit Sitz in München beteiligt. Die italienische Kapitalgesellschaft veräußert 10 % und bezieht dabei Einkünfte, die der beschränkten Steuerpflicht nach § 49 Abs. 1 Nr. 2 Buchst. e EStG unterliegen. Der Veräußerungsgewinn kann gemäß Artikel 13 Abs. 4 DBA Italien allerdings nur im Wohnsitzstaat des Veräußerers besteuert werden, d. h., Deutschland steht in diesem Fall kein Besteuerungsrecht zu. Im vorliegenden Fall ist diese Frage allerdings auch nicht mehr so relevant, da seit dem Veranlagungszeitraum 2001 eine steuerfreie Veräußerung von Kapitalgesellschaftsanteil für eine Kapitalgesellschaft selbst möglich ist.

Beispiel:

Eine natürliche Person aus dem Ausland besitzt eine Beteiligung an einer inländischen Kapitalgesellschaft von 5 % seit 10 Jahren. Der Steuerpflichtige veräußert die Beteiligung im Jahr 2002 und versteuert den sich ergebenden Veräußerungsgewinn nach § 3 Nr. 40 EStG zur Hälfte.

2.2.1.2.1.1 Einkünfte aus selbstständiger Arbeit

Grundsätzlich sind die Einkünfte aus selbstständiger Tätigkeit gegenüber denen aus Gewerbebetrieb von wirtschaftlich untergeordneter Bedeutung, da sie begrifflich nur bei natürlichen Personen zum Tragen kommen können. Der Bundesfinanzhof hat das Vorliegen von Einkünften aus selbstständiger Arbeit bei juristischen Personen grundsätzlich verneint.[77] Im Ergebnis bedeutet dies, dass ausländische juristische Personen mit Ausnahme des seltenen Falls der Rechtsnachfolge im Falle der Erbschaft keine Einkünfte aus selbstständiger Arbeit gem. § 49 Abs. 1 Nr. 3 EStG erzielen können.

Deshalb werden im Folgenden ausschließlich natürliche Personen betrachtet. § 49 Abs. 1 Nr. 3 EStG knüpft die Besteuerungspflicht alternativ an den Ausübungs- oder den Verwertungstatbestand. Eine Ausübung liegt immer dann vor, wenn der Steuerpflichtige oder seine Mitarbeiter im Inland persönlich tätig werden. Die Bestimmung zielt dabei auf den Ort ab, an dem die natürliche Person oder einer ihrer Mitarbeiter sich physisch aufhält und die Tätigkeit persönlich ausübt. Das persönliche Tätigwerden im Inland, die physische Ausübung, ist daher das Grundkriterium für das Vorliegen inländischer Einkünfte aus selbstständiger Arbeit. Der Ort der Ausübung liegt in der Regel dort, wo die entscheidenden, wesentlichen Tätigkeiten erfolgen, die der erbrachten Leistung das besondere Gepräge als selbstständige Arbeit geben.

2.2.1.2.1.2 Einkünfte aus nicht selbstständiger Arbeit

Gemäß § 49 Abs. 1 Nr. 4 EStG zählen zu den inländischen Einkünften auch Einkünfte aus nicht selbstständiger Arbeit i. S. d. § 19 EStG, die im Inland ausgeübt oder verwertet werden, ohne dass die tätige Person ihren Wohnsitz oder gewöhnlichen Aufenthalt im Inland hat.

Eine nicht selbstständige Arbeit wird im Inland ausgeübt, wenn der Steuerpflichtige im Inland persönlich tätig wird. Es gelten grundsätzlich die gleichen Regelungen und

---

[77] Vgl. BFH-Urt. vom 7.7.1971, I R 41/70, BStBl. II 1971, S. 771.

Beurteilungen wie beim geforderten Ausübungstatbestand nach § 49 Abs. 1 Nr. 3 EStG.

Die alternative Tatbestandsvoraussetzung des Verwertens gem. § 49 Abs. 1 Nr. 4 EStG ist definiert als Vorgang, durch den der Arbeitnehmer das Ergebnis seiner nicht selbstständigen Arbeit seinem Arbeitgeber zuführt.

In Ergänzung hierzu ist auf die Besonderheiten bei Mitgliedern der Geschäftsführung von Gesellschaften hinzuweisen. § 49 Abs. 1 Nr. 4 Buchst. c EStG enthält eine Sonderregelung, die Vergütungen für die Tätigkeit als Geschäftsführer, Prokurist oder Vorstandsmitglied einer Gesellschaft mit Geschäftsleitung im Inland der beschränkten Steuerpflicht unterwirft.

2.2.1.2.2 Einkünfte aus Kapitalvermögen

Grundsätzlich erfolgt hinsichtlich der Einkünfte aus Kapitalvermögen ein Verweis auf die Regelungen des § 20 EStG. Neben einigen Einkünften wie z. B. Diskontbeträgen von Wechseln und Anweisungen (§ 20 Abs. 1 Nr. 8 EStG), die in § 49 Abs. 1 Nr. 5 EStG nicht genannt werden und deshalb nicht der beschränkten Steuerpflicht unterliegen, sind andere Einkünfte nur dann als inländische zu qualifizieren, wenn ein geforderter Inlandsbezug gegeben ist. Dies gilt namentlich für Zinsen aus Guthaben. Diese unterliegen nur dann der beschränkten deutschen Steuerpflicht, wenn über die Besicherung der Forderung ein hinreichender Bezug zur Bundesrepublik Deutschland hergestellt wird. Die Bestimmung der Quelle der Zinserträge orientiert sich hierbei an dem Sitz des Schuldners der Kapitalerträge, wobei dieser bei Konzerndarlehen durch die Wahl des Schuldners außerhalb von Deutschland gelegt werden kann. Kommt es zur Annahme inländischer Einkünfte aus Kapitalvermögen erfolgt die Besteuerung regelmäßig in Form einer Quellensteuer mit Abgeltungscharakter, wobei jedoch gem. § 43b EStG sowie § 50g EStG in bestimmten Konstellationen innerhalb der Europäischen Gemeinschaft eine Quellensteuer von 0 % vorgesehen ist.

2.2.1.2.3 Einkünfte aus Vermietung und Verpachtung

Einkünfte aus Vermietung und Verpachtung gem. § 49 Abs. 1 Nr. 6 EStG können u. a. gegeben sein, wenn die überlassenen Sachinbegriffe oder Rechte in einer inländischen Betriebsstätte oder in einer anderen Einrichtung verwertet werden. Hierfür sind die folgenden Tatbestandsvoraussetzungen entscheidend:

- Es muss sich um eine Vermietungs- oder Verpachtungstätigkeit handeln,

- die unbewegliches Vermögen, Sachinbegriffe oder Rechte zum Gegenstand hat,

- welche entweder im Inland belegen oder in ein inländisches Register eingetragen sind oder die im Inland in einer Betriebsstätte oder ähnlichen Einrichtung verwertet werden.

Ein Sachinbegriff ist eine Vielzahl beweglicher Sachen, die als zusammengehörige Einheit genutzt werden, wie dies üblicherweise bei beweglichem Betriebsinventar der Fall ist. Vom Sachinbegriff zu trennen ist eine zusammengesetzte Sache, die aus vielen Bestandteilen besteht, aber nur in der gegebenen Zusammensetzung technisch und/oder wirtschaftlich genutzt werden kann. Diese Unterscheidung ist vor allem deshalb so wichtig, weil sich daraus eine Qualifizierung der erzielten Einkünfte entweder nach § 49 Abs. 1 Nr. 6 EStG (also als Einkünfte aus Vermietung und Verpachtung) oder nach § 49 Abs. 1 Nr. 9 EStG ergibt.

Zu den Rechten i. S. d. § 49 Abs. 1 Nr. 6 EStG gehören insbesondere schriftstellerische, künstlerische und gewerbliche Urheberrechte, also Rechte, die nach dem UrhG gesetzlich geschützt sind. Ferner fallen unter Rechte auch Gefälligkeiten, Gefälle und Rechte zur Verwertung gewerblicher Erfahrungen. Vor allem bei den urheberrechtlich geschützten Rechten ist auf die Abgrenzung zu den Einkünften gem. § 49 Abs. 1 Nr. 1 – 3 EStG zu achten. Weiteres Erfordernis für die Annahme von Einkünften i. S. d. § 49 Abs. 1 Nr. 6 EStG ist die zeitlich begrenzte Überlassung des Rechts. Der Lizenzgeber darf nicht endgültig seine Rechtsstellung verlieren, weder unbegrenzt noch auf einige wenige Länder bezogen. Liegt demgegenüber eine vollständige Aufgabe des Rechts vor, wie dies üblicherweise bei der Gewährung eines Alleinvertriebsrechts der Fall ist, muss von einer Veräußerung und nicht von einer Überlassung ausgegangen werden. Die sich daraus ergebenden Einkünfte führen zur beschränkten Steuerpflicht, wenn die Voraussetzungen des § 49 Abs. 1 Nr. 2 Buchst. f EStG erfüllt sind.

2.2.1.2.4 Einkünfte aus der Nutzung beweglicher Sachen und der Überlassung von Know-how

Die Vorschrift des § 49 Abs. 1 Nr. 9 dient als Auffangvorschrift. Danach sollen Einkünfte, die tatbestandsmäßig nicht unter § 49 Abs. 1 Nr. 6 EStG fallen, dennoch zu berücksichtigen sein. Aus dieser Zwecksetzung heraus ergibt sich, dass eine Qualifizierung als Einkunft im Sinne des § 49 Abs. 1 Nr. 9 EStG erst dann erfolgt, wenn eine Subsumtion unter die Einkünfte nach § 49 Abs. 1 Nr. 1 – 8 EStG nicht möglich ist. Einkünfte aus der Nutzung beweglicher Sachen liegen demnach immer dann vor, wenn dem Berechtigten eine zeitlich begrenzte Gebrauchsüberlassung einer Einzelsache eingeräumt wird. Es darf insoweit keine Übertragung der Substanz des Gegenstandes erfolgen, also keine Übertragung des wirtschaftlichen Eigentums an der Sache stattfinden. Als Überlassung von Know-how sieht das Einkommensteuergesetz die Überlassung der Nutzung oder des Rechts auf Nutzung von gewerblichen, technischen, wissenschaftlichen und ähnlichen Erfahrungen, Kenntnissen und Fertigkeiten, z. B. Plänen, Mustern und Verfahren, an.

2.2.1.2.5 Isolierende Betrachtungsweise des § 49 Abs. 2 EStG

Bei der Qualifikation der Einkünfte unter die einzelnen Tatbestandsmerkmale des § 49 Abs. 1 EStG ist die sog. **isolierende Betrachtungsweise** in § 49 Abs. 2 EStG zu beachten. Diese sieht vor, dass im Ausland belegene Besteuerungsmerkmale außer Betracht bleiben, wenn bei ihrer Berücksichtigung inländische Einkünfte nicht angenommen werden könnten.

Beispiel:

Eine ausländische gewerblich tätige Personengesellschaft erzielt in Deutschland Einkünfte aus der Vermietung einer hier belegenen Immobilie. Fraglich ist, inwieweit dies zu einer beschränkten Steuerpflicht nach § 49 EStG führt. Denkbar wäre zunächst, dass gewerbliche Einkünfte vorliegen. Allerdings verlangt § 49 Abs. 1 Nr. 2 EStG hierfür besondere Anknüpfungspunkte, insbesondere das Vorhandensein einer Betriebsstätte im Sinne des § 12 AO. Die Vermietung einer inländischen Immobilie führt jedoch alleine nicht zur Betriebsstättenbegründung. Folglich wäre dieses Tatbestandsmerkmal (genauso wie die übrigen in § 49 Abs. 1 Nr. 2 EStG genannten) nicht erfüllt. Damit scheidet die Annahme beschränkt steuerpflichtiger gewerblicher Einkünfte aus. Alternativ könnte daran gedacht werden, beschränkt steuerpflichtige Einkünfte aus Vermietung und Verpachtung anzunehmen (§ 49 Abs. 1 Nr. 6 EStG). Allerdings verlangt diese Regelung zunächst das Vorliegen der allgemeinen Tatbestandsmerkmale des § 21 EStG. Diese sind hier jedoch nicht erfüllt, weil § 21 Abs. 3 EStG das Vorliegen von Einkünften aus Vermietung und Verpachtung ausschließt, wenn die Tatbestandsmerkmale einer anderen Einkunftsart verwirklicht sind. Dies wäre hier jedoch der Fall, weil die Voraussetzungen des § 15 EStG erfüllt sind. Das Erfordernis der Betriebsstätte ergibt sich erst aus der ergänzenden Regelung des § 49 EStG, sodass deren Fehlen für Zwecke des § 15 EStG unproblematisch ist. Im Ergebnis könnte damit eine Besteuerung der Einkünfte aus Vermietung und Verpachtung in Deutschland nicht erfolgen, und zwar weder nach den Grundsätzen für beschränkt steuerpflichtige Einkünfte aus Gewerbebetrieb noch aus Vermietung und Verpachtung.

Um dieses als unbillig empfundene Ergebnis zu vermeiden, greift die isolierende Betrachtungsweise ein. Sie führt dazu, dass die im Ausland gegebenen Besteuerungsmerkmale unberücksichtigt bleiben, weil andernfalls eine deutsche Besteuerung nicht angenommen werden kann. Folglich wird das Vorliegen einer gewerblichen Betätigung im Ausland für Zwecke der inländischen Besteuerung nicht berücksichtigt, sodass allein auf die im Inland verwirklichte Tätigkeit abgestellt wird. Deshalb liegen im obigen Beispiel beschränkt steuerpflichtige Einkünfte aus Vermietung und Verpachtung vor. Im Ergebnis bewirkt die isolierende Betrachtungsweise, dass die eigentlich nach dem nationalen Recht anzuwendenden Subsidiaritätsklauseln (§§ 20 Abs. 3, 21 Abs. 3, 23 Abs. 2 EStG) in den Fällen der beschränkten Steuerpflicht nicht zur Anwendung kommen, wenn andernfalls keine beschränkt steuerpflichtigen Einkünfte gegeben wären.

2.2.2 Materiellrechtliche Aspekte des KStG

Beschränkt körperschaftsteuerpflichtig sind gemäß § 2 Abs. 1 KStG alle Körperschaften, Personenvereinigungen und Vermögensmassen, die weder ihre Geschäftsleitung noch ihren Sitz im Inland haben, gleichwohl aber inländische Einkünfte im Sinne des § 49 EStG erzielen. Im Folgenden wird eine Beschränkung auf die typische Rechtsform der Kapitalgesellschaft vorgenommen. Ob eine nach ausländischem Recht errichte Gesellschaft als Kapitalgesellschaft anzusehen ist, bestimmt sich nach dem von der Rechtsprechung entwickelten Rechtstypenvergleich. Dies kann dazu führen, dass nach ausländischem Recht als Personengesellschaft anzusehende Rechtsgebilde für deutsche körperschaftsteuerliche Zwecke als Kapitalgesellschaft behandelt werden. Diese mit vielen Ländern regelmäßig auftretenden Qualifikationskonflikte bereiten vor allem bei der Anwendung von Doppelbesteuerungsabkommen größere Schwierigkeiten. Die jeweiligen ausländischen Rechtsgebilde sind körperschaftsteuerpflichtig nach § 1 Abs. 1 Nr. 4 KStG.

Beispiel:

Typische Anwendungsfälle sind ausländische Gesellschaften von im Ausland ansässigen Gesellschaftern, die in Deutschland mittels einer Betriebsstätte tätig werden. Sie erfüllen damit das Anknüpfungskriterium für die beschränkte Körperschaftsteuerpflicht. Hinzu kommen Kapitalgesellschaften, die von im Inland ansässigen Personen nach ausländischem Gesellschaftsrecht gegründet werden, aber im Inland ihre Tätigkeit ausüben, wie dies beispielsweise bei der britischen Limited der Fall ist.

Im Gegensatz zu inländischen unbeschränkt steuerpflichtigen Kapitalgesellschaften können beschränkt steuerpflichtige Kapitalgesellschaften den Freibetrag sowie die vollständige Befreiung von der Körperschaftsteuer gem. § 5 Abs. 1 KStG nicht in Anspruch nehmen.

Die sachliche Beschränkung des Umfangs der steuerpflichtigen Einkünfte ergibt sich aus § 2 Nr. 1 KStG und beinhaltet nur inländische Einkünfte im Sinne des § 49 EStG. Darüber hinaus ist zu berücksichtigen, dass im Gegensatz zu natürlichen Personen Kapitalgesellschaften weder Einkünfte aus selbstständiger Arbeit noch solche aus nichtselbstständiger Tätigkeit erzielen können, sodass für eine ausländische Kapitalgesellschaft nur die übrigen fünf Einkunftsarten des § 2 Abs. 1 EStG verbleiben können. Gem. § 8 Abs. 2 KStG erzielen Kapitalgesellschaften generell nur Einkünfte aus Gewerbebetrieb. Diese Regelung beschränkt sich auf Kapitalgesellschaften, die nach den Vorschriften des deutschen HGB zur Führung von Büchern verpflichtet sind, sodass die Fiktion der Annahme von gewerblichen Einkünften in diesen Fällen nicht zum Tragen kommt, da ein Anwendungsfall der isolierenden Betrachtungsweise des § 49 Abs. 2 EStG nicht gegeben ist. Vielmehr verbleibt es bei den bereits oben dargestellten Anwendungsfällen der isolierenden Betrachtungsweise.

Besonders zu beachten ist, dass die Steuerfreiheit des § 8b KStG bei der Einkunftsermittlung einer inländischen Betriebsstätte zum Tragen kommt. Sofern somit Beteiligungen bzw. Anteile an inländischen Kapitalgesellschaften oder ausländischen Kapitalgesellschaften einer inländischen Betriebsstätte eines beschränkt körperschaftsteuerpflichtigen Steuersubjektes zuzurechnen sind, greift die Begünstigungsvorschrift der Steuerfreiheit nach § 8b Abs. 2 KStG. Als weitere Besonderheit ist darauf hinzuweisen, dass die inländische Zweigniederlassung die Rolle des Organträgers eines ausländischen gewerblichen Unternehmens im Inland übernehmen kann, sofern folgende Voraussetzungen erfüllt sind:

- Die Organgesellschaft hat mit der im Inland gegebenen und im Handelsregister eingetragenen Zweigniederlassung einen Gewinnabführungsvertrag abgeschlossen.

- Die Beteiligung an der Organgesellschaft zum steuerlichen Betriebsvermögen der Zweigniederlassung und somit das zuzurechnende Organeinkommen gehört zu den beschränkt körperschaftsteuerpflichtigen Einkünften der Zweigniederlassung und

- die für die finanzielle Eingliederung erforderliche Beteiligung gehört zum Betriebsvermögen der Zweigniederlassung.

Hinsichtlich der Abgeltung der Körperschaftsteuer durch den Steuerabzug gemäß § 32 Abs. 1 Nr. 2 KStG ist folgendes zu berücksichtigen: Grundsätzlich folgt der Mechanismus dem bei natürlichen Personen, doch ist ergänzend darauf hinzuweisen, dass insbesondere die Dividendenerträge, die nach deutschem Steuerrecht steuerfrei vereinnahmt werden können, grundsätzlich nach § 43 der Körperschaftsteuer unterliegen, gleichwohl auf Grund von § 43b EStG bzw. § 8b Abs. 1 KStG die Dividenden von der Steuer ausgenommen sind. In diesen Fällen kann es entweder zu einer Erstattung der zunächst in voller Höhe einbehaltenen und abgeführten Abzugsteuern beim Bundesamt für Finanzen kommen oder aber, wie in Fällen des § 43b EStG, der Mutter-Tochter-Richtlinie[78], eine vorherige Abstandnahme vom Steuerabzug erfolgen. Die Abzugsteuerverpflichtung mit Abgeltungscharakter kommt jedoch nicht zum Tragen, wenn die Dividenden bzw. die dem Steuerabzug unterliegenden Einkünfte einer inländischen Betriebsstätte zuzurechnen sind. In diesen Fällen werden die einbehaltenen Steuerabzugsbeträge auf die im Veranlagungsverfahren festgesetzte Körperschaftsteuerschuld gem. § 31 Abs. 1 i. V. m. § 36 Abs. 2 Satz 2 Nr. 2 EStG angerechnet.

Zur Vermeidung der internationalen Doppelbesteuerung bei beschränkt Körperschaftsteuerpflichtigen besteht die Möglichkeit, dass die im Ausland gezahlten Steuern angerechnet werden können, sofern die Einkünfte, die bereits in einem Drittstaat der Besteuerung unterlagen, einer inländischen Betriebsstätte vollumfänglich der deutschen Besteuerung unterworfen werden.

---

[78] Richtlinie 90/435/EWG des Rates vom 23.7.19990, ABl. EG, Nr. L 225, vom 20.8.1990, S. 6 ff.

2.2.3 Materiellrechtliche Aspekte des GewStG

Gewerbesteuerpflichtig nach dem deutschen Gewerbesteuergesetz sind gemäß § 2 Abs. 1 Satz 1 GewStG nur Gewerbebetriebe, die im Inland betrieben werden. Dies ist der Fall, soweit wie für den Gewerbebetrieb eine inländische Betriebsstätte i. S. v. § 12 AO unterhalten wird. Grundsätzlich bedeutet dies, dass nur die im Inland erzielten Einkünfte bzw. der im Inland erzielte Gewerbeertrag der Gewerbesteuer zu unterwerfen ist. Erstreckt sich der Gewerbebetrieb auch auf das Ausland, so werden nur die im Inland gelegenen Betriebsstätten der Gewerbesteuer unterworfen. Bei der Gewerbesteuer als Realsteuer soll wegen des Inlandsbezugs des Besteuerungsanspruchs das so genannte Territorialprinzip gelten, sodass zwischen beschränkter und unbeschränkter Steuerpflicht nicht unterschieden wird.

Ob und wann eine ausländische Kapitalgesellschaft oder sonstiges Unternehmen mit einer inländischen Betriebsstätte einen Gewerbebetrieb nach inländischem Recht unterhält, bestimmt sich nach § 49 Abs. 1 Nr. 2 Buchst. a EStG bzw. danach, welche Tätigkeit die Gesellschaft im Ausland vornimmt. Eine der isolierenden Betrachtungsweise vergleichbare Konstruktion findet bei der Gewerbesteuer keine Anwendung. Vielmehr erfolgt bei der Ermittlung des Gewerbeertrags eine strenge Orientierung an den Vorschriften des Einkommensteuer- und des Körperschaftsteuergesetzes, wobei unter Berücksichtigung des Welteinkommensprinzips der Ertrag ermittelt wird und die Gewerbesteuer auf Inlandssachverhalte beschränkt ist. Die im Ausland verwirklichten bzw. dem Ausland zuzurechnenden Einkünfte sind Bestandteil des Gewerbeertrages und müssen bei den Hinzurechnungen und Kürzungen berücksichtigt werden. Folgende gewerbesteuerliche Modifikationen sind aus der Sicht eines inländischen Unternehmens zu beachten:

Gemäß § 9 Nr. 2 GewStG sind Anteile am Gewinn einer ausländischen OHG, KG oder einer anderen Gesellschaft, bei der der Gesellschafter als Mitunternehmer im Sinne des § 15 EStG des Gewerbebetriebes anzusehen sind, bei der Ermittlung des Gewerbeertrages zu kürzen, wenn diese Gewinnanteile zuvor bei der Ermittlung des Gewerbeertrages nach § 7 berücksichtigt worden sind. Die Vorschrift findet Anwendung, wenn eine ausländische Betriebsstätte mittels einer Beteiligung an einer ausländischen Personengesellschaft vermittelt wird und die aus dieser Betriebsstätte bzw. aus dieser Mitunternehmerbeteiligung ergebenden Einkünfte, sowohl aus der Gesamtheit als auch dem Sonderbetriebsvermögen der inländischen Besteuerung unterworfen werden. Zu einer Anwendung des § 9 Nr. 2 GewStG kommt es nur, wenn die Steuerfreiheit nicht bereits auf Grund eines DBA besteht und deshalb keine Berücksichtigung im Gewerbeertrag erfolgt. Die praktische Bedeutung der Vorschrift beschränkt sich somit im Wesentlichen auf Gewinnanteile von ausländischen Personengesellschaften, die in Nicht-DBA-Staaten ansässig sind. Die Qualifikation der ausländischen OHG, KG oder einer anderen Gesellschaft als Mitunternehmerschaft ist auf Grundlage eines Rechtstypenvergleiches zu beantworten. Folglich muss die ausländische Personengesellschaft ihrem Wesen und ihrer Struktur nach einer deutschen Personengesellschaft vergleichbar sein. Nicht ausreichend ist demgegenüber das aus den USA bekannte Verfahren für die Besteuerung als Personengesellschaft per Antrag zu optieren, ohne dass sich der Charakter der zugrunde liegenden Rechtsform tatsächlich geändert hat.

2.2.4 Materiellrechtliche Aspekte des UStG

Die grundsätzliche Bedeutung der Umsatzsteuer wurde bereits unter 2.1.1.6 dargestellt und gilt dementsprechend auch für Inbound-Fälle. Zwar wird auch hier im Grundsatz durch die Anwendung international anerkannter Prinzipien des Umsatzsteuerrechts eine Doppelbesteuerung vermieden. Jedoch können im Einzelfall durch unterschiedliche Qualifikation einer Umsatzart Probleme entstehen.

Als Prinzip der Besteuerung von Umsätzen im internationalen Bereich gilt, dass ein Umsatz mit den gesetzlichen Vorschriften und den Steuersätzen des Landes zu erfassen ist, in dessen Land der Umsatz ausgeführt werden soll bzw. für dessen Land die Umsätze bestimmt sind. Dieses – international weitgehend anerkannte – Bestimmungslandprinzip hat zur Folge, dass die umsatzsteuerlichen Regelungen anzuwenden sind, die sich in dem Land der Bestimmung des Umsatzes ergeben haben. Eine Ausnahme von dem vorherrschenden Bestimmungslandprinzip sieht die Europäische Gemeinschaft und damit der deutsche Umsatzsteuergesetzgeber für den Bereich der Handelsaktivitäten von Versandhandelsunternehmen sowie dem Erwerb von Produkten durch Privatpersonen im Rahmen des üblichen Reiseverkehrs vor.

Zu den steuerbaren Umsätzen zählen zunächst folgende:

1. **Entgeltliche Lieferungen und sonstige Leistungen im Sinne des § 1 Abs. 1 Nr. 1 UStG i. V. m. § 3 Abs. 6 – 9 oder dem § 3a – 3c UStG**
   Leistender ist ein Unternehmer, der im Rahmen seines Unternehmens gegen Entgelt, also mit Leistungsaustauschabsicht eine Lieferung oder sonstige Leistung im Sinne des § 3 UStG im Inland ausführt. Die Frage der Erfüllung der Tatbestandsvoraussetzungen Unternehmer, Entgelt und Lieferung oder Leistung ist für reine nationale wie internationale Sachverhalte nach denselben Grundsätzen zu bestimmen. Von herausragender Bedeutung für die Frage der umsatzsteuerlichen Behandlung ist daher die Bestimmung des Ortes der Lieferung oder der Leistung, sodass auf die Vorschriften der §§ 3 Abs. 6 – 9 sowie 3c UStG besonders hinzuweisen ist.

2. **Einfuhr aus Drittlandsgebieten § 1 Abs. 1 Nr. 4 UStG**
   Tatbestandsvoraussetzungen für eine steuerbare Einfuhr sind: Einfuhr von Gegenständen aus dem Drittlandsgebiet in das Inland und die Nichtanwendbarkeit § 3 Abs. 8 UStG. Danach liegt eine Lieferung vor, die aus einem Drittland in das Inland befördert oder versendet wurde und der Lieferer die Einfuhrumsatzsteuer schuldet. In den letztgenannten Fällen wird abweichend von § 3 Abs. 7 UStG der Ort der Lieferung bei Beförderung oder Versendung nicht auf den Ort zu Beginn

der Beförderung fingiert sondern auf den des Endes, sofern die Einfuhrumsatzsteuer vom Lieferer geschuldet wird. Dies ist regelmäßig der Fall, wenn eine Ware verzollt und versteuert geliefert wird.

Handelt es sich um eine Lieferung, bei der die Beförderung oder Versendung im Ausland beginnt und der Empfänger Schuldner der Einfuhrumsatzsteuer ist, liegt zunächst der Ort der Lieferung gem. § 3 Abs. 7 UStG im Ausland. Über § 1 Abs. 1 Nr. 4 UStG wird jedoch dieser Fall der Einfuhr von Waren aus dem Drittlandsgebiet ins Inland als steuerbarer Umsatz angesehen.

In beiden Fällen wird die Einfuhrumsatzsteuer von den Zollbehörden erhoben und kann von dem empfangenden Unternehmer als Vorsteuer geltend gemacht werden. Steuerschuldner ist entweder der Lieferer, dann handelt es sich um eine vertragliche Abrede im Sinne von „verzollt und versteuert" oder der Empfänger ist Schuldner der Steuer, dann handelt es sich um eine vertragliche Abrede „unverzollt und unversteuert".

Beispiel:
Der zum Vorsteuerabzug berechtigte deutsche Unternehmer U, Hamburg, kauft für sein Unternehmen eine Maschine von dem norwegischen Unternehmer S aus Oslo. S versendet die Maschine auf dem Seeweg über Dänemark nach Hamburg. In Hamburg wird die Maschine zoll- und umsatzsteuerrechtlich zum freien Verkehr abgefertigt, d. h., S liefert unverzollt und unversteuert. Es liegt eine steuerbare Einfuhr im Sinne des § 1 Abs. 1 Nr. 4 UStG vor und die Besteuerung obliegt der Zollbehörde. Der Unternehmer U kann die gezahlte Einfuhrumsatzsteuer als Vorsteuer im Rahmen seiner Umsatzsteuererklärung geltend machen.

3. Innergemeinschaftlicher Erwerb, § 1 Abs. 1 Nr. 5 UStG

Der Gegenstand der Lieferung muss aus dem Gebiet eines anderen EU-Mitgliedstaates in das Inland oder in eines der in § 1 Abs. 3 UStG genannten Gebiete gelangt sein. Der Erwerber muss Unternehmer sein, der den Gegenstand für sein Unternehmen erwirbt, oder es handelt sich um eine juristische Person, die nicht Unternehmer ist, oder die den Gegenstand nicht für ihr Unternehmen erwirbt. Der Lieferer muss ein Unternehmer sein und die Umsatzsteueridentifikationsnummer eines anderen EU-Mitgliedstaates verwenden als dem Staat des Erwerbers. Die Erwerbsschwellen des § 1a Abs. 3 Nr. 2 müssen überschritten sein oder der Erwerber muss auf sie verzichtet haben und damit für die Erwerbsbesteuerung optiert haben.

Der Ort des innergemeinschaftlichen Erwerbes ist grundsätzlich das Gebiet des Mitgliedstaates, in dem sich der Gegenstand am Ende der Lieferung befindet (§ 3d, Satz 1 UStG). Etwas anderes gilt, wenn der Erwerber gegenüber dem Lieferer eine Umsatzsteueridentifikationsnummer verwendet, die ihm ein anderer Mitgliedstaat erteilt hat als der, in dem die Lieferung endet. Dann ist der Ort des innergemeinschaftlichen Erwerbs das Gebiet des Mitgliedstaates der Umsatzsteueridentifikationsnummer.

Beispiel:
Der deutsche Unternehmer U kauft vom Unternehmer F in Paris eine Maschine. F hat die Maschine nicht auf Lager und bestellt sie bei dem Hersteller H in Oslo. F führt die Maschine aus Norwegen nach Belgien ein. In Belgien wird die Maschine der Einfuhrumsatzsteuer unterworfen. Gem. R 13a Abs. 1 Satz 4 UStR handelt es sich um einen innergemeinschaftlicher Erwerb i. S. d. § 1 Abs. 1 Nr. 5 UStG i. V. m. § 1a Abs. 1 UStG. Dies wäre nicht der Fall, wenn die Maschine in Belgien zoll- und umsatzsteuerrechtlich zum freien Verkehr abgefertigt und nach Deutschland versendet worden wäre. Im letztgenannten Fall würde es sich um eine Einfuhr im Sinne des § 1 Abs. 1 Nr. 4 UStG handeln, da aus einem Drittstaat im Wege der Durchfuhr durch einen EU-Staat eine Ware in das Inland verbraucht worden wäre und hier beim Empfänger der Einfuhrumsatzsteuer unterläge.

4. **Innergemeinschaftliches Verbringen**
   Die Tatbestandsvoraussetzungen des innergemeinschaftlichen Verbringens sind: Ein Gegenstand seines Unternehmens wird aus dem Gebiet eines Mitgliedstaates zu seiner Verfügung in das Gebiet eines anderen Mitgliedstaates befördert und versendet und der Gegenstand findet im Bestimmungsland nicht nur vorübergehend Verwendung.

Beispiel:
Der französische Unternehmer F verbringt eine Maschine von seinem Betriebssitz in Frankreich zu seinem deutschen Zweigbetrieb. Die Maschine soll in Deutschland dauerhaft eingesetzt werden. Es liegt ein steuerbarer innergemeinschaftlicher Erwerb im Sinne des § 1 Abs. 1 Nr. 5 UStG i. V. m. § 1a Abs. 2 UStG vor.

Wechsel der Steuerschuldnerschaft bei sonstigen Leistungen aus dem Gemeinschaftsgebiet

Ein Unternehmer oder eine juristische Person des öffentlichen Rechts schuldet gem. § 13b UStG die Umsatzsteuer in folgenden Fällen:

- Werklieferung und sonstige Leistungen eines im Ausland ansässigen Unternehmers,

- Lieferungen sicherungsübereigneter Gegenstände durch den Sicherungsgeber an den Sicherungsnehmer außerhalb des Insolvenzverfahrens,

- Lieferungen von Grundstücken im Zwangsversteigerungsverfahren durch den Vollstreckungsschuldner an den Ersteher.

Beispiel:
Der Unternehmer A in Österreich erbringt eine sonstige Leistung an den Unternehmer D in Deutschland zu einem Preis von Netto 10.000 €. Der Schuldner der Umsatzsteuer

auf die 10.000 € ist D nach § 13b Abs. 2 Satz 1 UStG und nicht der leistende Unternehmer A in Österreich.

Auch bei Inbound-Transaktionen ist die umsatzsteuerliche Qualifikation der getätigten Umsätze hinsichtlich der Art der Leistungen sowie des Empfängers und des Gegenstandes der Lieferung oder Leistung von besonderer Bedeutung. Kann ein Kunde die ihm in Rechnung gestellte Umsatzsteuer nicht als Vorsteuer geltend machen, weil er beispielsweise eine Privatperson ist oder ein Unternehmen, das nicht zum Vorsteuerabzug berechtigt ist, bildet die Umsatzsteuer für ihn einen Preisbestandteil und führt zu einer Erhöhung des Produktpreises um 16 %, ab 2007 um 19 %. Eine solche Belastung muss im Vorfeld erkannt werden, um die Preiskalkulation zutreffend vorzunehmen.

Literaturhinweise:

Stadie, H., Umsatzsteuer mit Auslandsbeziehungen, in: Mössner, J. M. u. a., Steuerrecht international tätiger Unternehmen. Handbuch der Besteuerung von Auslandsaktivitäten inländischer Unternehmen und von Inlandsaktivitäten ausländischer Unternehmer, 3. Aufl., Köln 2005, S. 1036 ff.

2.2.5 Verfahrensrechtliche Aspekte

Neben den unter 2.1.2 auf Seite 46 ff. genannten Mitwirkungspflichten, die unter Umständen auch für beschränkt Steuerpflichtige gelten können, müssen die im Folgenden genannten Regelungen beachtet werden. Diese richten sich entweder an beschränkt Steuerpflichtige oder an unbeschränkt Steuerpflichtige, die bestimmte Geschäftsaktivitäten mit beschränkt Steuerpflichtigen unterhalten.

2.2.5.1 Vorschriften für beschränkt Steuerpflichtige

2.2.5.1.1 Nachweispflichten zur Erlangung von Steuervorteilen am Beispiel des § 50 Abs. 1 Satz 2 EStG

Der Verlustabzug nach § 10d EStG ist grundsätzlich auch für beschränkt Steuerpflichtige möglich. Der Gesetzgeber knüpft den Verlustabzug jedoch in § 50 Abs. 1 Satz 2 EStG an die Voraussetzung, dass die Verluste mit inländischen Einkünften im wirtschaftlichen Zusammenhang stehen und aus Unterlagen ersichtlich sind, die im Inland aufbewahrt werden. Die Vorschrift verstößt nach herrschender Meinung bei EU-Unternehmen gegen das Diskriminierungsverbot des EG-Vertrages. In der Entscheidung Futura/Singer hat der EuGH[79] für einen Sachverhalt in Luxemburg eine Diskriminierung gesehen. Da die Gesetzeslage in Luxemburg weitgehend mit der deutschen in § 50 Abs. 1 Satz 2 EStG identisch ist, müssen die Feststellungen des EuGH auch für die deutsche Regelung gelten. Die deutsche Finanzverwaltung hat im Rahmen der Einkommensteuerrichtlinien in R. 50.1 Satz 2 EStR 2005 bestimmt, dass von einer rückwirkenden Bewilligung einer Aufbewahrungserleichterung bei Staatsangehörigen und Unternehmen eines EWR- bzw. EU-Staates auszugehen ist.

2.2.5.1.2 Beschränkung steuerlicher Vorteile

Die beschränkt Steuerpflichtigen haben gegenüber den unbeschränkt Steuerpflichtigen eine Vielzahl von Vergünstigungen und Begünstigungen, die sie nicht in Anspruch nehmen können. Neben der Einschränkung von persönlichen Abzugsbeträgen für Sonderausgaben und außergewöhnliche Belastungen sollen in dieser Einführung die unternehmerischen Regelungen näher betrachtet werden.

§ 50 Abs. 2 EStG sieht den Ausschluss der Verlustverrechnung zwischen den beschränkt steuerpflichtigen Einkünften vor, wenn die Einkünfte dem Steuerabzug unterlegen haben. Diese positiven Einkünfte dürfen nicht mit Verlusten aus anderen inländischen Einkünften ausgeglichen werden. Dies kann in der Weise umgangen werden, indem die Einkunftsquellen einer inländischen Betriebsstätte zugeordnet werden, sodass es sich um gewerbliche Einkünfte im Sinne des § 49 Abs. 1 Nr. 2 Buchst. a EStG handelt. Diese können dann innerhalb derselben Einkunftsart mit Verlusten verrechnet werden.

2.2.5.1.3 Mindestbesteuerung und Möglichkeit zur Veranlagung

Das deutsche Steuerrecht sieht für natürliche Personen die Anwendung eines Mindeststeuersatzes in Höhe von 25 % gem. § 50 Abs. 3 EStG vor, der jedoch nach der Entscheidung des Europäischen Gerichtshofes in der Rechtssache Gerritse[80] gemeinschaftsrechtswidrig ist und insoweit nicht mehr zur Anwendung kommt. Die Finanzverwaltung hat hierauf mit Schreiben vom 3.1.2003 reagiert[81] und bis zu einer gesetzlichen Regelung festgelegt, dass der Steuerpflichtige auch dann eine Veranlagung beantragen kann, wenn nicht die Voraussetzungen des § 50 Abs. 5 Satz 2 Nr. 3 EStG erfüllt sind und der Steuerpflichtige in einem anderen EU-Staat ansässig ist. Im Ergebnis lässt sich für den beschränkt Steuerpflichtigen aus einem EU-Staat festhalten, dass die Mindestbesteuerung nur solange zulässig ist, solange der sich ergebende Steuersatz bei vollständiger Veranlagung als unbeschränkt Steuerpflichtiger höher wäre und sich insoweit ein Vorteil für den beschränkt Steuerpflichtigen ergibt. Eine Brutto-

---

79 EuGH-Urt. vom 15.5.1997, C-250/95, *Futura-Singer,* EuZW 1997, S. 443.
80 Vgl. EuGH-Urt. vom 12.6.2003, C-234/01, *Gerritse,* BStBl. II 2003, S. 859.
81 Vgl. BMF-Schreiben vom 3.1.2003 IV A 5 – S 2411 – 26/03, BStBl. I 2003, S. 553.

versteuerung ohne die Möglichkeit, eine Veranlagung zu beantragen, ist nicht mehr zulässig.

Unterliegen die inländischen Einkünfte dem Steuerabzug, gilt die Steuerpflicht hiermit als abgegolten. Für bestimmte Steuerpflichtige kann die Steuererhebung im Wege des Steuerabzugs mit Abgeltungswirkung zu nennenswerten Steuervorteilen führen, wie dies zum Beispiel bei Zinsen oder Dividenden der Fall sein kann, wenn die Einkünfte eine Höhe erreichen, die im Rahmen der Veranlagung zu einer Spitzensteuersatzbelastung geführt hätte.

Von den nach § 50a Abs. 4 EStG genannten Einkunftsarten für die ein Steuerabzug vorzunehmen ist, sind für die Praxis der internationalen Unternehmensbesteuerung vor allem die Einkünfte gem. § 50a Abs. 4 Nr. 3 EStG zu beachten. § 50a Abs. 4 Satz 1 Nr. 3 EStG regelt die Einkünfte aus der Überlassung von beweglichen Sachen und Rechten nach den Definitionen des § 49 Abs. 1 Nr. 2, Nr. 3, Nr. 6 und Nr. 9 EStG, wobei Betriebsstätteneinkünfte hiervon ausgenommen sind. Die Steuer muss in diesen Fällen stets im Wege der Veranlagung ermittelt werden. Voraussetzung für den Steuerabzug ist, dass die Nutzung im Inland erfolgt. Die Einkünfte aus der Überlassung von Urheberrechten oder gewerblichen Schutzrechten definieren sich grundsätzlich nach § 73a Abs. 1 und 2 EStDV. Betriebsausgaben können in den Fällen des § 50a Abs. 4 Satz 1 Nr. 3 EStG nicht geltend gemacht werden, es sei denn, die Voraussetzungen für die Möglichkeit zur Beantragung der alternativen Veranlagung sind erfüllt.

2.2.5.2   Besonderheiten des Steuerabzugs nach § 50d EStG für unbeschränkt Steuerpflichtige

§ 50d EStG regelt das Verhältnis zwischen begünstigenden Regelungen eines Doppelbesteuerungsabkommens sowie der Umsetzung von EU-Richtlinien in deutsches Recht und den allgemeinen Regelungen zum Einbehalt von Steuern an der Quelle nach den Vorschriften der §§ 43 ff. EStG sowie des § 50a EStG. Zur Sicherung des Steueraufkommens scheint es dem Gesetzgeber notwendig zu sein, grundsätzlich die Steuereinbehaltungsregeln der §§ 43 ff. EStG und des § 50a EStG zur Anwendung kommen zu lassen und dem Gläubiger der Kapitalerträge oder Vergütungen ein antragsgebundenes Recht zur Vergütung oder Erstattung zuviel gezahlter Steuern einzuräumen (§ 50d Abs. 1 Satz 2 EStG).

§ 50d Abs. 3 EStG enthält darüber hinaus eine Missbrauchsvermeidungsregel, die der Zwischenschaltung ausländischer Kapitalgesellschaften zur Erlangung einer Begünstigung nach DBA oder nach § 43b EStG entgegenwirken soll.

Im Ausland ansässige Unternehmen mit wirtschaftlichen Interessen in Deutschland haben ungeachtet der ertragsteuerlichen Belastung in ihrem Ansässigkeitsstaat das Bedürfnis, die Besteuerung der in Deutschland erzielten Einkünfte mit deutscher KSt und/oder deutscher Kapitalertragsteuer zu minimieren.

Voraussetzung für die Versagung der Steuerentlastung nach § 43b EStG oder nach DBA ist die beabsichtigte Inanspruchnahme durch eine ausländische Gesellschaft. Hierbei kann es sich grundsätzlich um eine Personen- wie eine Kapitalgesellschaft handeln, doch wird regelmäßig zur Vermeidung von Steuernachteilen eine Gestaltung mittels einer Kapitalgesellschaft gewählt.

Die Steuerentlastung kann diesen ausländischen Gesellschaften jedoch bei Kapitalerträgen nur dann zustehen, wenn die Voraussetzungen des § 43b EStG erfüllt sind oder in DBA-Fällen, wenn bestimmte Beteiligungshöhen für die Steuerentlastung bei Dividenden erreicht werden. Für Vergütungen i. S. d. § 50a Abs. 4 EStG ist das Vorliegen einer zwischengeschalteten ausländischen Gesellschaft in einem DBA zwingende Voraussetzung, um eine Steuerentlastung erlangen zu können.

Um die Versagung der Steuervergünstigung vornehmen zu können, müssen nach Auffassung des Gesetzgebers und der Anwendung durch die Finanzverwaltung an dieser zwischengeschalteten Gesellschaft sowohl juristische als auch natürliche Personen beteiligt sein, denen die Steuerentlastung nicht zustände, wenn sie unmittelbar die Einnahmen erzielen würden.

Sind die persönlichen Tatbestandsvoraussetzungen erfüllt, kommt es nur dann zur Versagung der Steuerentlastung, wenn folgende sachliche Merkmale erfüllt sind:

- keine wirtschaftlichen oder
- sonst beachtliche Gründe und
- keine Entfaltung einer eigenen Wirtschaftstätigkeit.

Aus der Sicht des Steuerpflichtigen kommt dem Kriterium der eigenen Wirtschaftstätigkeit der zwischengeschalteten Gesellschaft eine herausragende Bedeutung zu, denn wird diese gegenüber der Finanzverwaltung dargelegt, kann die Qualifizierung als missbräuchliche Gestaltung widerlegt werden.

Unstreitig sind außersteuerliche Gründe dann nicht gegeben, wenn es sich um eine Briefkastengesellschaft handelt, die keine eigene Wirtschaftstätigkeit entfaltet und nur mit dem Ziel der Minderung der deutschen Steuerbelastung begründet wurde.

Das Erfordernis der eigenen wirtschaftlichen Substanz der zwischengeschalteten Auslandskapitalgesellschaft ergibt sich aus dem Wortlaut des Gesetzes: "Eine ausländische Gesellschaft hat keinen Anspruch auf Steuerentlastung, ... soweit Personen an ihr beteiligt sind, denen die Steuerentlastung nicht zustände, wenn sie die Einkünfte unmittelbar erzielten, und für die Einschaltung der ausländischen Gesellschaft wirtschaftliche oder sonst beachtliche Gründe fehlen und sie keine eigene Wirtschaftstätigkeit entfaltet". Ist die dahinter stehende Person in einem Nicht-DBA-Staat ansässig, erfolgt bei sonst vorliegenden Voraussetzungen die Versagung einer Steuerentlastung.

3 Geschäftsleitungsentscheidungen im engeren Sinne

Bei den Geschäftsleitungsentscheidungen im engeren Sinne besteht ein erheblicher steuerlicher Einfluss. Hierbei zeigt sich, dass die unterschiedliche steuerliche Behandlung von Geschäftsaktivitäten, die wirtschaftlich sehr ähnlich sind, zu Belastungsunterschieden führt und damit Gestaltungsmöglichkeiten bietet.

3.1 Standortwahl

Nachdem in unserem Buch „Einfluss von Steuern auf unternehmerische Entscheidungen" auf die nationale Standortwahl eingegangen wurde[82], werden im Folgenden die Besonderheiten dargestellt, die sich bei der internationalen Standortwahl ergeben.

3.1.1 Grundlegende Standortunterschiede

- Welche zusätzlichen Standortfaktoren haben bei der grenzüberschreitenden Standortwahl gegenüber dem Inlandsfall Bedeutung?

- Mit welchen Maßnahmen versuchen ausländische Standorte ihre Attraktivität für Investoren gezielt zu erhöhen?

- Gibt es einen allgemeinen Maßstab für die Attraktivität eines Standortes und wie ist die Bundesrepublik Deutschland gegebenenfalls vor diesem Hintergrund zu beurteilen?

Wie schon bei der nationalen Standortwahl lässt sich auch bei der internationalen Standortwahl eine Vielzahl von Faktoren unterscheiden, die bei der Lösung dieses Entscheidungsproblems zu beachten sind. Eine mögliche Systematik enthält **Abbildung 3-1**.

---

[82] Vgl. S. 184 ff.

Abbildung 3-1:   *Systematik internationaler Standortfaktoren*

Internationale Standortfaktoren

Standortfaktoren, die die Aktivität der Unternehmen insgesamt betreffen	Standortfaktoren, die die Verfügbarkeit und Kosten der zur Produktion notwendigen Faktoren betreffen	Standortfaktoren, die den Absatz betreffen

Standortfaktoren, die die Aktivität der Unternehmen insgesamt betreffen:

- Rechtssicherheit
- politische Stabilität
- staatliche Einflussnahme auf Unternehmensentscheidungen
- Mitbestimmungsrechte der Arbeitnehmer
- Wettbewerbsrecht und -politik
- Steuern und Steuerpolitik (einschließlich Subventionen)
- Sonstige Fördermaßnahmen

Standortfaktoren, die die Verfügbarkeit und Kosten der zur Produktion notwendigen Faktoren betreffen:

- klimatische Verhältnisse
- rechtliche Beschränkungen der Produktion
- Verfügbarkeit und Kosten von Kapital
- Verfügbarkeit und Kosten von geeigneten Grundstücken und Gebäuden
- Verfügbarkeit und Kosten von Arbeitskräften
- Verfügbarkeit und Kosten von Anlagegütern, Roh-, Hilfs- und Betriebsstoffen sowie von Vorprodukten
- Verfügbarkeit und Kosten von Dienstleistungen
- Möglichkeit der Realisierung von Skalenvorteilen

Standortfaktoren, die den Absatz betreffen:

- Absatz im (potentiellen) Standortland
  - Nachfragefaktoren (Bedarf der Endverbraucher, anderer Unternehmen, des Staates, staatliche Absatzgarantien)
  - Wettbewerbsfaktoren (Zahl und Größe der Konkurrenten, Wettbewerbspraktiken, wettbewerbsbeschränkende Absprachen, Intensität des Wettbewerbs, Stärke der eigenen Wettbewerbsposition)
- Exportmöglichkeiten
  - Nachfragefaktoren (Bedarf der Endverbraucher, anderer Unternehmen, des Staates, staatliche Absatzgarantien)
  - Wettbewerbsfaktoren (Zahl und Größe der Konkurrenten, Wettbewerbspraktiken, ausfuhrfördernde bzw. -hemmende Maßnahmen des [potentiellen] Standortlandes, einfuhrhemmende staatliche Maßnahmen der [potentiellen] Importländer gegenüber dem [potentiellen] Standortland)

Wie diese Übersicht zeigt, ist eine Vielzahl von Faktoren relevant. Gleichwohl kommt den Steuern Bedeutung zu, weil insbesondere bei solchen Unternehmen, die nicht zwangsläufig an einen bestimmten Standort (z. B. infolge des Absatz- oder Beschaffungsmarktes) gebunden sind, die Möglichkeit besteht, diese Faktoren relativ leicht zu verändern und damit die Attraktivität des eigenen Landes für Investoren zu steigern. Auch die Ergebnisse empirischer Untersuchungen zeigen, dass der Besteuerung von den Entscheidungsträgern durchaus Bedeutung beigemessen wird[83]. Bei diesen steuerlichen Überlegungen sind regelmäßig den folgenden Faktoren relevant:

- der Steuersatz,

- die Bemessungsgrundlage,

- die sonstigen Steuervergünstigungen (einschließlich Subventionen),

- die Rechts- und Planungssicherheit,

- der administrativen Aufwand,

- die Durchsetzung des Steuerrechts im Ausland und

- die Qualität des Netzes von Doppelbesteuerungsabkommen.

Wie diese Liste zeigt, sind mehrere Größen von Bedeutung, die im Rahmen einer Gesamtbetrachtung in die Überlegungen zur Lösung des Entscheidungsproblems „Standortwahl" einbezogen werden müssen. Hierbei bestehen methodisch zum Teil gravierende Probleme, weil eine Standortentscheidung in der Regel kurzfristig nicht korrigiert werden kann, sodass auf zukünftige Werte abgestellt werden muss. Da eine Prognose der Entwicklung im Ausland häufig noch schwieriger möglich ist, als dies im Inland der Fall ist, bedarf der Steuerpflichtige regelmäßig der Hilfe eines mit dem ausländischen Recht hinreichend vertrauten Beraters. Ferner kommt der Möglichkeit besondere Bedeutung zu, Verständigungen mit der ausländischen Finanzverwaltung zu treffen, die für die Dauer eines Investitionsprojektes (oder zumindest für dessen Pay-back-Periode) Rechtssicherheit gewähren.

Allerdings darf nicht übersehen werden, dass es Situationen gegeben kann, in denen der Faktor **Steuern für die Standortwahl keine Bedeutung** entfaltet. Dies ist immer dann der Fall, wenn aus nichtsteuerlichen Gründen zwingend ein bestimmter Standort gewählt werden muss. Dies gilt z. B., wenn ein Unternehmen als Zulieferer eines Konzerns ist und Voraussetzung für die Weiterführung der Lieferungen ist, dass an allen Standorten des Abnehmers auch eine Produktionsstätte des Zulieferers errichtet wird. Dies gilt regelmäßig auch für das sog. Projektgeschäft im Maschinen- und Anlagebau, bei dem die Standortwahl durch die Vorgaben des Auftraggebers bestimmt wird.

---

[83] Vgl. z. B. Beyfuß, L./Kitterer, B., Deutsche Direktinvestitionen im Ausland, Köln 1990, S. 44.

Infolge des bereits angesprochenen Souveränitätsprinzips[84] entscheiden die Staaten grundsätzlich autonom, wie sie ihre steuerlichen Regelungen ausgestalten. Hieraus folgt, dass **für jeden Einzelfall geprüft** werden muss, inwieweit durch eine Tätigkeit im Ausland ein **Anknüpfungspunkt für die Besteuerung geschaffen** wird. Zwar unterliegen im Ausland gegründete Kapitalgesellschaften regelmäßig der dortigen unbeschränkten Steuerpflicht und Betriebsstätten führen grundsätzlich zur beschränkten Steuerpflicht des Stammhauses[85], doch schließt dies nicht aus, dass im Ausland infolge weiterer oder anderer Anknüpfungspunkte eine Steuerpflicht begründet wird. Dies lässt sich nicht pauschal feststellen, sondern richtet sich nach der jeweiligen Rechtsordnung des einzelnen Staates. So wird z. B. in einigen Staaten für die unbeschränkte Steuerpflicht allein auf die Gründung nach dessen Rechtsordnung abgestellt. In einigen Fällen wird z. B. die Person des Vergütungsschuldners für eine Leistung als Anknüpfungspunkt gewählt. Folglich muss bei jedem Auslandsengagement eine Auseinandersetzung mit dem Steuerrecht des jeweils anderen Staates erfolgen. Hiermit verbunden ist häufig ein Informationsbeschaffungsproblem. Dies erfasst nicht nur die rechtlichen Regelungen, sondern auch die Frage, wie diese von der jeweiligen Finanzverwaltung angewendet bzw. ausgelegt werden. Vielfach lassen sich diese Informationen nur durch den Einsatz eines lokalen Beraters erlangen. Hieraus resultiert für die Unternehmen eine – unter Umständen erhebliche – Kostenbelastung, die insbesondere im Projektgeschäft mit einkalkuliert werden muss. Hinsichtlich der im Ausland entstehenden Pflichten ist zwischen verfahrensrechtlichen und materiell-rechtlichen Pflichten zu unterscheiden. Während erstere sich auf Anzeige- und Mitwirkungspflichten beziehen, erfassen letztere die Frage, inwieweit im Ausland tatsächlich Steuerzahlungen geleistet werden müssen.

Eine Reihe von Staaten versucht durch **gezielte Anreize**, ihre Attraktivität für ausländische Investoren zu fördern. Als mögliche Instrumente sind insbesondere zu nennen:

- Begünstigungen, die an den **Steuersatz** anknüpfen. Denkbar ist, dass einige Staaten sehr niedrige Steuersätze (im Extremfall von null) festsetzen. Hierbei kann es sich entweder um zeitlich begrenzt geltende Sätze handeln oder um solche, die dauerhaft zur Anwendung kommen. Etliche Staaten sind bereit, sich neu ansiedelnden Investoren als „Gegenleistung" für die Schaffung einer Mindestzahl von Arbeitsplätzen eine zeitlich befristete Steuerfreiheit (häufig für 10 Jahre) zu gewähren oder ermäßigte Steuersätze zur Anwendung kommen zu lassen.

- Privilegien können auch an **die Bemessungsgrundlage** anknüpfen. Dabei wird zwar der regulär geltende Steuersatz angewendet, doch bezieht sich dieser auf eine „künstlich klein gerechnete" Bemessungsgrundlage, die etwa durch eine sehr starke Anwendung von Pauschalen ermittelt wird. Dies kann dazu führen, dass das

---

[84]   Vgl. S. 10.
[85]   Vgl. hierzu ausführlicher S. 21 ff.

Einkommen vergleichsweise niedrig ist oder dass das regulär ermittelte Einkommen durch hohe (zum Teil fiktive) Betriebsausgaben verringert wird.

■ Andere Begünstigungen knüpfen an die **individuelle Besteuerung von Führungskräften** an. Danach haben Unternehmen die Möglichkeit, in das Ausland einen „Experten" zu entsenden, dessen Arbeitseinkommen dort nur einer geringen oder keiner Steuerbelastung unterliegt.[86] Durch die Erhöhung der Attraktivität aus Sicht des Entsendeten soll mittelbar auch die des Unternehmensstandortes gesteigert werden. So gibt es auch immer wieder Diskussionen in Deutschland, den Bankenplatz Frankfurt/Main dadurch attraktiver zu gestalten, das den dort tätigen Mitarbeitern eine maximale Steuerlast von 35 % statt 45 % auferlegt wird, wobei als Begründung eine entsprechende Regelung für die Angestellten in der Londoner City herangezogen wird.

Ferner bieten etliche Staaten ausländischen Investoren ein **„ruling"** an, indem steuerliche Fragen im Vorfeld rechtlich verbindlich geregelt werden. Denkbar ist z. B. eine Verständigung über die Höhe des Gewinns, über die Gewährung von anderen Begünstigungen oder – aus Sicht des Unternehmens am einfachsten – über die Höhe der Steuerzahlung.

Bei solchen Maßnahmen ist zu berücksichtigen, dass die Europäische Gemeinschaft ein Programm gegen den sog. **unfairen Steuerwettbewerb** ins Leben gerufen hat.[87] Ein solcher soll grundsätzlich immer dann gegeben sein, wenn ein Staat Gebietsfremden die Nutzung von bestimmten Begünstigungen ermöglicht, die er sich in einer vergleichbaren Situation befindenden Steuerinländern versagt. Im Jahre 2000 wurde hierzu die so genannte „Primarolo-Liste"[88] veröffentlicht. Diese hatte mehr als 250 Regelungen in den unterschiedlichen Mitgliedstaaten untersucht und davon 66 als schädlich qualifiziert. Die Mitgliedstaaten hatten sich verpflichtet, die als schädlich erklärten Vorschriften zu ändern und keine vergleichbaren neuen Maßnahmen einzuführen. Aus Deutschland wurde lediglich eine Regelung beanstandet, die zwischenzeitlich geändert wurde.

Der **Vergleich internationaler Steuerbelastungen** führt methodisch zu erheblichen Problemen. Ein bloßes Abstellen auf die jeweils geltenden Steuersätze ist nicht repräsentativ, weil dabei insbesondere Unterschiede bei der Bestimmung der jeweiligen Bemessungsgrundlagen nicht beachtet werden. Hieraus resultieren regelmäßig falsche Ergebnisse, da erhebliche Unterschiede zwischen den einzelnen Staaten bestehen (z. B. hinsichtlich der Frage, welche Wirtschaftsgüter als abnutzbar zu qualifizieren sind).

---

[86] Sofern im Entsendestaat entweder keine Steuerpflicht besteht oder einem evtl. Steueranspruch ein Doppelbesteuerungsabkommen entgegensteht, bleibt es im Ergebnis bei einer niedrigen Besteuerung dieser Einkünfte.

[87] Vgl. hierzu Schlussfolgerungen des Rates zur Wirtschafts- und Finanzfragen vom 1.12.1997 zur Steuerpolitik, 98/C 2/01, online im Internet unter http://europa.eu.int/comm/taxation_customs/resources/documents/COC_DE.pdf.

[88] Report Code of Conduct/Primarolo-Group, Brüssel 2000.

Gleichwohl darf nicht übersehen werden, dass die Höhe der Steuersätze durchaus **psychologische Wirkung** hat, indem bestimmte Länder bereits als so „abschreckend" erscheinen, dass sie im Rahmen weiterer Standortüberlegungen nicht berücksichtigt werden. Üblicherweise werden zwei Ansätze diskutiert, um die Höhe der steuerlichen Belastung bestimmen zu können. Dies sind:

- Die **effektive Grenzsteuerbelastung** (*„effective marginal tax rate"*):
  Dieser Ansatz stellt darauf ab, wie hoch die Kapitalkosten sind, die aus einer Investition vor Steuern erwirtschaftet werden müssen, um dem Investor eine gewünschte Mindestverzinsung zahlen zu können. Dabei bildet der Kapitalmarktzins regelmäßig die Mindestverzinsung. In der Regel wird eine Investition betrachtet, bei der der Ertragswert nach Steuern der Anschaffungsauszahlung entspricht.[89] Die Höhe dieser Kapitalkosten lässt Aussagen über die relative Attraktivität unterschiedlicher Investitionsstandorte zu. Ein Standort ist attraktiv, wenn er geringe Kapitalkosten (bzw. effektive Grenzsteuerbelastungen) aufweist.

- Die **effektive Durchschnittsteuerbelastung** (*„effective average tax rate"*):
  Bei der effektiven Grenzsteuerbelastung wird unterstellt, dass eine Investition betrachtet wird, deren Verzinsung genau dem Kapitalmarktzins entspricht, diese Annahme ist häufig nicht realistisch. Deshalb geht das Konzept der effektiven Durchschnittsteuerbelastung von einer Investition aus, die Reingewinne erzielt. Analysiert wird, in welchem Umfang eine finanzielle Gewinngröße (regelmäßig der Kapitalwert) einer Investition infolge der Besteuerung verringert wird. Durch einen Vergleich der Nettogewinne bzw. Durchschnittsteuerbelastungen kann eine Analyse der Vorteilhaftigkeit der Standorte für dieses Investitionsprojekt erfolgen.

Im Ergebnis ist festzustellen, dass es **keinen allgemeingültigen Maßstab** für die Bestimmung der steuerlichen Attraktivität eines Landes gibt. Ursächlich hierfür ist auch, dass die entstehende Steuerbelastung sehr stark von den individuellen und unternehmensspezifischen Faktoren abhängt. Erschwerend kommt hinzu, dass es international erhebliche Unterschiede bei der Durchsetzung dieser Steueransprüche durch die Staaten gibt, sodass nicht zwingend davon ausgegangen werden kann, dass theoretisch entstehende Unterschiede auch in der Praxis eintreten (etwa wenn bestimmte Sachverhalte von der Finanzverwaltung in Abweichung von der rechtlichen Regelung nicht verfolgt werden). Hinzu kommt, dass teilweise die **administrativen Belastungen** der Unternehmen infolge der Besteuerung sehr stark von einander abweichen. So ist es in einigen Staaten nicht unüblich, dass die Kosten für die Begleitung einer Betriebsprüfung (insbesondere infolge von Personal- und Beratungskosten) deutlich höher sind, als die Steuerbelastung infolge des Mehrergebnisses und der hiermit verbundenen Zinsen.

---

[89] Insoweit ist die betrachtete Investition nicht zwingend als Grenzobjekt im Sinne der Investitionstheorie anzusehen, vgl. z. B. Hering, Investitionstheorie, 2. Auf., München 2003, S. 36 ff.

Bei der internationalen Standortwahl sind nicht nur die jeweiligen Steuerzahlungen zu berücksichtigen, sondern auch von den jeweiligen Staaten in unterschiedlichem Umfang und unterschiedlicher Qualität **angebotene „Leistungen"** (etwa in Form von Infrastruktur und damit möglicherweise verbundene Unterschiede bei den Transportkosten, Subventionen usw.). Eine allgemeine Beurteilung des „Standortes Bundesrepublik Deutschland" ist nicht möglich, sondern es hat im jeweiligen Einzelfall eine detaillierte Analyse der einzelnen Standorte zu erfolgen. Hierbei ist der „Standortfaktor Steuern" regelmäßig nur eines von mehren relevanten Kriterien. Gleichwohl kann festgestellt werden, dass der deutsche Gesetzgeber ein Absinken der Unternehmenssteuersätze durch eine „Verbreiterung der Bemessungsgrundlage" gegenfinanziert. Hierbei handelt es sich insbesondere um Verschlechterungen der Abschreibungsmodalitäten, der der Möglichkeit zur Bildung von Rückstellungen und stiller Reserven. Tendenziell führt eine solche Vorgehensweise dazu, dass für produzierende Unternehmen der Standort Deutschland regelmäßig schlechter wird, da die steuerlichen Nachteile durch Beschränkung der Abschreibungsmöglichkeiten den Vorteil einer Steuersatzsenkung überkompensieren.

Literaturhinweise:

Maitherth, R., Der Einfluss der Besteuerung auf die internationale Wettbewerbsfähigkeit von Unternehmen, StuW 2004, S. 47 ff.

Schneider, D., Wider leichtfertige Steuerbelastungsvergleiche, WPg 1988, S. 281 ff.

Spengel, C./Lammersen, L., Methoden zur Messung und zum Vergleich von internationalen Steuerbelastungen, StuW 2001, S. 222 ff.

3.1.2 Unterscheidung zwischen DBA- und Nicht-DBA-Staaten

▨ Warum ist es notwendig, bei der Standortwahl zwischen DBA- und Nicht-DBA-Staaten zu unterscheiden?

Für steuerliche Überlegungen zur Standortwahl ist von entscheidender Bedeutung, ob zwischen den beteiligten Staaten ein **Doppelbesteuerungsabkommen** besteht. Ist dies nicht der Fall, kommen die jeweiligen nationalen steuerlichen Vorschriften zur Anwendung. Insoweit kann es zu einer Doppelbesteuerung von Einkünften[90] (oder Ver-

---

[90] Der Begriff der Einkünfte wird in § 2 Abs. 2 EStG als Nettogröße definiert, indem von den Einnahmen die Betriebsausgaben bzw. die Werbungskosten abgezogen werden. Bei grenzüberschreitenden Sachverhalten kann es zu besonderen Problemen kommen, wenn im Zusammenhang mit Einkommen in einem Staat im anderen Staat Aufwendungen anfallen.

mögensteilen[91]) kommen. Eine ausschließliche Zuweisung von Besteuerungsrechten, wie sie teilweise in Doppelbesteuerungsabkommen vorgesehen ist, erfolgt dann nicht.

3.1.2.1 Vermeidung der Doppelbesteuerung bei Fehlen eines Doppelbesteuerungsabkommens

Besteht zwischen dem Ansässigkeitsstaat des Investors und dem Tätigkeitsstaat kein Doppelbesteuerungsabkommen, sind **ausschließlich die unilateralen Maßnahmen** zur Vermeidung der Doppelbesteuerung anzuwenden. Auf die Anwendungsschwierigkeiten sowie die mit den meisten Methoden verbundenen definitiven Steuerlasten mit dem Steuerniveau des höher besteuernden Staates ggf. auch unter Berücksichtigung einer nicht vollständig zu vermeidenden Doppelbesteuerung wurde bereits unter 2.1.1.1. auf Seite 23 ff. hingewiesen. Auf diese Ausführungen wird verwiesen.

3.1.2.2 Vermeidung der Doppelbesteuerung bei Vorliegen eines Doppelbesteuerungsabkommens

Die Bundesrepublik Deutschland hat mit einer Vielzahl von Staaten völkerrechtliche Verträge abgeschlossen[92], in denen eine Aufteilung von Besteuerungsrechten erfolgt. Die deutschen Abkommen folgen – mehr oder weniger eng – den Vorgaben des OECD-Musterabkommens und sehen in Abhängigkeit von der Einkunftsart entweder die Freistellungs- oder die Anrechnungsmethode zur Vermeidung der Doppelbesteuerung vor. Zu den im Detail zu beachtenden Rechtsfolgen wird auf die Ausführungen unter 2.1.1.2 auf Seite 31 ff. verwiesen.

Für die Standortwahl folgt hieraus: Sofern ein Unternehmen seine Aktivitäten in einem anderen Staat entsprechend strukturiert, kann die Situation eintreten, dass diese nur in Höhe der ausländischen Steuer belastet werden. Dies wäre z. B. der Fall, wenn eine deutsche Kapitalgesellschaft im Ausland eine Betriebsstätte errichtet und das DBA die Freistellung dieser Einkünfte vorsieht. In einem solchen Fall würden die Gewinne der Betriebsstätte lediglich in Höhe der ausländischen Steuer belastet, sofern bei der deutschen Kapitalgesellschaft eine Thesaurierung erfolgt.[93] In anderen Fällen kann sich auf Grund des DBA eine Beschränkung des Besteuerungsrechts durch den anderen Staat ergeben. Dies ist regelmäßig bei Quellensteuern (etwa auf Zinsen, Lizenzen und Dividenden) der Fall. Hier kann eine Besteuerung nur insoweit vorge-

---

Teilweise enthalten die DBA Regelungen über „Einkommen", sodass jeweils zu prüfen ist, ob die Brutto- oder die Nettogröße erfasst werden soll.

[91] Eine mehrfache Erfassung von Vermögensteilen kann im Bereich der ErbSt erfolgen.

[92] Das BMF veröffentlicht zu Beginn eines jeden Jahres ein Schreiben, indem die geltenden deutschen DBA und die laufenden Abkommensverhandlungen dokumentiert werden, vgl. zuletzt BMF-Schreiben vom 11.1.2006, IV B 5 – S 1301 – 1/06, BStBl. I 2006, S. 85.

[93] Würde eine Ausschüttung an die Gesellschafter erfolgen, würde diese nach den allgemeinen Regelungen für die Dividendenbesteuerung behandelt.

nommen werden, wie dem nicht Regelungen des Abkommens entgegenstehen. Hierbei können im Ergebnis Gesamtsteuerbelastungen entstehen, die niedriger sind als eine Belastung, wenn ein vergleichbarer Sachverhalt ausschließlich im Inland verwirklicht worden wäre.

Im Rahmen der Standortwahl wird – wenn möglich – ein DBA-Staat einem Nicht-DBA-Staat regelmäßig vorzuziehen sein. Entscheidend hierfür ist einerseits die regelmäßig erfolgende Zuweisung von Besteuerungsrechten, sodass zumindest in der deutschen Praxis in einigen Fällen die Zuweisung des alleinigen Besteuerungsrechts an einen der Vertragsstaaten erfolgt. Hieraus folgt, dass nicht nur möglicherweise eine Begrenzung der steuerlichen Belastung erreicht werden kann, sondern auch eine erhebliche Vereinfachung der Erklärungspflichten. Allerdings wird dieser Effekt dadurch wieder teilweise kompensiert, dass eine Freistellung nur unter Anwendung des Progressionsvorbehaltes erfolgt, sodass allein für die Ermittlung des inländischen Steuersatzes eine Bestimmung der ausländischen Einkünfte nach Maßgabe der inländischen Vorschriften zu erfolgen hat. Als weiterer Vorteil sind die Möglichkeiten eines Verständigungsverfahrens zu sehen. Die Abkommen enthalten Regelungen über ein besonderes Konsultationsverfahren, wenn es – trotz des Bestehens des Abkommens – zu einer Doppelbesteuerung kommt. Auch wenn in der Praxis hier erhebliche Probleme bestehen, ist damit zumindest ein institutioneller Rahmen geschaffen, um zu einer Lösung zu kommen. Im internationalen Standortwettbewerb haben Staaten, die über ein „engmaschiges" Abkommensnetz verfügen, deutliche Vorteile.

Literaturhinweise:

Vogel, K./Lehner, M., DBA, Kommentar, 4. Aufl., München 2003

Debatin, H./Wassermeyer, F., DBA, Kommentar, Loseblattwerk, München 2000 ff.

Strunk, G./Kaminski, B./Köhler, S., DBA-AStG, Kommentar, Loseblattwerk, Bonn 2005 ff.

3.1.3 Steuerliche Anerkennung der Auslandsstruktur

■ Warum muss eine „Anerkennung" der Struktur im Ausland erfolgen?

■ Welche Voraussetzungen müssen erfüllt sein, damit eine solche Anerkennung durch die deutsche Finanzverwaltung erfolgt?

Die Begründung eines Standortes im Ausland erfolgt nur dann mit steuerlicher Wirkung auch gegenüber der inländischen Finanzverwaltung, wenn die gewählte Gestaltung steuerlich anzuerkennen ist. Diese „Anerkennung" ist kein formales Verfahren, sondern Ausfluss des **allgemeinen Missbrauchsgrundsatzes**. In der Vergangenheit hatten Steuerpflichtige versucht, nur scheinbar eine Ansässigkeit im Ausland zu begründen oder im Ausland Gesellschaften zu errichten, die jedoch über keine Substanz (insbesondere keine Mitarbeiter, keine Büros usw.) verfügten, sondern lediglich als „Briefkasten" dienten. In solchen Fällen wird die ausländische Gesellschaft als nicht existierend angesehen, sodass alle steuerlichen Konsequenzen unmittelbar im Inland eintreten. Neben offensichtlichen Missbrauchsfällen stellt sich das Problem der „Anerkennung" auch bei Unternehmen, die von ihrem Leistungsumfang her nur eine geringe Infrastruktur benötigen. Dies gilt z. B. für Holding-Gesellschaften[94], die sich auf das Halten und Verwalten von Beteiligungen beschränken. Gerade infolge der modernen Kommunikationsmöglichkeiten und neuer Formen der Arbeitsorganisation (z. B. dem Teleworking), sind die Anforderungen an den Ort der Geschäftsleitung einer solchen Gesellschaft gering. Folglich muss im Rahmen der Steuerplanung darauf geachtet werden, dass bei der Errichtung von ausländischen Gesellschaften die „Anerkennung" durch die Finanzverwaltung erfolgt.

Der Bundesfinanzhof hat in einer umfangreichen Rechtsprechung diese Fälle vor dem Hintergrund von **Scheingeschäften und Gestaltungsmissbrauch** gewürdigt. Dabei liegt ein Scheingeschäft (§ 41 Abs. 2 AO) regelmäßig nicht vor, weil bei diesem ein Tatbestand vorgetäuscht werden soll, der in Wirklichkeit weder gewollt ist noch tatsächlich besteht. In den Fällen der ausländischen Gesellschaft will der Steuerpflichtige aber gerade, dass die Gesellschaft als steuerlich existent behandelt wird, um die vorteilhafteren Besteuerungskonsequenzen eintreten zu lassen.

Demgegenüber liegt in der Zwischenschaltung einer ausländischen Kapitalgesellschaft dann ein Scheingeschäft, wenn die formalrechtliche Gestaltung in Wirklichkeit nicht gelten soll. Typisches Beispiel für derartig fingierte Gesellschaften ist eine Gesellschaft, bei der die Beteiligten das Erklärte nicht wollen, dann sind so genannte Briefkastengesellschaften gegeben. Kennzeichnend für diese Gesellschaft ist der Tatbestand, dass die der Basisgesellschaft übertragenen Aufgaben nicht von ihr selbst, sondern von der Muttergesellschaft oder durch andere Glieder des Unternehmensverbundes durchgeführt werden[95].

Die Gründe für die Zwischenschaltung solcher Gesellschaften sind vielfältiger Natur und beinhalten beispielsweise folgende Überlegungen:

- **Erlangung von Abkommensvorteilen durch Zwischenschaltung einer ausländischen Kapitalgesellschaft, sog. „Treaty Shopping"**
  Dies soll durch die Abwehrgesetzgebung des § 50d EStG verhindert werden soll, wobei deutlich zu machen ist, dass die Tatbestandsvoraussetzungen und die Rechtsfolgen des § 50d Abs. 1 und Abs. 3 EStG andere sind, als die Qualifikation als Basisgesellschaft. Im Falle des § 50d EStG wird die Gesellschaft sowohl recht-

---

[94]   Vgl. hierzu ausführlich S. 123 ff.
[95]   Vgl. BFH-Urt. vom 21.10.1988, I R 194/84, BStBl. II 1989, S. 216.

lich als auch steuerrechtlich anerkannt und lediglich im Sinne einer Limitation of Benefits des Abkommensrechts der Gesellschaft die Erlangung von Vergünstigungen aus dem Abkommen nicht zugestanden. Dies ist für die Abgrenzung zwischen den eigentlich ähnlich lautenden Formulierungen des § 50d Abs. 3 EStG und der ständigen Rechtsprechung zur Qualifikation als Basisgesellschaft besonders wichtig, weil im Falle des § 42 AO die Basisgesellschaft für steuerliche Zwecke als solche nicht anerkannt wird und sich daraus andere Rechtsfolgen ergeben als in den Fällen des § 50d EStG. § 50d Abs. 3 EStG übernimmt nur Grundelemente des § 42 AO, ohne die Tatbestandsvoraussetzungen für eine Basisgesellschaft vollständig zu übernehmen. Sofern eine spezialgesetzliche Vorschrift zur Vermeidung von Rechtsmissbräuchen gegeben ist, besteht kein Raum für eine ergänzende Anwendung des § 42 AO.

▪ **Frühzeitiges Übertragen von z. B. immateriellen Wirtschaftsgütern auf ausländische Gesellschaften, um die Versteuerung der stillen Reserven, die sich zukünftig bilden werden, im Verkaufsfall im niedriger besteuernden Ausland vorzunehmen** .

Hierbei geht es um die Abgrenzung zwischen einer Qualifikation als Basisgesellschaft und der Frage der Hinzurechnungsbesteuerung gemäß §§ 7 ff. AStG. Es sind Fälle denkbar, bei denen eine Qualifikation als Basisgesellschaft nicht zum Tragen kommt, gleichwohl aber der Tatbestand der Hinzurechnungsbesteuerung erfüllt ist, weil es sich bei der zwischengeschalteten Gesellschaft um eine inländerbeherrschte Gesellschaft handelt, die ihre Einkünfte aus einer passiven Tätigkeit im Sinne des § 8 AStG erwirtschaftet und in einem Staat mit einer niedrigen Besteuerung im Sinne des § 8 Abs. 3 AStG ansässig ist. Als weitere, zu prüfende Regelung kommen die Einkunftskorrekturvorschriften in Betracht, wenn die inländische Muttergesellschaft ihrer ausländischen Tochterkapitalgesellschaft das Wirtschaftsgut zu einem nicht fremdüblichen Preis verkauft hat. Dies führt zu einer Einkunftskorrektur bei der Muttergesellschaft, ohne dass die ausländische Tochtergesellschaft im Sinne einer Basisgesellschaft in Frage gestellt wird. Fraglich ist hierbei, ob der Steuerpflichtige Anspruch darauf hat, von zwei möglicherweise konkurrierenden Missbrauchsbekämpfungsvorschriften diejenige zu wählen, die für ihn am günstigen ist. Der BFH hat in seiner Entscheidung vom 23. Oktober 1991[96] entschieden, dass § 42 AO und die Qualifikation als Basisgesellschaft logisch der Behandlung des §§ 7 ff. AStG vorgeht.

▪ **Leistungsbeziehung zwischen inländischer Gesellschaft und ausländischer Basisgesellschaft zur Verlagerung von Steuersubstrat**

Hierbei handelt es sich um Fälle, bei denen im Wege von Auftragsübertragungen auf ausländische Gesellschaften im Inland Betriebsausgaben geltend gemacht werden und gleichzeitig in der ausländischen Gesellschaft Gewinne entstehen. Sofern zwischen beiden Gesellschaften eine Identität der Gesellschafter besteht, ist zu

---

[96]   I R 40/89, BStBl. II 1992, S. 1026.

vermuten, dass bewusst Einkünfte in das niedriger zu besteuernde Ausland verlagert werden, damit eine niedrigere Gesamtsteuerbelastung oder zumindest Steuerstundung erzielt werden kann.

- **Verlagerung von passiven Vermögenswerten, wie z. B. Buchwerte und Forderungen auf ausländische Gesellschaften im niedriger besteuernden Ausland.**
  Hier stellt sich die Frage, ob es sich um eine Basisgesellschaft im Sinne des § 42 AO oder um einen Fall der Hinzurechnungsbesteuerung der §§ 7 ff. AStG handelt.

Fraglich kann sein, ob ein Gestaltungsmissbrauch vorliegt. Ist ein solcher gegeben, ist an die Stelle der vom Steuerpflichtigen erklärten Gestaltung diejenige zu setzen, die den wirtschaftlichen Vorgängen in angemessener Weise entspricht.[97] Dies würde für die Standortwahl regelmäßig bedeuten, dass kein ausländischer Standort anzunehmen ist, sondern ein inländischer. Folglich unterliegen die Einkünfte der deutschen Besteuerung.[98] Dies ist für den Steuerpflichtigen regelmäßig nachteilig, weil in vielen Fällen davon auszugehen ist, dass das deutsche Steuerniveau höher als das im Ausland ist, sodass es insoweit zu einer höheren Steuerbelastung und damit zu einer materiellen Schlechterstellung kommt. Wenn im Ausland ebenfalls eine Steuer erhoben wird, ist die Qualifikation nach deutschem Recht hierfür in der Regel unbedeutend, sodass es zu einer Doppelbesteuerung kommt. Lediglich im Rahmen von unilateralen Maßnahmen kann dann eine Vermeidung der Doppelbesteuerung erfolgen. Hierbei ist zu beachten, dass solche sog. **Basis- oder Zwischengesellschaften** regelmäßig in Staaten angesiedelt werden, die eine sehr geringe oder gar keine Steuerbelastung vorsehen. Mit solchen Staaten schließt die Bundesrepublik Deutschland in ständiger Praxis keine DBA ab oder verlängert bestehende Abkommen nicht mehr[99], sodass ein Rückgriff auf bilaterale Regelungen nicht erfolgen kann.

Als mittlerweile gefestigte Rechtsprechung[100] ist davon auszugehen, dass eine Qualifikation als Basisgesellschaft vorzunehmen ist, wenn die folgenden Voraussetzungen kumulativ erfüllt sind:

- Eine solche Gesellschaft wird in einem Staat errichtet, der ein **niedrigeres Steuerniveau** aufweist als die Bundesrepublik Deutschland. Im Ergebnis wird damit eine Steuerersparnis im Inland angestrebt.

---

[97] Diese Grundsätze gelten auch für beschränkt Steuerpflichtige, vgl. BFH-Urt. vom 19.10.1997, I R 35/96, BStBl. II 1998, S. 235 und vom 20.3.2002, I R 38/00, BStBl. II 2002, S. 819.

[98] Vgl. BFH-Urt. vom 9.12.1980, VIII R 11/77, BStBl. II 1981, S. 339.

[99] Vgl. auch das BMF-Schreiben vom 20.2.2006 zur Neuverhandlung des DBA mit den Vereinigten Arabischen Emiraten (unter anderem Dubai), da zahlreiche Emirate, wie z. B. Dubai keine Ertragsteuern erheben und eine Nutzung dieser Nullbesteuerung durch inländische Steuerpflichtige verhindert werden soll.

[100] Vgl. z. B. BFH-Urt. vom 16.1.1976, III R 99/74, BStBl. II 1976, S. 401, vom 29.1.1975, I R 135/70, BStBl. II 1975, S. 553, vom 19.1.2000, I R 94/97, BStBl. 2001 II, S. 222 und I R 117/97, BFH/NV, vom 25.4.2004, I R 42/02, BFH/NV 2004, S. 1313 und vom 20.3.2002, I R 38/00, BStBl. II 2002, S. 819.

▨ Für die Errichtung der Gesellschaft müssen **wirtschaftlich beachtliche Gründe fehlen**, wobei das Erzielen von Steuervorteilen keinen wirtschaftlich beachtlichen Grund darstellt.[101]

▨ Die Gesellschaft darf **keine eigene wirtschaftliche Tätigkeit** entfalten.

Der Gestaltungsmissbrauch wird darin gesehen, dass der inländische Steuerpflichtige versucht, Einkünfte, die im Rahmen der unbeschränkten Steuerpflicht in Deutschland der Besteuerung unterliegen, durch die Verlagerung auf Gesellschaften in Niedrigsteuerländer der deutschen Besteuerung zu entziehen. Insoweit ist gerade bei der Errichtung einer Gesellschaft im niedriger (oder gar nicht) besteuernden Ausland darauf zu achten, dass es für die Errichtung **ausreichende** wirtschaftliche Gründe gibt. Hierfür kommen beispielsweise in Betracht:

▨ die Errichtung einer Kapitalgesellschaft als Spitze eines weltweit aufzubauenden Konzerns[102] oder

▨ die Errichtung einer Kapitalgesellschaft zum Zweck des Erwerbs von Beteiligungen von einigem Gewicht im „Basisland" und/oder in Drittstaaten[103], wenn die Basisgesellschaft gegenüber den Gesellschaften, an denen die Beteiligungen bestehen, geschäftsleitende Funktionen ausübt. Nicht erforderlich ist die Wahrnehmung aller Funktionen einer geschäftsleitenden Holding, d. h. die umfassende Konzernleitung.

Nicht ausreichend ist hingegen, wenn die Basisgesellschaft ohne sonstige unternehmerische Betätigung geschäftsleitende Funktionen nur gegenüber einer Tochtergesellschaft ausübt und diese mit Fremdkapital finanziert[104] oder lediglich Anteile einer oder mehrerer Tochtergesellschaften hält und sich dabei auf die Ausübung der Gesellschafterrechte beschränkt[105]. Vielmehr muss stets eine eigene wirtschaftliche Tätigkeit der Basisgesellschaft vorliegen. Dies ist nur dann der Fall, wenn die Gesellschaft über den Rahmen der Vermögensverwaltung hinaus am wirtschaftlichen Verkehr teilnimmt. Ferner muss der Gesellschaftszweck tatsächlich vollzogen und die behaupteten Gründe müssen durch wirtschaftliches Handeln der Organe nach Errichtung der Gesellschaft in Erscheinung treten.[106] Alleine die Bereitstellung einer Büroinfrastruktur kann eine Qualifikation als Basisgesellschaft nicht verhindern. Erforderlich ist vielmehr, dass entsprechende Funktionen auch tatsächlich ausgeübt werden (wie z. B. Kontroll- und Finanzierungsfunktionen gegenüber den Tochtergesellschaften).

Literaturhinweise:

Kommentierung zu § 42 AO

---

[101] Vgl. BFH-Urt. vom 29.7.1976, VIII R 142/73, BStBl. II 1977, S. 264.

[102] Vgl. BFH- Urt. vom 29. 7. 1976, VIII R 41/74, BStBl. II 1977, S. 261

[103] Vgl. BFH-Urt. vom 29. 7. 1976, VIII R 116/72, BStBl. II 1977, S. 268

[104] Vgl. BFH-Urt. vom 9.12.1980, VIII R 11/77, BStBl. II 1981, S. 339.

[105] Vgl. BFH-Urt. vom 29.7.1976, VIII R 142/73, BStBl. II 1977, S. 264.

[106] Vgl. BFH-Urt. vom 16.1.1976, III R 92/74, BStBl. II 1976, S. 401, und vom 29.7.1976, VIII R 41/74, BStBl. II 1977, S. 261.

3.1.4 Die Regelungen der Hinzurechnungsbesteuerung als steuerlicher Standortfaktor

▦ Welchen Einfluss hat die Hinzurechnungsbesteuerung auf die Standortwahl?

▦ Wann kommt die Hinzurechnungsbesteuerung zur Anwendung?

▦ Welche Rechtsfolgen treten ein, wenn die Tatbestandsvoraussetzungen dieser Regelungen erfüllt sind?

In der deutschen Besteuerungspraxis wird die Abschirmwirkung ausländischer Kapitalgesellschaften – vorbehaltlich der Fälle des Gestaltungsmissbrauchs[107] – grundsätzlich steuerlich anerkannt. Hieraus folgt, dass Gewinne einer ausländischen Kapitalgesellschaft erst dann im Inland zu steuerlichen Konsequenzen führen, wenn sie in Form von Dividenden an inländische Gesellschafter ausgeschüttet werden. Diese Vorgehensweise könnte dazu führen, dass Gesellschafter im Ausland Gesellschaften errichten, um Einkünfte dort entstehen zu lassen. Sofern diese Gesellschaften nicht unter die Missbrauchsregelung des § 42 AO fallen, kann damit eine Besteuerung dieser Einkünfte auf Dauer – oder zumindest für einen langen Zeitraum – verhindert werden. Dies wäre immer dann der Fall, wenn es für die Einschaltung der Gesellschaft im Ausland einen wirtschaftlichen Grund gibt.[108]

Hiermit verbundene Gestaltungsmöglichkeiten will der Gesetzgeber mit Hilfe der Regelungen der sog. **Hinzurechnungsbesteuerung** (§§ 7 – 13 AStG) verhindern. Sie lässt die Anerkennung der ausländischen Gesellschaft zwar unberührt, worin der wesentlich Unterschied zu den Rechtsfolgen des § 42 AO besteht[109], jedoch wird eine Ausschüttung der Gewinne zum frühestmöglichen Zeitpunkt fingiert. Folglich entstehen die gleichen steuerlichen Konsequenzen, als hätte die ausländische Gesellschaft eine sofortige Vollausschüttung der bei ihr entstandenen Gewinne vorgenommen. Hierbei handelt es sich um eine rein steuerliche Fiktion, die keine zivilrechtlichen Wirkungen beinhaltet. Folglich ergeben sich weder handelsbilanzielle Auswirkungen, noch stellt sich die Frage der Verringerung des maximal möglichen, zukünftigen Ausschüttungspotentials.

Die Hinzurechnungsbesteuerung will verhindern, dass ein inländischer Steuerpflichtiger statt Einkünfte direkt zu beziehen und in Deutschland zu besteuern eine Gesellschaft im niedriger besteuernden Ausland unterhält, in der die Einkünfte erzielt und besteuert werden. Die Rechtsfolge der Hinzurechnungsbesteuerung ist, dass dem

---

[107] Vgl. nochmals S. 79 ff.

[108] Das Erzielen von Steuervorteilen stellt für sich alleine keinen wirtschaftlich plausiblen Grund dar, vgl. BFH-Urt. vom 29.7.1976, VIII R 142/73, BStBl. II 1977, S. 264.

[109] Dort wird die Gesellschaft als solche nicht anerkannt und für steuerliche Zwecke davon ausgegangen, dass die Einkünfte im Inland angefallen sind und nicht bei der ausländischen Gesellschaft.

hinter der zwischengeschalteten ausländischen Kapitalgesellschaft stehenden inländischen Gesellschafter die Einkünfte der Zwischengesellschaft als Einkünfte gem. § 20 Abs. 1 EStG zugerechnet werden und der ursprünglich angestrebte Steuerstundungsvorteil nicht zum Tragen kommt. Dies geschieht besteuerungstechnisch, durch die Ermittlung eines Hinzurechnungsbetrages, wie er in § 10 AStG genauer bestimmt wird. Auf Ebene des inländischen Gesellschafters der ausländischen Gesellschaft richten sich die **Rechtfolgen** nach dessen Rechtsform, wobei bei mehreren Gesellschaftern eine Aufteilung nach Maßgabe der Beteiligungsquote erfolgt: Grundsätzlich sieht § 10 Abs. 2 Satz 1 AStG vor, dass der (anteilige) Hinzurechnungsbetrag als unmittelbar zugeflossene Einkünfte im Sinne des § 20 Abs. 1 Nr. 1 EStG („Dividende") qualifiziert wird. Dies hätte bei natürlichen Personen die Anwendung des Halbeinkünfteverfahrens und bei Körperschaften die Steuerfreiheit nach § 8b KStG zur Folge.[110] Diese Rechtsfolgen werden jedoch durch § 10 Abs. 2 Satz 3 AStG für auf den Hinzurechnungsbetrag nicht anwendbar erklärt. Folglich unterliegt dieser der ungemilderten Besteuerung im Rahmen der Einkommens- bzw. Körperschaftsteuer (zzgl. Solidaritätszuschlag). Sofern er im Rahmen eines gewerblichen Betriebsvermögens erzielt wird, kommt es außerdem zu einer Belastung mit Gewerbesteuer. Da die Ausschüttungen im Rahmen der Hinzurechnungsbesteuerung „nur" fingiert werden, kommt es zu einer Doppelbesteuerung, sofern die entsprechenden Beträge in einem späteren Veranlagungszeitraum tatsächlich ausgeschüttet werden. Dem soll § 3 Nr. 41 EStG entgegen wirken. Er sieht vor, dass bei Dividenden, die im gleichen Jahr oder in einem der sieben vorherigen Jahre der Hinzurechnungsbesteuerung unterlegen haben, vollständig steuerfrei bleiben. Hingegen unterliegen spätere Ausschüttungen dem Halbeinkünfteverfahren bzw. der Regelung des § 8b KStG.

Voraussetzung für die Anwendung der Hinzurechnungsbesteuerung ist grundsätzlich, dass mehr als die Hälfte der Gesellschaftsanteile oder der Stimmrechte an der ausländischen Gesellschaft im Inland unbeschränkt oder erweitert beschränkt Steuerpflichtigen im Sinne des § 2 AStG zugerechnet werden. Hierbei ist es unerheblich, ob die Gesellschafter nahe stehend im Sinne des § 1 Abs. 2 AStG sind oder keine Kenntnis voneinander haben. Auch eine beherrschende Position eines Gesellschafters ist nicht erforderlich, da es nur auf das Vorliegen einer **„Inländerbeherrschung" insgesamt** ankommt. Der Gesetzgeber unterstellt hinsichtlich der Anwendung der Hinzurechnungsbesteuerung offensichtlich den typischen Fall, dass ein oder mehrere inländische Steuerpflichtige die ausländische Gesellschaft beherrschen und mit dieser Gesellschaft die gleichen wirtschaftlichen und steuerlichen Ziele verfolgen, wenngleich diese Annahme bei börsennotierten Gesellschaften vermutlich nicht zutreffend ist. Bei Beteiligungen an Gesellschaften mit überwiegend Einkünften mit Kapitalanlagecharakter beträgt die zu beachtende Beteiligungshöhe 10 %. Dies ist der Fall, wenn Einkünfte aus dem Halten, der Verwaltung, Werterhaltung oder Werterhöhung von Zahlungsmitteln, Forderungen, Wertpapieren und Beteiligungen (mit Ausnahme von § 8 Abs. 1 Nr. 8

---

[110] Auf die Anwendung der 5 %-Pauschale gem. § 8b Abs. 5 KStG wird verwiesen.

und 9 AStG) oder ähnlichen Vermögenswerten stammen, sofern der Steuerpflichtige keine Qualifikation als „aktive Tätigkeit" nachweisen kann.[111]

Die Hinzurechnungsbesteuerung soll jedoch nicht jede Aktivität im Ausland, die durch ausländische Kapitalgesellschaften erbracht wird, erfassen. Daher sind zusätzliche sachliche Voraussetzungen und Anforderungen an die ausländische Gesellschaft geknüpft. Im Einzelnen sind dies gem. § 8 AStG die folgenden:

- **Ausländische Gesellschaft**

  Es muss sich bei dem Rechtssubjekt, das für die betreffenden Einkünfte als Zwischengesellschaft zu qualifizieren ist, um eine ausländische Gesellschaft handeln. Wegen der erforderlichen Abschirmwirkung zwischen Gesellschaft und Gesellschafter kommen für den Anwendungsbereich der Hinzurechnungsbesteuerung nur ausländische Rechtsgebilde in Frage, die einer **deutschen Kapitalgesellschaft entsprechen**. Würde die ausländische Gesellschaft als Personengesellschaft oder Mitunternehmerschaft im deutschen Sinne anzusehen sein, würde eine Zurechnung der ausländischen Einkünfte zu den inländischen Gesellschaftern unmittelbar erfolgen, sodass eine Versteuerung mit dem inländischen Steuersatz die Folge wäre. In diesen Fällen wäre eine Missbrauchsvermeidungsvorschrift wie die des AStG nicht erforderlich. Allerdings enthält § 20 Abs. 2 AStG eine Erweiterung, die auf **Betriebsstätten** abstellt, deren Einkünfte nach einem DBA freizustellen sind. Sofern die Voraussetzungen für die Hinzurechnungsbesteuerung erfüllt sind, hat keine Freistellung der Betriebsstätteneinkünfte im Inland zu erfolgen, sondern die Doppelbesteuerung ist mit Hilfe der Anrechnungsmethode zu vermeiden.

- **Einkünfte aus passivem Erwerb**

  Der Katalog des § 8 Abs. 1 AStG enthält in den Nummern 1 bis 9 eine abschließende Aufzählung der „aktiven Tätigkeiten", die im Umkehrschluss eine Anwendung der Hinzurechnungsbesteuerung ausschließen. Solange eine von der ausländischen Gesellschaft erzielte Einkunftsart nur eines der im Katalog des § 8 Abs. 1 AStG aufgeführten Tätigkeitsmerkmale erfüllt, ist somit im Ergebnis eine Anwendung des § 7 Abs. 1 AStG ausgeschlossen. Bei den Einkünften aus passivem Erwerb ist eine Vielzahl von Ausnahmen und Rückausnahmen zu berücksichtigen. Diese sind in **Abbildung 3-2** veranschaulicht.

---

[111] Vgl. § 7 Abs. 6a AStG.

Abbildung 3-2:   *Abgrenzung der Tätigkeiten nach § 8 Abs. 1 AStG*

„aktiv"	Ausnahme und damit „passiv"
Land- und Forstwirtschaft	
Herstellung, Bearbeitung, Verarbeitung oder Montage von Sachen, Erzeugung von Energie sowie Aufsuchen und Gewinnung von Bodenschätzen	
Betrieb von Kreditinstituten oder Versicherungsunternehmen, die für ihre Geschäfte einen in kaufmännischer Weise eingerichteten Geschäftsbetrieb unterhalten	Geschäfte werden überwiegend mit „AntE" betrieben
Handel	ein „AntE" liefert die gehandelten Güter oder Waren aus Deutschland an die ausländische Gesellschaft Güter oder Waren werden v. d. ausl. Ges. an den „AntE" geliefert **Ausnahme:** Der StPfl. weist nach, dass die ausl. Ges. einen in kaufm. Weise eingerichteten Geschäftsbetrieb unterhält, am allg. wirt. Verkehr teilnimmt und die zur Vorbereitung, zum Abschluss und der Ausführung der Geschäfte gehörenden Tätigkeiten ohne Mitwirkung des AntE ausübt.
Dienstleistungen	die ausl. Ges. bedient sich eines „AntE" Dienstleistungen werden ggü. einem „AntE" erbracht **Ausnahme:** Der StPfl. weist nach, dass die ausl. Ges. einen in kaufm. Weise eingerichteten Geschäftsbetrieb unterhält, am allg. wirt. Verkehr teilnimmt und die zur Dienstleistung gehörenden Tätigkeiten ohne Mitwirkung des „AntE" ausübt.

Vermietung und Verpachtung	Überlassung der Nutzung von Rechten, Plänen, Mustern, Verfahren, Erfahrungen und Kenntnissen
	Ausnahme:
←	Verwertung eigener Kenntnisse der ausl. Ges., die ohne Mitwirkung des „AntE" gewonnen wurden.
	Vermietung oder Verpachtung von Grundstücken
	Ausnahme:
←	Nachweis des StPfl., dass diese Einkünfte nach DBA steuerbefreit wären, wenn sie vom AntE unmittelbar bezogen worden wären.
	Vermietung oder Verpachtung von beweglichen Gegenständen
	Ausnahme:
←	Der StPfl. weist einen gewerbsmäßigen Vermietungsbetrieb nach, dass die ausl. Ges. am allg. wirt. Verkehr teilnimmt und die zur gewerbsmäßigen VuV gehörenden Tätigkeiten ohne Mitwirkung des AntE ausübt.
Aufnahme und darlehensweise Vergabe von Kapital, für das der StPfl. nachweist, dass es ausschließlich auf ausl. Kap.-Märkten und nicht bei ihm oder der ausl. Ges. nahe stehenden Person aufgenommen und im Ausland gelegenen Betrieben oder Betriebsstätten zugeführt wird, die ausschließlich oder fast ausschließlich aktiv tätig sind oder das Kapital inl. Betrieben oder Betriebsstätten zugeführt wird.	
Gewinnausschüttungen v. Kapitalgesellschaften	
Veräußerung eines Anteils an einer anderen Gesellschaft, soweit der Steuerpflichtige nachweist, dass der Veräußerungsgewinn auf Wirtschaftsgüter der anderen Gesellschaft entfällt, die anderen als den in § 10 Abs. 6 Satz 2 bezeichneten Tätigkeiten dienen	

Wie komplex die Abgrenzung nach diesem Schema sein kann, wird am Beispiel der Handelstätigkeit verdeutlicht. Grundsätzlich ist diese als unschädliche („aktive") Tätigkeit im Sinne der Hinzurechnungsbesteuerung anzusehen. Dieser Grundsatz erfährt zwei wichtige Einschränkungen: Eine Handelstätigkeit ist nicht als „aktiv" im Sinne des § 8 Abs. 1 AStG anzusehen, wenn der Gesellschafter oder eine ihm nahe stehende Person die gehandelten Güter oder Waren aus dem Geltungsbereich des AStG an die ausländische Zwischengesellschaft selbst liefert.[112] Dieser Umstand führt jedoch erst dann zur Qualifikation als „passive" Tätigkeit, wenn der Gesellschafter nicht nachweisen kann, dass die ausländische Gesellschaft einen für derartige Handelsgeschäfte in kaufmännischer Weise eingerichteten Geschäftsbetrieb unter Teilnahme am allgemeinen wirtschaftlichen Verkehr unterhält und die zur Vorbereitung, zum Abschluss und zur Ausführung der Geschäfte gehörenden Tätigkeiten ohne Mitwirkung eines solchen Steuerpflichtigen (des Gesellschafters oder einer ihm nahe stehenden Person) ausübt. Erfasst werden sollen durch diese Regelung Einkaufs- und Verkaufsgesellschaften im Ausland, wenn deren Zwischenschaltung nur steuermotiviert ist.

In der Praxis von besonderer Bedeutung ist die Bestimmung, wann eine **schädliche Mitwirkung** durch den Gesellschafter vorliegt. Während in der bisherigen Rechtsprechung[113] und Verwaltungspraxis[114] davon ausgegangen wurde, dass es sich um eine fortlaufende Unterstützung durch den Gesellschafter in Form von regelmäßig wiederkehrenden Leistungen handelt, ist immer noch unklar, ob hierunter auch die einmalige Gewährung einer Leistung oder der Verkauf zu fremdüblichen Preisen eines Produktes fallen.

In einigen deutschen Doppelbesteuerungsabkommen wird die Anwendung der Freistellungsmethode davon abhängig gemacht, dass bestimmte Tätigkeitsanforderungen erfüllt werden. Hierbei wird von sog. **Aktivitätsvorbehalten** gesprochen. Während in einigen Abkommen der Tätigkeitskatalog eigenständig definiert wird, erfolgt in immer mehr Abkommen ein Verweis auf den Katalog des § 8 AStG, sodass diese Regelungen dann auch für die Abkommensanwendung Bedeutung erlangen.

---

[112] Vgl. zu Einzelheiten Tz. 8.1.4.1. des BMF-Anwendungsschreibens zum Außensteuergesetz (BMF-Schreiben vom 14.5.2004, IV B 4 – A 1340 – 11/04, BStBl. I 2004, Sondernummer 1).
[113] Vgl. BFH-Urt. vom 1.7.1992, I R 6/92, BStBl. II 1993, 222.
[114] Vgl. Tz. 8.1.4. des BMF-Anwendungsschreibens zum Außensteuergesetz (BMF-Schreiben vom 14.5.2004, IV B 4 – A 1340 – 11/04, BStBl. I 2004, Sondernummer 1).

▣ Niedrige Besteuerung

Drittes Tatbestandsmerkmal für die Begründung einer ausländischen Zwischengesellschaft ist die niedrige Besteuerung. Eine niedrige Besteuerung im Sinne des § 8 Abs. 1 AStG ist gem. § 8 Abs. 3 AStG gegeben, wenn „die Einkünfte der ausländischen Gesellschaft einer Belastung durch Ertragsteuern von weniger als 25 % unterliegen, ohne dass dies auf einem Ausgleich mit Einkünften aus anderen Quellen beruht, oder wenn die danach in Betracht zu ziehende Steuer nach dem Recht des betreffenden Staates um Steuern gemindert wird, die die Gesellschaft, von der die Einkünfte stammen, zu tragen hat." Es handelt sich hierbei um die individuelle Steuerbelastung des Steuerpflichtigen im anderen Staat. So können zum Beispiel Gesellschaften in „Hochsteuerländern" als Zwischengesellschaft anzusehen sein, weil ihre Steuerbelastung weniger als 25 % beträgt. Dies kann etwa auf die Inanspruchnahme eines Schachtelprivilegs oder der indirekten Steueranrechnung zurückzuführen sein.[115]

Sofern eine Zwischengesellschaft im Sinne des § 7 AStG gegeben ist, werden die von dieser Gesellschaft erwirtschafteten Gewinne ungeachtet einer Besteuerung im Sitzstaat der Gesellschaft nach deutschem Steuerrecht den deutschen Gesellschaftern als eigene Dividendeneinkünfte hinzugerechnet.[116]

Die Regelungen der §§ 7 ff. AStG sind sehr umstritten, insbesondere auf Grund ihrer Komplexität, der Abgrenzung der als schädlich zu qualifizierenden Einkünfte, sodass teilweise auch Gesellschaften, ohne dies zu merken, in den Anwendungsbereich der Hinzurechnungsbesteuerung geraten können, und – in jüngster Zeit immer intensiver – wegen der möglicherweise nicht gegebenen Vereinbarkeit mit den Vorgaben des Europarechts.[117]

Für die Standortwahl ergeben sich aus diesen Regelungen wichtige Rückschlüsse. Dabei kommt einerseits der Höhe der ausländischen Steuerbelastung besondere Bedeutung zu: Ist diese höher als 25 %, sind die Regelungen der Hinzurechnungsbesteuerung nicht anwendbar. Hieraus folgt, dass es sich für die Standortwahl als vorteilhaft erweisen kann, möglicherweise solche Staaten zu wählen, die eine etwas höhere Steuerbelastung haben, wenn dadurch der Hinzurechnungsbesteuerung entgangen werden kann. Sofern ein Standort in einem Staat mit einer niedrigen Besteuerung im Sinne

---

[115] Hingegen bleibt eine niedrige Besteuerung im Ausland aufgrund eines Verlustabzugs, -vortrags oder -rücktrags unberücksichtigt, vgl. Tz. 8.3.2.5 des Anwendungsschreibens zum AStG (BMF-Schreiben vom 14.5.2004, IV B 4 – A 1340 – 11/04, BStBl. I 2004, Sondernummer 1).

[116] Vgl. zu einer detaillierten Darstellung der Ermittlung des Hinzurechnungsbetrages sowie der sich ergebenden Ausnahmevorschriften Herfort in: Grotherr/Herfort/Strunk, Internationales Steuerrecht, 2. Aufl., Achim 2003, S. 379 ff.

[117] Vgl. hierzu das zu den – deutlich liberaleren – Regelungen des Vereinigten Königreichs vor dem EuGH anhängige Verfahren *Cadbury Schweppes* (Az. des EuGH C-196/04, ABl. EG Nr. C 168/3 vom 26.6.2004) sowie aus der Literatur z. B. Körner, IStR 2004, S. 697, Lieber/Rasch, GmbHR 2004, S. 1572 und Stefaner, SWI 2004, S. 339.

des § 8 Abs. 3 AStG besteht, sollte sehr sorgfältig darauf geachtet werden, dass die Aktivitätsanforderungen erfüllt werden. Hieraus ergeben sich ggf. Rückschlüsse für die Frage, welche Aktivitäten zu welcher Gesellschaft (und damit letztlich auch zu welchem Staat) zugeordnet werden.

Literaturhinweise zur Standortwahl:

Breithecker, V., Einführung in die Internationale Betriebswirtschaftliche Steuerlehre, 2. Aufl., Bielefeld 2002, S. 3 ff.

Fischer, L./Kleineidam, H.-J./Warneke, P., Internationale Betriebswirtschaftliche Steuerlehre, 5. Aufl., Bielefeld 2005, S. 572 ff.

Schmidt, L./Sigloch, J./Henselmann, K., Internationale Steuerlehre. Steuerplanung bei grenzüberschreitenden Transaktionen, Wiesbaden 2005, S. 447 ff.

Laudan, D., Wahl der Sitzstaaten von Konzerngesellschaften als steuerliches Entscheidungsproblem, in: Grotherr, S. (Hrsg.), Handbuch der internationalen Steuerplanung, 2. Aufl., Herne/Berlin 2003, S. 124 ff.

Kommentierung zu §§ 7 ff. AStG in: Flick, H./Wassermeyer, F./Baumhoff, H., AStG, 6. Aufl., Loseblattwerk, Bielefeld 1999 ff.

Kommentierung zu §§ 7 ff. AStG in: Strunk, G./Kaminski, B./Köhler, S., AStG/DBA-Kommentar, Loseblattwerk, Bonn 2004 ff.

Kommentierung zu §§ 7 ff. AStG in: Wöhrle, W./Schelle, D. /Gross, E., Außensteuergesetz, Loseblattwerk, Stuttgart 1973 ff.

3.2   Wahl der steueroptimalen Ausprägungsformen von Geschäftsaktivitäten

3.2.1   Mögliche Ausgestaltungsformen von Geschäftsaktivitäten

▨   Welche unterschiedlichen Ausgestaltungsformen von Geschäftsaktivitäten lassen sich grundsätzlich unterscheiden?

▨   Welche Bedeutung haben steuerliche Überlegungen bei der Wahl dieser Ausprägungsformen?

▨   Besteht die Notwendigkeit, grundlegend zwischen inländischen Investitionen ausländischer Investoren und ausländischen Investitionen deutscher Investoren zu unterscheiden?

Die zivilrechtlichen Regelungen geben die Bedingungen für die Ausgestaltung der Geschäftsaktivitäten vor. Im Rahmen der hierbei bestehenden Möglichkeiten kann ein Unternehmen frei wählen, in welcher Ausgestaltungsform es seinen Geschäftsaktivitäten nachgeht. Bei der Wahl zwischen den Alternativen spielt eine Reihe von Faktoren eine Rolle. Hier sind insbesondere die Frage der Dauerhaftigkeit der ausgeübten Tätigkeit, der Umfang des Geschäftsvolumens, Haftungsrisiken, ggf. bestehende Besonderheiten im Ausland, wie z. B. das Erfordernis eines ausländischen Mehrheitsgesellschafters als Bedingung für eine staatliche Genehmigung des Unternehmens, der Finanzbedarf, eventuelle Publizitäts- und Offenlegungspflichten sowie die steuerliche Belastung von Bedeutung. Es zeigt sich, dass die Wahl der Ausgestaltungsform der Geschäftsaktivität i. d. R. nicht alleine aus steuerlichen Gründen erfolgt. Vielmehr kann es nichtsteuerliche Erwägungen geben, die zu einer bestimmten Ausprägungsform führen. Gleichwohl ist zu berücksichtigen, dass infolge der eintretenden Steuerbelastung aus Sicht eines Investors die aus einer Investition erlangte Nachsteuerrendite wesentlich bestimmt wird. Hieraus folgt, dass sich entweder die Frage stellt, inwieweit eine Minimierung der steuerlichen Belastung erreicht werden kann. Es ist denkbar, bewusst solche Strukturen zu errichten, die steuerlich zu einer niedrigen Belastung führen. Andererseits ist vorstellbar, dass aus nichtsteuerlichen Gründen bestimmte Strukturen notwendig sind und sich die Frage stellt, wie diese möglichst steuergünstig errichtet werden können. Dies kann z. B. durch die Wahl von „Mischformen" geschehen, bei denen versucht wird, die jeweiligen Vorteile unterschiedlicher Ausprägungsformen miteinander zu kombinieren.

Grundsätzlich lassen sich vier unterschiedliche Formen zur Gestaltung der Geschäftsaktivitäten unterscheiden:

■ das so genannte **Direktgeschäft**:

Dieses ist dadurch gekennzeichnet, dass die Geschäftsaktivitäten auf dem ausländischen Markt aus dem Inland heraus erfolgen und im Ausland kein Anknüpfungspunkt für die dortige Besteuerung geschaffen wird. Hieraus folgt, dass im Ausland keine Steuerpflicht begründet wird und der Sachverhalt ausschließlich nach Maßgabe der Besteuerungsregelungen des Ansässigkeitsstaates des Unternehmens zu würdigen ist. Im Ergebnis handelt es sich um ein rein inländisches Geschäft, bei dem die Besonderheit besteht, dass der Abnehmer im Ausland ansässig ist. Hierbei können sich insbesondere im Bereich der Umsatzsteuer[118] und ggf. im Rahmen des Zollrechtes Besonderheiten ergeben. Aus ertragsteuerlicher Sicht entstehen die gleichen Konsequenzen, wie bei Geschäftsbeziehungen mit Inländern, sofern davon ausgegangen wird, dass auch nach den steuerlichen Vorschriften des anderen Staates kein Anknüpfungspunkt für die Besteuerung geschaffen wurde.

■ die Errichtung einer **Betriebsstätte**:

Eine Betriebsstätte ist dadurch gekennzeichnet, dass es sich um eine feste Geschäftseinrichtung oder Anlage handelt, die der Tätigkeit eines Unternehmens dient. Der ökonomische Vorteil von Betriebsstätten besteht darin, dass sich diese regelmäßig sehr einfach errichten lassen. Häufig werden sie von einem Steuerpflichtigen begründet, ohne dass diesem bewusst ist, inwieweit tatsächlich eine Betriebsstätte besteht. Gleichwohl gibt es keine spezifischen Gründungsanforderungen, sodass die Errichtung mit geringen Transaktionskosten erfolgen kann. In einigen Staaten ist lediglich eine Registrierung erforderlich, in anderen wird ausschließlich auf die tatsächlichen Verhältnisse abgestellt. Insbesondere in den Fällen, wo der Steuerpflichtige nicht sicher ist, in welchem Umfang er bestimmte Geschäftsaktivitäten im Ausland entfaltet, kann eine solche einfache und ggf. auch relativ schnell wieder zu beseitigende Struktur sinnvoll sein. Allerdings bedeutet dies nicht, dass Betriebsstätten für einen befristeten Zeitraum angelegt sein müssen. Vielmehr handelt es sich hierbei um eine dauerhaft mögliche Ausprägungsform. Aus steuerlicher Sicht führt eine Betriebsstätte zur beschränkten Steuerpflicht im jeweiligen Betriebsstättenstaat.[119]

■ die Errichtung einer **Personengesellschaft**:

Im internationalen Kontext sind Personengesellschaften bei weitem nicht so stark vertreten, wie dies in der Bundesrepublik Deutschland der Fall ist[120]. Allerdings besteht die Möglichkeit zur Errichtung solcher Strukturen in sehr vielen Staaten. Sie sind dadurch gekennzeichnet, dass regelmäßig zumindest ein Gesellschafter der voll umfänglichen Haftung unterliegt. Hinsichtlich der steuerlichen Behand-

---

[118] Vgl. hierzu S. 42 ff. und S. 63 ff.

[119] Vgl. zur Behandlung im deutschen Recht S. 52 ff.

[120] So sind beispielsweise mehr als 90 % aller unternehmerischen Tätigkeiten in Japan in der Rechtsform einer Kapitalgesellschaft organisiert.

lung von Personengesellschaften sind unterschiedliche Möglichkeiten zu berücksichtigten: Während es eine Reihe von Staaten gibt, die die Personengesellschaft als solche als Steuersubjekt betrachten, folgen andere dem Transparenzprinzip und unterwerfen die Gewinne der Personengesellschaft beim Gesellschafter der Besteuerung.[121] In Abhängigkeit von diesen Vorgaben des nationalen Rechts des Tätigkeitsstaats, kommt es entweder zu einer unbeschränkten Steuerpflicht der Personengesellschaft als solcher oder zur Steuerpflicht des Gesellschafters mit dem anteilig auf ihn entfallenden Gewinn aus der Personengesellschaft. Dies führt regelmäßig zur beschränkten Steuerpflicht des Gesellschafters.[122] Im Bereich der Doppelbesteuerungsabkommen gilt eine Gesellschaft nur dann als abkommensberechtigte Person, wenn sie in einem der Vertragsstaaten der unbeschränkten Steuerpflicht unterliegt. Hieraus folgt, dass zumindest in den Fällen, in denen dem Mitunternehmerkonzept gefolgt wird, keine Abkommensberechtigung der Personengesellschaft als solcher gegeben ist. Folglich ist für Zwecke des Abkommensrechts auf die an der Personengesellschaft beteiligten Gesellschafter abzustellen. Nach allgemeinem Verständnis wird die Betriebsstätte einer Personengesellschaft für Zwecke des Abkommensrechts als Betriebsstätte des einzelnen Gesellschafters betrachtet, die diesem gewerbliche Einkünfte vermittelt.

- die Errichtung einer **Kapitalgesellschaft**:
Eine Kapitalgesellschaft ist dadurch gekennzeichnet, dass im Ausland ein selbstständiger Rechtsträger errichtet wird, der seinerseits Träger von Rechten und Pflichten sein kann. In Abhängigkeit von den gesellschaftsrechtlichen Vorgaben im jeweiligen Staat sind mehr oder weniger umfangreiche Gründungsanforderungen zu erfüllen. Dies gilt z. B. für die Mindestkapitalaufbringung oder für staatliche Genehmigungserfordernisse.[123] Aus steuerlicher Sicht handelt es sich bei der ausländischen Kapitalgesellschaft um ein selbstständiges Steuersubjekt, das als solches im Ausland der unbeschränkten Steuerpflicht unterliegt. Zugleich ist Charakteristikum, dass eine Abschottungswirkung zwischen Gesellschaft und Gesellschafter erfolgt, sodass Gewinne auf Ebene der Kapitalgesellschaft grundsätzlich nicht zu einer sofortigen Auswirkung beim Gesellschafter führen. Vielmehr geschieht dies erst dann, wenn die Kapitalgesellschaft entsprechende Ausschüttungen be-

---

[121] Dieses Modell ist der Besteuerung von Mitunternehmerschaften in der Bundesrepublik Deutschland vergleichbar, vgl. hierzu Kaminski/Strunk, Grundlagen der Besteuerung unternehmerischer Tätigkeiten, Kriftel 2001, S. 138 ff.

[122] Da international regelmäßig für die unbeschränkte Steuerpflicht personenbezogene Maßnahmen notwendig sind, erfolgt in der Regel keine Begründung einer unbeschränkten Steuerpflicht für den Gesellschafter alleine aufgrund seiner Beteiligung an der Personengesellschaft.

[123] In der internationalen Unternehmenspraxis ist nicht nur ein zunehmender Wettbewerb um vergleichsweise geringe Anforderungen an die Errichtung von Gesellschaften festzustellen, sondern auch, dass gezielt versucht wird, durch die Nutzung von ausländischen Rechtsträgern im Inland die teilweise hohen und strengen Anforderungen für die Gründung einer Kapitalgesellschaft zu umgehen. Als Beispiel sei hierfür auf die britische Ltd. verwiesen.

schließt.[124] Bei Kapitalgesellschaften handelt es sich regelmäßig um abkommensberechtigte Personen im Sinne des DBA, sodass sich die Kapitalgesellschaft unmittelbar auf die Regelungen des Doppelbesteuerungsabkommens berufen kann.

Wie die obigen Ausführungen zeigen, lassen sich in Abhängigkeit vom Grad der rechtlichen Verselbstständigung vier unterschiedliche Ausprägungsformen unterscheiden.
Aus steuerlicher Sicht ist wichtig, dass das Direktgeschäft zu den gleichen steuerlichen
Folgen wie ein reiner Inlandssachverhalt führt.[125] Insofern kann auf die Überlegungen
zur Strukturierung von Entscheidungen bei Inlandsfällen verwiesen werden.[126] Ferner
ist zu berücksichtigen, dass Personengesellschaften in Abhängigkeit von den Regelungen des nationalen Rechts des Tätigkeitsstaates entweder nach Maßgabe der Grundsätze für Betriebsstätten oder für Kapitalgesellschaften besteuert werden. Insoweit
lassen sie sich grundsätzlich auf die beiden anderen Fälle zurückführen.[127]

Bei Überlegungen zur Strukturierung der ausländischen Geschäftsaktivitäten erfolgt
im Weiteren eine Einschränkung auf ausschließlich steuerliche Faktoren. Dies liegt in
der Überlegung begründet, dass häufig aus nichtsteuerlichen Gründen eine bestimmte
Ausprägungsform determiniert ist. In einem solchen Fall geht es um eine ausschließliche Bestimmung der eintretenden steuerlichen Belastung. Ist dies nicht der Fall, wird
aufgrund der oben bereits angedeuteten Überlegungen zur erzielenden Nachsteuerrendite aus Sicht des Investors der steuerlichen Belastung eine besondere Bedeutung
beizumessen sein. Hieraus folgt zugleich, dass grundlegend zwischen dem so genannten Outbound- und Inbound-Fall zu unterscheiden ist, weil die jeweiligen Regelungen
der einzelnen Staaten auf unterschiedliche Sachverhalte anzuwenden sind, sodass eine
differenzierte Betrachtung zu erfolgen hat. Diese ergibt sich daraus, dass im Outbound-Fall die Frage zu beantworten ist, wie eine steuerliche Belastung im Ausland im
Rahmen der inländischen Besteuerung zu berücksichtigen ist. Hingegen ist im Inbound-Fall zu prüfen, inwieweit ein Anknüpfungspunkt für die inländische Besteuerung realisiert wurde. Außerdem ist hinsichtlich der Staaten, in denen die Geschäfte
getätigt werden, danach zu differenzieren, ob zwischen diesen und der Bundesrepublik Deutschland ein Doppelbesteuerungsabkommen besteht. Entscheidend hierfür ist,
dass diese Abkommen den jeweiligen nationalen Besteuerungsansprüchen Schranken
setzen, sodass ggf. ergänzend zu prüfen ist, inwieweit nationale Besteuerungsvor-
schriften infolge des Abkommens nicht angewendet werden können oder eine Beschränkung hinsichtlich des Umfangs des Besteuerungsrechtes erfolgt.

---

[124] Etwas anderes gilt, wenn die Regelungen über die so genannte Hinzurechnungsbesteuerung
einschlägig sind. Vgl. hierzu S. 84 ff.
[125] Besonderheiten können sich jedoch bei der Umsatzsteuer ergeben.
[126] Vgl. hierzu Kaminski/Strunk, Einfluss von Steuern auf unternehmerische Entscheidungen,
Kriftel 2002, S. 13 ff.
[127] Vgl. zu einer eingehenden Analyse der bestehenden Besonderheiten S. 102 ff.

Im Folgenden werden die Besteuerungsunterschiede mit Hilfe von Belastungsrechnungen verdeutlicht, die auf die unterschiedlichen Fallvarianten angewendet werden. Diesen Berechnungen liegen die folgenden Prämissen zu Grunde:

▨ Die Bemessungsgrundlage ist unabhängig von der gewählten Ausgestaltungsform des Auslandsengagements gleich hoch. Folglich sind entstehende Unterschiede zwingend auf die Rechtsform und nicht auf diese Ermittlungsunterschiede zurück zu führen.

▨ Es besteht kein Qualifikationskonflikt, d. h., dass z. B. Dividenden von den beteiligten Staaten als solche angesehen werden und auch die Frage, ob im Ausland z. B. eine Personengesellschaft gegeben ist, einheitlich beantwortet wird.

▨ Betriebsausgaben auf Ebene des Gesellschafters entstehen nicht.

▨ Bei Kapitalgesellschaften wird unterstellt, dass eine Vollausschüttung bis zum Gesellschafter erfolgt, bei dem es sich um eine natürliche Person handeln soll.

▨ Es erfolgt – entsprechend den internationalen Grundsätzen – eine Gleichbehandlung von Betriebsstätte und Personengesellschaft.

▨ Verlustsituationen werden nicht berücksichtigt.[128]

▨ Betrachtung nur eines Auslandsengagements.

▨ Der Gesellschafter hält seine Beteiligung im Betriebsvermögen.

▨ Die Belastungsrechnungen beschränken sich auf die laufende Besteuerung, sodass sowohl evtl. steuerliche Unterschiede bei der Errichtung, der Veräußerung bzw. Liquidation, der Vererbung oder der Umwandlung der Alternativen nicht betrachtet werden.

▨ Eine ausländische Mutterkapitalgesellschaft domiziliert im EU-Ausland.

▨ Es wird kaufmännisch auf zwei Nachkommastellen gerundet.

▨ Der Hebesatz für die Gewerbesteuer beträgt 450 %.

▨ Differenzen hinsichtlich der Bemessungsgrundlage im In- und Ausland bestehen nicht.

▨ Die betrachteten natürlichen Personen befinden sich mit dem ESt-Satz in der oberen Proportionalzone (42,0 %).

▨ Beim Outbound-Fall beträgt die ausländische Ertragsteuer einheitlich 30 %; außerdem erfolgt keine Unterscheidung zwischen ESt und KSt-Satz.

---

[128] Vgl. zur Berücksichtigung von Auslandsverlusten S. 37 ff.

- Ausländische Quellensteuern für Dividenden betragen 20 % in Nicht-DBA-Fällen, 5 % in DBA-Fällen sowie 0 % in EU-Fällen.

- Die Beteiligung an der Tochterkapitalgesellschaft beträgt 100 %

- In Inbound-Fällen werden im Ausland entsprechende Regelungen wie die deutschen unterstellt (z. B. § 12 Nr. 3 EStG oder § 34c EStG).

- Es erfolgt eine Grenzbetrachtung, sodass Freibeträge und dergleichen bereits vollständig ausgeschöpft sind.

- Gesellschafter der Personengesellschaft sind ausschließlich natürliche Personen.

3.2.2 Outbound-Fall

Beim Outbound-Fall wird davon ausgegangen, dass ein in Deutschland unbeschränkt Steuerpflichtiger im Ausland Geschäftsaktivitäten entfaltet. Hierbei kann es sich sowohl um eine natürliche als auch um eine juristische Person handeln. Denkbar ist auch, dass die Unternehmenstätigkeit durch eine inländische Personengesellschaft ausgeübt wird. Da in der Bundesrepublik Deutschland für diese Gesellschaften das Prinzip der Mitunternehmerschaft und der transparenten Besteuerung gilt, ist dieser Fall den beiden zuvor genannten Fallgruppen zuzuordnen. Ist an der deutschen Personengesellschaft eine natürliche Person beteiligt, so gelten für den Outbound-Fall die gleichen Konsequenzen, als würde direkt durch die natürliche Person ein solches Geschäft im Ausland vorgenommen. Entsprechendes gilt für die Situation, in der eine inländische Kapitalgesellschaft über eine Personengesellschaft im Inland Auslandsaktivitäten entfaltet. Folglich braucht diese Sachverhaltskonstellation nicht gesondert behandelt zu werden.

3.2.2.1 Direktgeschäft

Wird ein Direktgeschäft im Ausland durchgeführt, so entstehen die Besteuerungskonsequenzen ausschließlich im Inland. Hieraus folgt, dass aufgrund des in Deutschland geltenden Welteinkommensprinzips für unbeschränkt Steuerpflichtige auch die ausländischen Einkünfte der deutschen Besteuerung unterliegen. Im Gegenzug sind alle Aufwendungen, die im Zusammenhang mit diesem Geschäft entstehen, in Deutschland als Betriebsausgaben abzugsfähig, sofern dem nicht besondere Abzugsverbote (wie z. B. die in § 4 Abs. 5 EStG genannten) entgegenstehen.[129] Hieraus folgt unter Belastungsgesichtspunkten, dass diese Einkünfte der deutschen Einkommen- bzw. Körperschaftsteuer (jeweils zuzüglich Solidaritätszuschlag) und der Gewerbesteuer

---

[129] Vgl. z. B. Strunk/Kaminski, Steuerliche Gewinnermittlung bei Unternehmen, Kriftel 2002, S. 201 ff.

unterliegen. Zwar gilt bei der Gewerbesteuer das Inlandsprinzip[130], nachdem der Gewerbesteuer jeder stehende Gewerbebetrieb unterliegt, „… soweit er im Inland betrieben wird". Dies führt jedoch nicht dazu, dass alle außerhalb Deutschlands erzielten Einkünfte für Zwecke der Gewerbesteuer zu kürzen sind, sondern dies erfolgt nur dann, wenn die Voraussetzungen für eine Kürzung nach § 9 GewStG gegeben sind. Dies ist in den Fällen des Direktgeschäftes nicht gegeben, sodass die entstehenden Betriebseinnahmen und Betriebsausgaben auch für die Gewerbesteuer bedeutsam sind.

Im Einzelfall kann nicht ausgeschlossen werden, dass im Ausland Quellen- oder andere Steuern auf einzelne Einkünfte erhoben werden. Dies ist der Fall, wenn das Ausland die Lieferung von Waren oder das Erbringen von Dienstleistungen im Rahmen einer so genannten Liefergewinnbesteuerung erfasst. Diese unterstellt auf Grundlage des Umsatzes einen bestimmten Mindestgewinn, der einer – regelmäßig nicht widerlegbaren – pauschalen Besteuerung unterliegt. In einem solchen Fall ist nach Maßgabe der unilateralen, deutschen Maßnahmen zur Vermeidung der Doppelbesteuerung zu prüfen, inwieweit im Inland eine Berücksichtigung der im Ausland gezahlten Steuern erfolgen kann.[131] Dabei ist auch zu prüfen, inwieweit das Abkommensrecht möglicherweise der Besteuerung im Ausland Grenzen setzt.

3.2.2.2 Betriebsstätte

Wenn im Ausland eine Betriebsstätte begründet wird, ist zunächst zu fragen, ob sowohl nach deutschem als auch nach ausländischem Recht eine Betriebsstätte besteht. Dies lässt sich nur in Abhängigkeit von der jeweiligen Ausgestaltung der Tätigkeit im Einzelfall beantworten.[132] Ferner ist zu berücksichtigen, dass in den einzelnen Staaten teilweise unterschiedliche Anknüpfungspunkte für eine Betriebsstätte bestehen. Unabhängig davon unterliegen die im Ausland erzielten Einkünfte infolge des Welteinkommensprinzips unverändert in Deutschland der Besteuerung.

3.2.2.2.1 Nicht-DBA-Fall

3.2.2.2.1.1 Einzelunternehmen im Inland

Hinsichtlich des Gesellschafters wird davon ausgegangen, dass er in Deutschland gem. § 1 Abs. 1 EStG unbeschränkt steuerpflichtig ist. Folglich unterliegen seine weltweit erzielten Einkünfte in Deutschland der Besteuerung. Hieraus folgt auch, dass die aus der ausländischen Betriebsstätte entstehenden Einkünfte der deutschen Besteuerung unterliegen. Da davon auszugehen ist, dass im Ausland das Vorliegen einer Be-

---

[130] Vgl. § 2 Abs. 1 Satz 1 GewStG.
[131] Vgl. zu diesen Maßnahmen nochmals S. 23 ff.
[132] Vgl. zur Definition in § 12 AO S. 52 ff.

triebsstätte einem Anknüpfungspunkt für die beschränkte Steuerpflicht bildet, kommt es für diese Einkünfte zu einer Doppelbesteuerung. Dem trägt das deutsche Recht dadurch Rechnung, dass die unilateralen Maßnahmen zur Vermeidung der Doppelbesteuerung zur Anwendung kommen sollen.[133] Damit wird – wirtschaftlich betrachtet – jedoch erreicht, dass die Einkünfte mit dem jeweils höheren Steuerniveau belastet werden. Dies ist entweder die Steuerbelastung im Ausland, weil die oben bereits dargestellten Regelungen[134] zur Anrechnung (und insbesondere zum Anrechnungshöchstbetrag) dazu führen, dass die Erstattung einer höheren ausländischen Steuer im Inland ausscheidet. Ist hingegen die ausländische Steuer niedriger, kommt es im Rahmen der inländischen Besteuerung zu einer „Hinaufschleusung" auf das deutsche Steuerniveau.

Als Besonderheit ist § 9 Nr. 3 GewStG zu beachten. Danach ist der Gewerbeertrag um den Teil zu kürzen, der auf nicht im Inland belegene Betriebsstätten entfällt.[135] Folglich unterliegen diese Einkünfte nur der Einkommensteuer. Hieraus folgt, dass auch im Rahmen der „Anrechnung" der Gewerbesteuer auf die Einkommensteuer Belastungsunterschiede entstehen. Diese resultieren daraus, dass für Zwecke des § 35 EStG auf den Gewerbesteuermessbetrag abzustellen ist. Durch die Kürzung wird insoweit dieser Messbetrag verringert, sodass daraus mittelbar auch ein niedriger Anrechnungsbetrag entsteht. Zu beachten ist hierbei, dass die Kürzung für Zwecke der Gewerbesteuer unabhängig von Aktivitätsvoraussetzungen zu erfolgen hat. Für die Frage, ob eine Betriebsstätte vorliegt, ist dabei ausschließlich auf die Definition im § 12 AO abzustellen.[136]

3.2.2.2.1.2 Kapitalgesellschaft im Inland

Sofern in Deutschland eine Kapitalgesellschaft vorhanden ist, ist diese unbeschränkt körperschaftsteuerpflichtig. Außerdem ist sie Gewerbebetrieb kraft Rechtsform und unterliegt als solcher der Gewerbesteuer. Grundsätzlich treten die gleichen Besteuerungskonsequenzen wie im Fall des Einzelunternehmens ein, wobei zu beachten ist, dass § 26 KStG auf die entsprechende Anwendung des § 34c EStG verweist. Insoweit kommt es auch hier zu einer Belastung mit dem jeweils höheren Steuerniveau.

3.2.2.2.2 DBA-Fall

Besteht zwischen der Bundesrepublik Deutschland und dem ausländischen Betriebsstättenstaat ein Doppelbesteuerungsabkommen ist zunächst zu prüfen, ob auch nach

---

[133] Vgl. hierzu S. 23 ff.
[134] Vgl. hierzu nochmals S. 23 ff.
[135] Auf Besonderheiten wie grenznahe Gewerbebetriebe, wie sie im Verhältnis zu den Niederlanden vereinbart sind, wird im Folgenden nicht näher eingegangen.
[136] Folglich kommt die Kürzung auch dann zur Anwendung, wenn zwar die Kriterien des § 12 AO erfüllt sind, nicht aber die des Art. 5 OECD-MA.

Maßgabe der Definition dieses Abkommens eine Betriebsstätte gegeben ist. Diese Frage kann nur auf Grundlage des Wortlautes des jeweiligen Abkommens entschieden werden. Hierbei ist zu beachten, dass in der deutschen Abkommenspraxis vergleichsweise häufig von den Vorgaben des Art. 5 OECD-MA abgewichen wird.

Gemäß Art. 5 Abs. 1 OECD-MA wird eine Betriebsstätte als eine feste Geschäftseinrichtung definiert „durch die die Geschäftstätigkeit eines Unternehmens ganz oder teilweise ausgeübt wird". In Abs. 2 werden beispielhaft Fälle der Betriebsstätten genannt und in Abs. 3 wird die Dauer, ab der eine Bau- und Montagetätigkeit eine Betriebsstätte begründet, mit mehr als 12 Monaten definiert. Außerdem gibt es in Art. 5 Abs. 4 OECD-MA eine Aufzählung von Fällen, in denen keine Betriebsstätte gegeben ist, weil es sich ausschließlich um hilfs- oder vorbereitende Tätigkeiten handelt. Für die folgenden Überlegungen wird davon ausgegangen, dass durch das Auslandsengagement sowohl eine Betriebsstätte im Sinne von § 12 AO, der entsprechenden Definition nach dem Recht des Betriebsstättenstaats, als auch nach Maßgabe des Abkommensrechts begründet wird.

3.2.2.2.2.1 Einzelunternehmen im Inland

Die Errichtung einer ausländischen Betriebsstätte führt dort zur Begründung der beschränkten Steuerpflicht des inländischen Einzelunternehmers. Hieraus resultiert eine Steuerbelastung nach Maßgabe des ausländischen Rechts. Eine Abweichung gegenüber dem Nicht-DBA-Fall[137] entsteht jedoch dadurch, dass nunmehr ergänzend die Regelungen des Abkommensrechts anzuwenden sind. Die Bundesrepublik Deutschland stellt in ihrer Abkommenspraxis Gewinne aus ausländischen Betriebsstätten im Inland von der Besteuerung frei. Hieraus folgt, dass – wirtschaftlich betrachtet – nur eine Belastung in Höhe der ausländischen Besteuerung gegeben ist. Ergänzend ist zu prüfen, ob die in Deutschland freizustellenden Einkünfte im Rahmen des Progressionsvorbehalts zu berücksichtigen sind. Nach der Rechtsprechung des BFH[138] ist davon auszugehen, dass dies der Fall ist, es sei denn, dem DBA ist ausdrücklich eine Regelung zu entnehmen, dass eine solche Berücksichtigung im Rahmen des Progressionsvorbehaltes nicht zu erfolgen hat. Folglich ist für die im Inland steuerpflichtigen Einkünfte der Steuersatz zu ermitteln, der sich unter Berücksichtigung der ausländischen Betriebsstätteneinkünfte ergibt.

Bei den Belastungsüberlegungen ist besonders zu würdigen, dass die Freistellung bereits auf Ebene des Gesellschafters erfolgt. Dies ist die unmittelbare Konsequenz daraus, dass das Einzelunternehmen nicht selbst Steuersubjekt ist, sondern auf den dahinter stehenden Gesellschafter abgestellt wird. Dies gilt auch für Zwecke des Abkommensrechts mit der Folge, dass die Gewinne unmittelbar bei der natürlichen Person der Freistellung nach Abkommensrecht unterliegen. Folglich wirken sich die aus-

---

[137] Vgl. hierzu nochmals S. 98 ff.
[138] Vgl. BFH-Beschluss vom 26.8.1994, I B 35/94, BFH/NV 1995, 381.

ländischen Einkünfte im Inland ausschließlich im Rahmen des Progressionsvorbehalts aus.

Bei der Analyse dieser Besteuerungskonsequenzen sind folgende Besonderheiten zu berücksichtigen:

- Eine Freistellung von Betriebsstätteneinkünften hat nur insoweit zu erfolgen, wie ein funktionaler Zusammenhang[139] zwischen der Einkunftsquelle und der Tätigkeit der Betriebsstätte besteht. Folglich ist es nicht möglich, Einkünfte oder Einkunftsquellen beliebig der Betriebsstätte zuzuordnen, um die daraus resultierenden Gewinne der Freistellung nach Abkommensrecht zu unterwerfen.

- In einigen deutschen Doppelbesteuerungsabkommen wird die Gewährung der Freistellungsmethode von der Einhaltung so genannter **Aktivitätsklauseln** abhängig gemacht.[140] Hieraus folgt, dass eine Freistellung der Betriebsstätteneinkünfte nur dann erfolgt, wenn die Betriebsstätte bestimmten Tätigkeiten nachgeht. Hierdurch sollen die Fälle aus der Freistellung ausgegrenzt werden, die aus volkswirtschaftlichen Gründen nicht als sinnvoll und förderungswürdig angesehen werden. Bei Nichterfüllung der Aktivitätsvorbehalte erfolgt die Vermeidung der Doppelbesteuerung nicht durch Freistellung, sondern durch Anrechnung. Hierfür gelten die Regelungen des § 34c EStG entsprechend.

- Durch den Wegfall des § 10 Abs. 5 AStG ist in jedem Fall zu prüfen, ob auch in DBA-Fällen die Voraussetzungen der **Hinzurechnungsbesteuerung** gegeben sind. Im Ergebnis ist daher davon auszugehen, dass in jedem DBA-Fall auch die §§ 7 ff. AStG zu prüfen sind. Dies gilt über § 20 Abs. 2 AStG auch für Betriebsstätten und Personengesellschaftsfälle.

- Die Freistellung für Zwecke der **Gewerbesteuer** ist unabhängig von der Frage, ob nach Abkommensrecht eine Freistellung erfolgt. Ferner kommt es nicht darauf an, ob eventuelle abkommensrechtliche Aktivitätsvorbehalte erfüllt werden. Sie haben für Zwecke des Gewerbesteuergesetzes keine Bedeutung.

3.2.2.2.2.2 Kapitalgesellschaft im Inland

Besteht in Deutschland eine Kapitalgesellschaft, wird diese infolge der ausländischen Betriebsstätte im Ausland beschränkt körperschaftsteuerpflichtig. Außerdem kann sich die Kapitalgesellschaft auf die Regelungen des Abkommensrechts berufen, weil sie eine abkommensberechtigte Person ist. Hieraus folgt, dass auf Ebene der deutschen Kapitalgesellschaft i. d. R. diese Einkünfte von der inländischen Besteuerung freizustellen sind. Insofern ergeben sich keine Abweichungen gegenüber dem inländischen

---

[139] Vgl. hierzu S. 163 ff.
[140] Dies erfolgt zum Teil im Abkommen, teilweise auch in ergänzenden Protokollen und Notenwechseln.

Einzelunternehmer. Für die Gewerbesteuer wird auf § 9 Nr. 3 GewStG verwiesen. Ein für die Belastungssituation wesentlicher Unterschied ergibt sich jedoch daraus, dass die Einkünfte der ausländischen Betriebsstätte noch nicht beim ultimativen Gesellschafter angekommen sind. Vielmehr sind diese bisher „lediglich" auf Ebene der deutschen Kapitalgesellschaft. Um die Vergleichbarkeit mit dem Fall des Einzelunternehmens zu erreichen, ist es notwendig, diese Einkünfte auszuschütten. Hierfür bedarf es eines handelsrechtlichen Ausschüttungsbeschlusses. Die Kapitalgesellschaft ist verpflichtet, auf diese Ausschüttung Kapitalertragsteuer als Quellensteuer einzubehalten. Die Einkünfte unterliegen zum Zeitpunkt des Zuflusses beim Gesellschafter der erneuten einkommensteuerlichen Belastung.[141] Dividenden sind steuerpflichtige Einkünfte aus Kapitalvermögen (§ 20 Abs. 1 Nr. 1 EStG). Diese unterliegen beim Gesellschafter dem Halbeinkünfteverfahren. Hieraus folgt, dass gemäß § 3 Nr. 40 Buchst. d EStG die Hälfte dieser Einkünfte steuerbefreit ist. Die andere Hälfte muss erneut besteuert werden.

3.2.2.3 Ergänzende Besonderheiten bei Personengesellschaften

Wenn im Ausland eine Personengesellschaft errichtet wird, stellt sich zunächst die Frage, wie diese nach ausländischem Recht zu behandeln ist. Denkbar ist, dass das Ausland ebenfalls dem Mitunternehmerkonzept folgt. Alternativ wäre auch vorstellbar, dass im Ausland eine eigenständige Steuerpflicht für „Personengesellschaften" besteht, die entweder in Form einer eigenständigen Personengesellschaftsteuer oder der Körperschaftsteuerpflicht ausgestaltet ist. Im zuletzt genannten Fall gelten die Regelungen für Kapitalgesellschaften entsprechend.[142] Für die weiteren Überlegungen wird davon ausgegangen, dass im Ausland eine transparente Betrachtungsweise erfolgt.

3.2.2.3.1 Nicht-DBA-Fall

Im Nicht-DBA-Fall kommt es zur beschränkten Steuerpflicht, entweder des inländischen Gesellschafters oder der inländischen Kapitalgesellschaft als Gesellschafter der Personengesellschaft. Insoweit bestehen keine Abweichungen gegenüber dem Nicht-DBA-Fall. Allerdings ist zu beachten, dass ggf. im Ausland weitere Gesellschafter an der Personengesellschaft beteiligt sind, sodass möglicherweise ergänzende Besonderheiten zu berücksichtigen sind. Ein besonderes Problem stellt die Frage dar, wie eventuelle Vergütungen für schuldrechtliche Verträge zwischen Gesellschaft und Gesellschafter steuerlich zu würdigen sind. Nach deutschem Verständnis erfolgt eine Umqualifizierung in gewerbliche Einkünfte.[143] Fraglich ist, ob auch nach ausländischem Recht eine solche Umqualifizierung vorgenommen wird. Ggf. können im Ausland weitere Steuerpflichten für den Gesellschafter begründet werden. Denkbar wäre

---

[141] Unterstellt wird eine natürliche Person als Gesellschafter; bei einer Kapitalgesellschaft käme § 8b KStG zur Anwendung.

[142] Vgl. hierzu S. 104 ff.

[143] Vgl. § 15 Abs. 1 Nr. 2 2. Hs. EStG.

z. B., dass auf Zinszahlungen für Darlehen eine Quellensteuerpflicht entsteht und gleichzeitig mit dem Einbehalt dieser Steuer die Steuerpflicht des Gesellschafters im Ausland als abgegolten gilt. Hieraus können im Einzelnen ggf. Vor- als auch Nachteile entstehen. Dies bedarf einer detaillierten Analyse im Einzelfall. Grundsätzlich können die im Ausland erhobenen Steuern nach Maßgabe der unilateralen Maßnahmen zur Vermeidung der Doppelbesteuerung in Deutschland[144] angerechnet werden. Hierbei sind die allgemeinen Regelungen (insbesondere zum Anrechnungshöchstbetrag) zu berücksichtigen. Bezogen auf die Belastungssituation bedeutet dies, dass jeweils die höhere Steuerbelastung – unabhängig davon, ob diese im In- oder Ausland entsteht – zur Anwendung kommt.

3.2.2.3.2 DBA-Fall

Im DBA-Fall erfolgt eine Freistellung in Deutschland für die Einkünfte der ausländischen Personengesellschaft als Betriebsstätteneinkünfte des inländischen Gesellschafters. Dies gilt zumindest insoweit, wie es sich um Unternehmensgewinne im Sinne des Art. 7 OECD-MA handelt. Folglich bedarf es der Ausübung einer gewerblichen Betätigung durch die Gesellschaft im Ausland. Die unterschiedlichen Besteuerungskonsequenzen für Einzelunternehmen und Kapitalgesellschaften als Gesellschafter von Personengesellschaften gelten auch hier, weil die Kapitalgesellschaft selbstständig abkommensberechtigte Person ist.

Ein besonderes Problem stellt die Qualifikation der Vergütungen für schuldrechtliche Verträge zwischen Gesellschaft und Gesellschafter nach Abkommensrecht dar. Während nach Auffassung der deutschen Finanzverwaltung diese ebenfalls als gewerbliche Einkünfte zu qualifizieren sind[145], geht der BFH in mittlerweile ständiger Rechtsprechung davon aus, dass die spezielleren Regelungen des Abkommens Vorrang genießen.[146] Folglich würden keine Unternehmensgewinne im Sinne von Art. 7 OECD-MA vorliegen, sondern Zinsen, Dividenden oder Lizenzen. Dabei ist ergänzend zu beachten, dass die Besteuerungsrechte für Einkünfte aus unbeweglichem Vermögen ohnehin nach Art. 6 OECD-MA zugewiesen werden. Hieraus folgt, dass der Belegenheitsstaat des Grundstücks ein Besteuerungsrecht hat und damit die gleichen Konsequenzen entstehen, wie bei Betriebsstätteneinkünften, die nach Abkommensrecht freizustellen wären.[147] Es erfolgt keine einheitliche Betrachtung, sondern eine Auftei-

---

144 Vgl. hierzu nochmals S. 23 ff.
145 Vgl. Tz. 1.1.5 Betriebsstätten-Verwaltungsgrundsätze.
146 Vgl. BFH-Urt. vom 27.2.1991, I R 15/89, BStBl. II 1991, S. 444, vom 31.5.1994, I R 74/93, BStBl. II 1995, S. 683, vom 17.12.1997, I R 34/97, BStBl. II 1998, S. 296, vom 16.10.2002, I R 17/01, BStBl. II 2003, S. 631.
147 Dies ist bedeutsam, weil Aktivitätsklauseln im Rahmen des Art. 6 OECD-MA keine Bedeutung haben und insoweit Einkünfte auch dann freizustellen sind, wenn sie infolge eines nicht erfüllten Aktivitätsvorbehalts bei einer Qualifikation als Unternehmensgewinne nicht freizustellen wären.

lung. Folglich ist eine Qualifikation nach Maßgabe der originär vorliegenden Einkunftsart vorzunehmen, wobei jede Vergütung gesondert zu betrachten ist.

3.2.2.4 Kapitalgesellschaft

Mit der Errichtung einer ausländischen Kapitalgesellschaft wird im Ausland die unbeschränkte Körperschaftsteuerpflicht begründet. Ergänzend ist zu prüfen, inwieweit ggf. zusätzliche Anknüpfungspunkte für eine weite Steuerpflicht bestehen. Dies kann z. B. hinsichtlich regionaler Steuern, vergleichbar der deutschen Gewerbesteuer, der Fall sein. Die Besteuerung der Kapitalgesellschaft im Ausland richtet sich nach den dort geltenden Regelungen. Dies gilt namentlich für die Vorschriften über die Einkommensermittlung und die Höhe der Steuersätze. Diese Regelungen sind regelmäßig unabhängig davon, wer Gesellschafter der Kapitalgesellschaft ist. Folglich ergeben sich auf Ebene der Gesellschaft keine Unterschiede in Abhängigkeit davon, ob Gesellschafter ein inländisches Einzelunternehmen oder eine inländische Kapitalgesellschaft ist. Entscheidend hierfür ist die Eigenschaft der Kapitalgesellschaft als selbstständiges Steuersubjekt. Evtl. aus Drittstaaten stammende Einkünfte unterliegen der unbeschränkten Steuerpflicht im Staat der Kapitalgesellschaft.

3.2.2.4.1 Nicht-DBA-Fall

3.2.2.4.1.1 Einzelunternehmen im Inland

So lange wie die ausländische Kapitalgesellschaft keine Ausschüttung vornimmt, erfolgt eine ausschließliche Besteuerung auf Ebene der Kapitalgesellschaft. Folglich kommt es nicht zu einer Steuerpflicht des inländischen Einzelunternehmens im Ausland. Etwas anderes gilt, wenn eine Ausschüttung beschlossen wird. Die ausländische Kapitalgesellschaft ist regelmäßig gezwungen, für den inländischen Gesellschafter eine Quellensteuer auf die Kapitaleinkünfte einzubehalten. Diese ist mehr oder weniger vergleichbar mit der deutschen Kapitalertragsteuer. Die Höhe dieses Quellensteuersatzes und die Modalitäten der Besteuerung richten sich ausschließlich nach dem Recht des Sitzstaates der Kapitalgesellschaft. In der Bundesrepublik Deutschland entstehen nach Maßgabe des Welteinkommensprinzips mit dem Zufluss der Einkünfte steuerbare und steuerpflichtige Einkünfte. Es kann eine Anrechnung der im Ausland gezahlten Quellensteuer erfolgen. Hingegen scheidet eine Anrechnung der von der ausländischen Kapitalgesellschaft gezahlten Körperschaftsteuer aus. Entscheidend hierfür ist, dass es an der Steuersubjektidentität fehlt, die Voraussetzung für eine Anrechnung der Steuer wäre. Für die Belastungsüberlegung ist hieraus die Schlussfolgerung zu ziehen, dass die im Ausland gezahlte Körperschaftsteuer grundsätzlich als definitive Belastung anzusehen ist. Nach deutschem Recht würde für die ausländischen Dividenden auf Ebene des inländischen Einzelunternehmers das Halbeinkünfteverfahren zur Anwendung kommen. Im Gegenzug ist zu berücksichtigen, dass alle

Aufwendungen im Zusammenhang mit der Beteiligung nur hälftig das Einkommen mindern dürfen.

3.2.2.4.1.2 Kapitalgesellschaft im Inland

Wird die Beteiligung an der ausländischen Kapitalgesellschaft durch eine inländische Kapitalgesellschaft gehalten, ist die ausländische Kapitalgesellschaft unbeschränkt körperschaftsteuerpflichtig im Ausland. Bis zum Zeitpunkt der Ausschüttung von eventuellen Dividenden entstehen – vorbehaltlich der Regelungen zur Hinzurechnungsbesteuerung – keine steuerpflichtigen Einkünfte in Deutschland. Dieser Grundsatz folgt dem Trennungsprinzip zwischen Kapitalgesellschaften, das grundsätzlich auch im Verhältnis zur ausländischen Kapitalgesellschaft gilt.[148] Die zufließenden Dividenden bleiben auf Ebene der inländischen Kapitalgesellschaft gem. § 8b Abs. 1 KStG steuerfrei. Allerdings ist zu beachten, dass gem. § 8b Abs. 5 KStG eine – nicht widerlegbare – Fiktion von nicht abzugsfähigen Betriebsausgaben in Höhe von 5 % der Dividendeneinnahmen erfolgt. Der sich so ergebende Betrag ist außerhalb der bilanziellen Gewinnermittlung einkommenserhöhend zu berücksichtigen. Außerdem entsteht eine Belastung mit Solidaritätszuschlag und Gewerbesteuer. Wenn die hiermit insgesamt verbundene Steuerbelastung ermittelt wird, ergibt sich diese aus der Anwendung des Prozentsatzes auf die Bemessungsgrundlage multipliziert mit dem kombinierten Ertragsteuersatz.

$$\text{Kombinierter Steuersatz} = \text{GewSt} + \text{KSt} + \text{SolZ} \quad \text{wobei}$$

$$\text{KSt} = (1 - s_{GewSt}) \cdot s_{KSt} \quad \text{und}$$

$$\text{SolZ} = \text{KSt} \cdot s_{SolZ}$$

Wobei:

$$s_{kombi} = s_{GewSt} + (1 - s_{GewSt}) \cdot s_{KSt} \cdot (1 + s_{SolZ})$$

$$s_{kombi} = 0,1837 + (1 - 0,1837) \cdot 0,25 \cdot (1 + 0,055)$$

Also:

$$s_{kombi} = 0,3989991 \equiv 39,8991\,\%$$

Für das Beispiel gilt damit: $70 \cdot 0,05 \cdot 0,3990 = 1,3965 \Rightarrow$ also gerundet: **1,40**

Zu beachten ist, dass für Zwecke der Gewerbesteuer – zumindest nach Auffassung der Finanzverwaltung – [149] die Regelung des § 8b KStG keine unmittelbare Wirkung entfaltet. Vielmehr wird aus § 9 Nr. 7 GewStG gefolgert, dass eine abweichende gewerbesteuerliche Vorschrift besteht und dadurch der allgemeine Verweis des Gewerbesteuergesetzes in § 7 GewStG auf die Regelungen des Körperschaftsteuergesetzes verdrängt wird. Folglich geht die Finanzverwaltung davon aus, dass eine Freistellung der ausländischen Dividenden für Zwecke der inländischen Gewerbesteuer nur unter

---

[148] Etwas anderes gilt lediglich in den Fällen, in denen die Hinzurechnungsbesteuerung zur Anwendung kommt.

[149] Vgl. das BMF-Schreiben vom 28. April 2003, IV A 2 – S 2750a – 7 /03, BStBl. I 2003, S. 292.

den Voraussetzungen des § 9 Nr. 7 GewStG erfolgt. Deshalb sind sowohl die Voraussetzungen hinsichtlich der Beteiligungsquote, des Beteiligungszeitpunkts und der Aktivitätsvorbehalte zu beachten. Hierbei spielen die Höhe der Beteiligung und die Aktivitätsvorbehalte eine besondere Rolle, zumal wenn die deutsche Kapitalgesellschaft durch ihre Einflussnahme auf den Ausschüttungszeitpunkt dafür sorgt, dass ggf. entstehende Probleme im Erstjahr vermieden werden können.

Sofern bei der inländischen Kapitalgesellschaft Aufwendungen im Zusammenhang mit der Beteiligung an der ausländischen Kapitalgesellschaft entstehen, sind diese grundsätzlich im Inland als Betriebsausgaben abzugsfähig. Etwas anderes gilt, wenn aufgrund spezieller Vorschriften nicht abzugsfähige Aufwendungen vorliegen.[150] Dies wäre z. B. bei Zahlungen mit Strafcharakter, wie z. B. Bußgeldern oder bei Bewirtungsaufwendungen in Höhe von 70 % der Fall. Kommt es zu einem Wertverlust der Beteiligung an der ausländischen Kapitalgesellschaft steht § 8b Abs. 3 Satz 3 KStG einer ergebniswirksamen Berücksichtigung von Teilwertabschreibungen und/oder Veräußerungsverlusten aus der Beteiligung entgegen. Bei § 8b KStG handelt es sich um eine Vorschrift, die außerhalb der bilanziellen Gewinnermittlung zu berücksichtigen ist. Folglich muss zunächst – auch im Rahmen der Steuerbilanz – eine Teilwertabschreibung auf die Beteiligung vorgenommen werden. Diese Teilwertabschreibung ist außerbilanziell zu korrigieren, indem das Einkommen um diesen Betrag erhöht wird.

Besonderheiten bei der Einbehaltung von Quellensteuern auf Dividenden bestehen, wenn die ausländische Kapitalgesellschaft in einem Mitgliedstaat der Europäischen Union ansässig ist. Allerdings handelt es sich hierbei nicht um einen Nicht-DBA-Fall, weil die Bundesrepublik Deutschland mit allen Mitgliedstaaten der Europäischen Union Doppelbesteuerungsabkommen abgeschlossen hat.

3.2.2.4.2   DBA-Fall

3.2.2.4.2.1 Einzelunternehmen im Inland

Besteht zwischen der Bundesrepublik Deutschland und dem Ansässigkeitsstaat der ausländischen Kapitalgesellschaft ein Doppelbesteuerungsabkommen, sind in Ergänzung zu den Ausführungen unter 3.2.2.4.1.1 behandelten Fall die Regelungen des Doppelbesteuerungsabkommens zu beachten. Einerseits wird die Frage behandelt, inwieweit der ausländische Staat eine Quellensteuer auf die Dividende erheben kann. Hierbei sehen die Regelungen regelmäßig vor, dass in Abhängigkeit von der Beteiligungsquote eine Begrenzung des Quellenbesteuerungsrechtes erfolgt. Im Verhältnis zu natürlichen Personen (wie auch Einzelunternehmen) sind Quoten von 15 % üblich. Aus dem jeweiligen Abkommen ergibt sich andererseits, inwieweit im Inland eine

---

[150] Vgl. z. B. Strunk/Kaminski, Steuerliche Gewinnermittlung bei Unternehmen, Kriftel 2002, S. 201 ff.

steuerliche Berücksichtigung zu erfolgen hat. Die Bundesrepublik Deutschland sieht in ihrer Abkommenspraxis regelmäßig vor, dass die Dividenden in Deutschland der Besteuerung unterliegen aber eine Anrechnung der im Ausland gezahlten – und durch das Doppelbesteuerungsabkommen begrenzten – Quellensteuer zu erfolgen hat. Hierbei gelten die Regelungen des § 34c EStG entsprechend. Da jedoch gem. § 3 Nr. 40 EStG die Dividenden nur zur Hälfte der dt. Einkommensteuer unterliegen, können auch die Quellensteuern nicht in voller Höhe, sondern nur zur Hälfte zur Anrechnung gebracht werden. Es kommt somit stets zu einer Höherbelastung mit ausländischer Quellensteuer, wenn im Ausland die Quellensteuer auf den vollen Bruttobetrag der Dividende erhoben wird und in Deutschland der Anrechnungshöchstbetrag greift. Eine Anrechnung der im Ausland von der dortigen Kapitalgesellschaft gezahlten Körperschaftsteuer scheidet aus, weil es an der erforderlichen Steuersubjektidentität fehlt.

Sofern im Zusammenhang mit der ausländischen Beteiligung Aufwendungen entstanden sind, sind diese gem. § 3c Abs. 2 EStG in Höhe von 50 % abzugsfähig. Hierbei ist zu berücksichtigen, dass sich § 3c EStG ebenfalls auf die Einkommensermittlung bezieht und nicht auf Bilanzierungsvorschriften. Hieraus folgt, dass der Einzelunternehmer im Rahmen seiner Steuerbilanz z. B. eine Teilwertabschreibung in Höhe der tatsächlichen Wertminderung vornehmen muss. Im Rahmen der Ermittlung des zu versteuernden Einkommens ist eine außerbilanzielle Korrektur in Höhe von 50 % dieser Aufwendungen zu tätigen.

3.2.2.4.2.2 Kapitalgesellschaft im Inland

Besteht zwischen der Bundesrepublik Deutschland und dem Sitzstaat der Kapitalgesellschaft ein Doppelbesteuerungsabkommen, so enthält dieses Grenzen für die Höhe der Quellensteuer, die auf Ausschüttungen der ausländischen Gesellschaft an die deutsche Kapitalgesellschaft erhoben wird. Teilweise wird diese Begrenzung von einer Mindestbeteiligungsquote abhängig gemacht. Diese Regelung wird als internationales Schachtelprivileg bezeichnet. Gebräuchlich sind hierbei Klauseln, die bei einer Beteiligungsquote von mehr als 10 % eine Reduzierung der ausländischen Quellensteuer auf 5 Prozentpunkte vorsehen. Allerdings gibt es hiervon in der deutschen Abkommenspraxis zum Teil erhebliche Abweichungen.

Ist die Kapitalgesellschaft in einem Mitgliedstaat der Europäischen Gemeinschaft ansässig, sind ergänzend die Regelungen der Mutter-Tochter-Richtlinie[151] zu beachten. Diese gehen als „höherrangiges Recht" den Vorgaben der jeweiligen Doppelbesteuerungsabkommen vor. Die Mutter-Tochter-Richtlinie sieht vor, dass auf die Einbehaltung von Quellensteuern bei Ausschüttungen einer EU-Kapitalgesellschaft an eine andere EU-Kapitalgesellschaft zu verzichten ist, sofern eine Mindestbeteiligungsquote in Höhe von 20 % erzielt wird und die Beteiligung insgesamt für einen Zeitraum von mehr als zwei Jahren gehalten wird. Einige Mitgliedstaaten sehen – zugunsten der

---

[151] 90/435/EWG, ABl. Nr. L 225/1, 225/9 vom 20.8.1990.

Steuerpflichtigen – weniger restriktive Voraussetzungen vor und verzichten auf die Einbehaltung von Kapitalertragsteuern bereits bei niedrigeren Beteiligungsquoten oder unabhängig von der Besitzzeit.[152]

3.2.2.5 Vorteilhaftigkeitsvergleich

3.2.2.5.1 Nicht-DBA-Fall

Auf der Grundlage der oben genannten Prämissen ergeben sich – in Abhängigkeit von der Rechtsform im Inland – die folgenden Belastungen:

Abbildung 3-3:   *Laufende Besteuerung der Auslandsbetriebsstätte in einem Nicht-DBA-Staat*

			PersG		KapG
1	Gewinn vor Steuern		100,00		100,00
2	Ausländische Steuer vom Gewinn (30%)	./.	30,00	./.	30,00
3	Ergebnis vor inländischer Steuer		70,00		70,00
4	zzgl. ausl. Steuer (als Teil des inl. stpfl. Einkommens)	+	30,00	+	30,00
5	ausl. Einkünfte nach deutschem Recht vor inl. Steuer		100,00		100,00
6	inl. Gewerbesteuer (gem. § 9 Nr. 3 GewStG)		--		--
7	zu versteuerndes Einkommen des inl. Steuerpflichtigen		100,00		100,00
	a) ESt (42%)	./.	42,00		
	b) KSt (25%)			./.	25,00
	c) Anrechnung der ausländischen Steuer	+	30,00	+	25,00
	d) SolZ (5,5% der verbleibenden ESt (=12) bzw. KSt (=0))	./.	0,66		-
8	Gewinn nach Steuern auf Gesellschaftsebene		57,34		70,00
9	Weiterausschüttung bei Kapitalgesellschaft				
	a) Einzubehaltende KapErtrSt (20% von 70,00)			./.	14,00
	b) SolZ auf die KapErtrSt (5,5% von 14,00)			./.	0,77
10	Vorläufiger Nettozufluss		57,34		55,23
11	Zu versteuerndes Einkommen				35,00
	a) ESt (42,0%)			./.	14,70
	b) Anrechenbare KapErtrSt			+	14,00
	c) SolZ (5,5% auf 15,44)			./.	0,81
	d) Anrechenbarer SolZ (auf die KapErtrSt entfallend – s.o.)			+	0,77
12	Endgültiger Nettozufluss beim Gesellschafter		57,34		54,49[1]

> [1]   Ergibt sich einerseits aus den steuerfreien (§ 3 Nr. 40 EStG n. F.) 35,00 und den steuerpflichtigen 35,00 nach Abzug der ESt von 14,70 und des hierauf entfallenden SolZ von 0,81.

---

[152] Hierbei ist zu beachten, dass es für die Frage, ob eine Begünstigung nach Maßgabe der Richtlinie besteht, nicht darauf ankommt, ob zum Zeitpunkt der Ausschüttung bereits die Beteiligung zwei Jahre bestand, sondern lediglich darauf, ob insgesamt die Beteiligung entsprechend lange gehalten wird, sodass ggf. zu späteren Zeitpunkten Erstattungen vorzunehmen sind. Dies wäre dann notwendig, wenn zum Zeitpunkt der Ausschüttung die Beteiligung noch nicht für den entsprechenden Zeitraum bestand, aber gleichwohl zu einem späteren Zeitpunkt dieses zeitliche Erfordernis erfüllt wird, also die verlangte Besitzdauer überschritten wird.

Abbildung 3-4: Laufende Besteuerung der Tochterkapitalgesellschaft in einem Nicht-DBA-Staat

		PersG		KapG
1	Gewinn vor Steuern		100,00		100,00
2	Ausländische Steuer vom Gewinn (30%)	./.	30,00	./.	30,00
3	Ergebnis der TG nach ausländischer KSt		70,00		70,00
4	Ausl. KapErtrSt (Quellensteuer v. 20%)	./.	14,00	./.	14,00
5	Ergebnis vor inländischer Steuer		56,00		56,00
6	Zzgl. ausl. Quellensteuer (§ 12 Nr. 3 sowie § 10 Nr. 2 KStG)	+	14,00	+	14,00
7	Ausl. Einkünfte nach inl. Recht vor inl. Steuer		70,00		70,00
8	Inl. Gewerbesteuer		--		--
9	Zu versteuerndes Einkommen		35,00		0,00
	a) ESt (42,0%)	./.	14,70		
	Anrechnung (§ 34c Abs. 1 EStG)	+	14,00		
	b) KSt: Steuerfreiheit nach § 8b Abs.1 – Abs. 5 beachten!!			./.	1,40
	c) SolZ (5,5% von 14,70 – 14,00)	./.	0,04		0,00
10	Gewinn nach Steuern[1]		55,26		54,60
11	Weiterausschüttung an den Anteilseigner				54,60
	a) Einzubehaltende KapErtrSt (20% von 54,60)			./.	10,92
	b) SolZ auf die KapErtrSt (5,5% von 10,92)			./.	0,60
12	Vorläufiger Nettozufluss				43,08
13	Zu versteuerndes Einkommen des Gesellschafters				27,30
	a) ESt (42,0%)			./.	11,47
	b) Anrechenbare KapErtrSt			+	10,92
	c) SolZ (5,5% auf 11,47)			./.	0,63
	d) Anrechenbarer SolZ (auf die KapErtrSt entfallende – s.o.)			+	0,60
14	Nettozufluss beim Gesellschafter				42,50

[1] Der Gewinn n. St. bleibt bei der PersG-Alternative unverändert. Bei der KapG-Alternative entspricht er dem Gewinn nach Steuern im Thesaurierungsfall.

Wie die vorstehenden Berechnungen zeigen, ist die Alternative Betriebsstätte stets günstiger als die der Kapitalgesellschaft. Entscheidend hierfür ist, dass im Fall der ausländischen Kapitalgesellschaft eine Belastung mit ausländischer Körperschaftsteuer entsteht, die im Inland nicht anrechenbar ist. Hierfür wäre Voraussetzung, dass die Steuersubjektidentität gegeben ist. Da die Kapitalgesellschaft ein eigenes Steuersubjekt ist, liegt diese gerade nicht vor. Vielmehr kann nur die einbehaltene Quellensteuer angerechnet werden. Bei einer inländischen Kapitalgesellschaft ist die Alternative Betriebsstätte ebenfalls günstiger. Ursächlich hierfür ist, dass infolge der Steuerfreiheit von ausländischen Dividenden auf Ebene der inländischen Kapitalgesellschaft – abgesehen von der Regelung des § 8b Abs. 5 KStG – eine Anrechnung der ausländischen Quellensteuer nicht erfolgen kann und die Anrechnung der ausländischen Körperschaftsteuer infolge der fehlenden Steuersubjektidentität ebenfalls ausscheidet. Erfolgt eine Weiterausschüttung an den Gesellschafter der inländischen Kapitalgesellschaft, besteht infolge der Abschirmwirkung keine Anrechnungsmöglichkeit. Vielmehr unterliegen diese Einkünfte vollumfänglich dem Halbeinkünfteverfahren, ohne dass eine Entlastung erfolgt. Damit liegt im Ergebnis eine dreifache Besteuerung vor: ausländische Körperschaftsteuer, ausländische Quellensteuer für Rechnung der inländischen Kapitalgesellschaft sowie bei der natürlichen Person im Inland mit Einkommensteuer.

3.2.2.5.2 DBA-Fall

Auf der Grundlage der oben genannten Prämissen ergeben sich – in Abhängigkeit von der Rechtsform im Inland – die folgenden Belastungen:

Abbildung 3-5:   *Laufende Besteuerung der Auslandsbetriebsstätte in einem DBA-Staat*

			PersG		KapG
1	Gewinn vor Steuern		100,00		100,00
2	Ausländische Steuer vom Gewinn (30%)	./.	30,00	./.	30,00
3	Ergebnis vor inländischer Steuer		70,00		70,00
4	inl. Gewerbesteuer (gem. § 9 Nr. 3 GewStG)		--		--
5	Keine inl. ESt bzw. KSt, da Freistellung gem. DBA		--		--
6	Gewinn nach Steuern auf Gesellschaftsebene		70,00		70,00
7	Weiterausschüttung bei Kapitalgesellschaft				
	a) Einzubehaltende KapErtrSt (20% von 70,00)			./.	14,00
	b) SolZ auf die KapErtrSt (5,5% von 14,00)			./.	0,77
8	Vorläufiger Nettozufluss		70,00		55,23
9	Zu versteuerndes Einkommen				35,00
	a) ESt (42,0%)			./.	14,70
	b) Anrechenbare KapErtrSt			+	14,00
	c) SolZ (5,5% auf 14,70)			./.	0,81
	d) Anrechenbarer SolZ (auf die KapErtrSt entfallend – s.o.)			+	0,77
10	Endgültiger Nettozufluss beim Gesellschafter		70,00		54,49[1]

[1]   Einschließlich der nach § 3 Nr. 40 EStG steuerfreien 35.

Abbildung 3-6:   *Laufende Besteuerung der Tochterkapitalgesellschaft in einem DBA-Staat*

			PersG		KapG
1	Gewinn vor Steuern		100,00		100,00
2	Ausländische Steuer vom Gewinn (30%)	./.	30,00	./.	30,00
3	Ergebnis der TG nach ausl. KSt		70,00		70,00
4	Ausl. KapErtrSt (Quellensteuer: 5%)	./.	3,50		--
5	Nettozufluss auf Ebene der Gesellschaft		66,50		70,00
6	Ausl. Einkünfte nach inl. Recht vor inl. Steuer (§ 12 Nr. 3 EStG)		70,00		70,00
7	inl. Gewerbesteuer (gem. § 9 Nr. 7 GewStG bzw. DBA-Freistellung)		--		--
8	a) ESt (42,0% auf 35 wegen Halbeinkünfteverfahren)	./.	14,70		100,00
	Anrechnung gem. DBA i. V. m. § 34c Abs. 6 EStG	+	3,50		
	b) KSt Freistellung gem. DBA i. V. m. § 8b Abs. 1 KStG				--
	c) Nicht abzugsfähige Betriebsausgaben (§ 8b Abs. 5 KStG)			./.	1,40
	d) SolZ (5,5% von 14,70 – 3,50)	./.	0,62		--
8	Gewinn nach Steuern		54,68		68,60
9	Weiterausschüttung bei Kapitalgesellschaft				
	a) Einzubehaltende KapErtrSt (20% von 68,60)			./.	13,72
	b) SolZ auf die KapErtrSt (5,5% von 14,70)			./.	0,75
10	Verläufiger Nettozufluss				54,13
11	Zu versteuerndes Einkommen des Gesellschafters				34,30
	a) ESt (42,0%)			./.	14,41
	b) Anrechenbare KapErtrSt			+	13,72
	c) SolZ (5,5% auf 14,41)			./.	0,79
	d) Anrechenbarer SolZ (auf die KapErtrSt entfallend – s.o.)			+	0,75
12	Endgültiger Nettozufluss beim Gesellschafter		54,68		53,40

Die Ausgestaltungsform „Betriebsstätte" erweist sich sowohl für Personen- als auch für ausländische Kapitalgesellschaften als vorteilhaft. Entscheidend hierfür ist, dass bei Wahl der ausländischen Kapitalgesellschaft stets zusätzlich eine Belastung mit Quellensteuern eintritt. Diese kann zwar bei den Gesellschaftern der inländischen Personengesellschaft angerechnet werden, doch ist zu berücksichtigen, dass diese Einkünfte in Deutschland nicht nach Abkommensrecht steuerfrei sind. Vielmehr hat Deutschland ein Besteuerungsrecht, das auch ausgenutzt wird. Als Maßnahme zur Vermeidung der Doppelbesteuerung erfolgt lediglich die Anrechnung der ausländischen Quellensteuer im Rahmen der allgemeinen Grenzen. Diese ist möglich, weil es sich hierbei um eine Steuerschuld des inländischen Gesellschafters handelt, sodass die Steuersubjektidentität gegeben ist. Ferner ist zu beachten, dass im Fall der ausländischen Betriebsstätte die Betriebsstättenfreistellung nach Abkommensrecht bereits auf Ebene des Gesellschafters zur Anwendung kommt, während diese bei einer inländischen Kapitalgesellschaft zwar auf Ebene der Gesellschaft zu einer Steuerfreiheit führt. Wird jedoch eine Weiterausschüttung an den inländischen Gesellschafter vorgenommen, erfolgt eine erneute Besteuerung im Rahmen des Halbeinkünfteverfahrens. Werden Gewinne auf Ebene der inländischen Kapitalgesellschaft thesauriert, führt lediglich die Betriebsausgabenpauschale des § 8b Abs. 5 KStG zu einem steuerlichen Nachteil für die Kapitalgesellschaftsalternative.

Wird berücksichtigt, dass die Körperschaftsteuersätze regelmäßig niedriger sind als diejenigen für natürliche Personen, entsteht im Fall der Kapitalgesellschaft zunächst ein Vorteil, der sich jedoch durch die Dividendenbesteuerung beim Gesellschafter in einen Nachteil umwandelt. In den Fällen des Einzelunternehmens mit Betriebsstättenfreistellung unterliegen die Gewinne aus der Betriebsstätte nur in Höhe der ausländischen Steuerbelastung – ggf. ergänzt um zusätzliche Belastungen infolge des Progressionsvorbehaltes – der Besteuerung. Dies ist ein deutlicher steuerlicher Vorteil, wenn im Ausland eine niedrige Besteuerung gegeben ist. Damit besteht die Möglichkeit einer niedrigeren Steuerbelastung, als diese bei einem reinen Inlandsinvestment entstanden wäre.

3.2.3 Inbound-Fall

▦ Welche steuerlichen Konsequenzen sind mit den unterschiedlichen Ausgestaltungsmöglichkeiten von Inbound-Investments verbunden?

Wie beim Outbound-Fall[153] lassen sich im Inbound-Fall die vier folgenden unterschiedlichen Ausprägungsformen differenzieren:

---

[153] Vgl. nochmals S. 97 ff.

- Direktgeschäft,

- Betriebsstätte,

- Personengesellschaft und

- Kapitalgesellschaft.

Die Frage, welche der Alternativen vorliegt, ist für Zwecke der deutschen Besteuerung ausschließlich nach Maßgabe der deutschen steuerlichen Regelungen (ggf. unter Rückgriff auf das Zivilrecht) zu beantworten. Denkbar ist, dass unterschiedliche Auffassungen zwischen den beteiligten Finanzverwaltungen bestehen. Dies ist für die Besteuerung in Deutschland zunächst irrelevant. Etwas anderes kann sich dann ergeben, wenn die Staaten im Rahmen von bilateralen Konsultationen zu einer einheitlichen Lösung kommen.

3.2.3.1 Direktgeschäft

- Welche steuerlichen Konsequenzen sind mit einem Direktgeschäft verbunden?

Wie bereits ausgeführt, ist ein Direktgeschäft dadurch gekennzeichnet, dass Anknüpfungspunkte für die Besteuerung im Tätigkeitsstaat nicht geschaffen werden. Hieraus folgt, dass die Aktivitäten so zu gestalten sind, dass in der Bundesrepublik Deutschland weder eine beschränkte noch eine unbeschränkte Steuerpflicht gegeben ist. Während die Begründung der unbeschränkten Steuerpflicht eine vergleichsweise qualifizierte Anknüpfung verlangt, ist dies bei der beschränkten Steuerpflicht anders. Insbesondere Betriebsstätten können sehr schnell entstehen.[154] Folglich sollte der Steuerpflichtige sehr sorgfältig darauf achten, dass auch durch unvorhergesehene Ereignisse nicht die Begründung einer Betriebsstätte in der Bundesrepublik Deutschland erfolgt. Sofern dies gelingt, besteht kein Anknüpfungspunkt für die deutsche Besteuerung. Damit erfolgt deutscherseits kein Zugriff auf eventuell entstehende Gewinne. Inwieweit das Ausland eine Besteuerung vornimmt, richtet sich ausschließlich nach dessen Recht. Im Zweifel ist jedoch davon auszugehen, dass diese entsprechend dem Welteinkommensprinzip die auch in Deutschland erzielten Einkünfte seiner Besteuerung unterwirft. Hierbei wird regelmäßig eine Einkommensermittlung nach Maßgabe der Gewinnermittlungsvorschriften des Auslandes zu erfolgen haben.

---

[154] Vgl. nochmals die Ausführungen zur Abgrenzung des Betriebsstättenbegriffs auf S. 52 ff.

3.2.3.2 Betriebsstätte

▪ Welche Konsequenzen ergeben sich aus dem Bestehen einer Betriebsstätte?

▪ Inwieweit kommt hierbei der Rechtsform des ausländischen Stammhauses Bedeutung zu?

Bei Inbound-Aktivitäten richtet sich die Frage, ob in Deutschland eine Betriebsstätte begründet wird, ausschließlich nach § 12 AO. Hingegen ist für Zwecke der deutschen Besteuerung die – möglicherweise abweichende – Definition des Auslandes irrelevant. Zur Abgrenzung des Betriebsstättenbegriffs wird auf S. 52 ff. verwiesen.

Für die weiteren Ausführungen ist zwischen dem Fall mit und ohne Doppelbesteuerungsabkommen zu differenzieren. Ausschlaggebend hierfür ist, dass in den Doppelbesteuerungsabkommen möglicherweise Grenzen für Besteuerungsrechte enthalten sind, die insoweit zu abweichenden Ergebnissen führen. Ein ständiger Vertreter wird regelmäßig der Betriebsstätte gleichgestellt.

3.2.3.2.1 Nicht-DBA-Fall

Das Unterhalten einer inländischen Betriebsstätte begründet für den ausländischen Unternehmer eine beschränkte Steuerpflicht in Deutschland.[155] Hierbei entscheidet die Rechtsform, in dem das ausländische Stammhaus geführt wird, über die Frage, ob dies eine beschränkte Einkommen- oder Körperschaftsteuerpflicht ist.

3.2.3.2.1.1 Einzelunternehmen im Ausland

Handelt es sich um einen Einzelunternehmer, wird in Deutschland die beschränkte Einkommensteuerpflicht begründet. Hieraus folgt, dass die allgemeinen Grundsätze zur Besteuerung beschränkt steuerpflichtiger natürlicher Personen zur Anwendung kommen.[156] Werden in Deutschland von der Betriebsstätte gewerbliche Einkünfte erzielt, unterliegen diese als solche der deutschen Besteuerung. Liegen nichtgewerbliche Einkünfte vor ist zu prüfen, ob dadurch die Tatbestandsmerkmale einer anderen Einkunftsart im Sinne von § 49 EStG erfüllt werden. Ist dies nicht der Fall, liegt keine beschränkte Steuerpflicht vor.

---

[155] Vgl. § 49 Abs. 1 Nr. 2 Buchst. a EStG.
[156] Vgl. z. B. Kaminski/Strunk, Grundlagen der Besteuerung unternehmerischer Tätigkeit, Kriftel 2001, S. 68 ff., m. w. N.

3.2.3.2.1.2 Kapitalgesellschaft im Ausland

In den Fällen der ausländischen Kapitalgesellschaft wird eine beschränkte Körperschaftsteuerpflicht in Deutschland begründet. Dies ergibt sich aus § 49 Abs. 1 Nr. 2 Buchst. a EStG i. V. m. § 2 Abs. 2 KStG. Hierbei kommen grundsätzlich die gleichen Besteuerungsregelungen zur Anwendung wie für unbeschränkt Steuerpflichtige. Dies gilt insbesondere für die Höhe der Steuersätze. Allerdings ist zu beachten, dass die beschränkt Steuerpflichtigen nur mit ihren inländischen Einkünften i. S. d. § 49 EStG der Besteuerung unterliegen. Folglich wird nicht das Welteinkommen in Deutschland erfasst. Wie der ausländische Staat als Ansässigkeitsstaat der Kapitalgesellschaft in diesen Fällen die möglicherweise eintretende Doppelbesteuerung mildert oder vermeidet kann nur im Einzelfall unter Berücksichtigung des nationalen Rechts entschieden werden. Entsprechendes gilt für die Frage der steuerlichen Berücksichtigung von Aufwendungen im Zusammenhang mit der Geschäftsaktivität in Deutschland sowie eventuell entstehender Verluste.

3.2.3.2.2   DBA-Fall

3.2.3.2.2.1 Einzelunternehmen im Ausland

Besteht zwischen der Bundesrepublik Deutschland und dem ausländischen Staat ein Doppelbesteuerungsabkommen, belässt dieses in der Regel das Besteuerungsrecht für die durch den Ausländer in Deutschland erzielten Betriebsstätteneinkünfte in Deutschland. Insoweit erfolgt keine Einschränkung der Besteuerungsrechte. Etwas anderes gilt teilweise für die Besteuerung durch den ausländischen Staat im Rahmen der dort gegebenen unbeschränkten Steuerpflicht. Die Abkommen sehen entweder eine Freistellung im Ausland oder zumindest die Anwendung der Anrechnungsmethode vor. Ggf. sind ergänzend die Regelungen über Aktivitätsvorbehalte und den Progressionsvorbehalt zu berücksichtigen. Welche dieser Regelungen zur Anwendung kommen, kann nicht pauschal beantwortet werden, sondern ist von den Vorschriften im jeweiligen DBA abhängig.

3.2.3.2.2.2 Kapitalgesellschaft im Ausland

Es entsteht eine beschränkte Körperschaftsteuerpflicht in Deutschland. Das Doppelbesteuerungsabkommen führt nicht zu einer Einschränkung des deutschen Besteuerungsrechts, sondern weist allenfalls Grenzen für die ausländische Besteuerung auf. Ergänzend ist zu berücksichtigen, dass die Regelungen des Progressionsvorbehaltes bei Kapitalgesellschaften in der Regel keine Bedeutung haben, weil bei Kapitalgesellschaften typischerweise – auch im Ausland – kein progressiver Steuersatz vorgesehen ist, sodass ein eventuell im Abkommen vereinbarter Progressionsvorbehalt nicht zu höheren Belastungen führt. Gesondert zu berücksichtigen ist, wie nach ausländischem

Recht Aufwendungen im Zusammenhang der deutschen Kapitalgesellschaft zu behandeln sind. In Abhängigkeit von der im Ausland vorgesehenen Methode zur Vermeidung der Doppelbesteuerung nach dem jeweiligen DBA dürften sich insoweit Besonderheiten ergeben.

3.2.3.3 Ergänzende Besonderheiten bei Personengesellschaften

Beteiligt sich ein Steuerausländer an einer inländischen Personengesellschaft, so führt dies grundsätzlich zur beschränkten Steuerpflicht des Ausländers im Inland. Dies gilt jedoch nur für den Fall, dass die Personengesellschaft im Inland gewerblich tätig ist und eine Betriebsstätte unterhält. In diesem Fall gilt die Betriebsstätte der Personengesellschaft als eine solche des Gesellschafters. Diese Rechtsfolgen ergeben sich unabhängig davon, ob auch nach Auffassung des ausländischen Rechts eine Personengesellschaft gegeben ist oder ob die Gesellschaft nach dem Rechtsverständnis des anderen Staates als Kapitalgesellschaft zu qualifizieren ist.[157] Auch hier ist grundsätzlich zwischen dem Nicht-DBA- und dem DBA-Fall zu unterscheiden. Allerdings ergeben sich insoweit keine Abweichungen im Verhältnis zum Betriebsstättenfall.

Besonderheiten können sich ergeben, wenn schuldrechtliche Verträge zwischen der inländischen Personengesellschaft und dem ausländischen Gesellschafter vereinbart worden sind. Hier stellt sich die Frage, inwieweit eine Besteuerung dieser Vergütung durch die Bundesrepublik Deutschland erfolgt. Nach Auffassung der deutschen Finanzverwaltung[158] ist davon auszugehen, dass diese Einkünfte ebenfalls als Betriebsstätteneinkünfte der deutschen Besteuerung unterliegen. Dieser Auffassung ist der BFH jedoch zumindest für die Fälle des Abkommensrechts nicht gefolgt.[159] Er geht davon aus, dass die jeweils spezielleren Regelungen des Doppelbesteuerungsabkommens zur Anwendung kommen. Hieraus folgt, dass die Bundesrepublik Deutschland regelmäßig kein unbeschränktes, sondern lediglich ein der Höhe nach beschränktes Besteuerungsrecht hat. In welchem Umfang dies der Fall ist, richtet sich nach dem jeweiligen Abkommen und in Abhängigkeit davon, welcher Abkommensartikel einschlägig ist und ob ggf. weitere Voraussetzungen erfüllt sind.

Ausschlaggebend für diese Abweichungen im Verhältnis zum Betriebsstättenfall ist die besondere Situation von Personengesellschaften. Folglich wäre eine vollständige

---

157 Dies kann insbesondere bei solchen Personengesellschaften der Fall sein, bei denen ausschließlich juristische Personen als Vollhafter beteiligt sind, wie dies typischerweise bei der GmbH & Co. KG der Fall ist.

158 Vgl. Tz. 1.2.3 des BMF-Schreibens vom 24.12.1999, IV B 4 – S 1300 – 111/99, BStBl. I 1999, S. 1076 (Grundsätze der Verwaltung für die Prüfung der Aufteilung der Einkünfte bei Betriebsstätten international tätiger Unternehmen – Betriebsstätten-Verwaltungsgrundsätze), geändert durch BMF vom 20.11.2000, IV B 4 – S 1300 – 111/00, BStBl. I 2000, S. 1509.

159 Vgl. BFH-Urt. vom 27.2.1991, I R 15/89, BStBl. II 1991, S. 444, vom 31.5.1994, I R 74/93, BStBl. II 1995, S. 683, vom 17.12.1997, I R 34/97, BStBl. II 1998, S. 296 und vom 16.10.2002, I R 17/01, BStBl. II 2003, S. 631.

Übernahme der für Betriebsstätten geltenden Grundsätze nicht sachgerecht. Dadurch könnten Besteuerungslücken entstehen, weil insbesondere Vergütungen, die im Verhältnis zwischen Personengesellschaft und dem an ihr beteiligten Gesellschafter gezahlt werden, nicht der Besteuerung unterlägen.

3.2.3.4 Kapitalgesellschaft

▪ Welche Besonderheiten bestehen bei der Errichtung einer inländischen Kapitalgesellschaft durch einen Ausländer?

▪ Welche zivilrechtlichen Anforderungen sind dabei zu berücksichtigen?

▪ Welche Besonderheiten bestehen in Abhängigkeit von der Ansässigkeit des Investors?

Die Errichtung einer Kapitalgesellschaft im Inland richtet sich grundsätzlich nach den inländischen, zivilrechtlichen Vorgaben.[160] Gem. § 1 Abs. 1 KStG sind Kapitalgesellschaften, die ihren Sitz und/oder den Ort ihrer Geschäftsleitung im Inland haben, in Deutschland mit ihren weltweit erzielten Einkünften steuerpflichtig. Diese Steuerpflicht besteht außerdem auch für die Gewerbesteuer, weil Kapitalgesellschaften einen Gewerbebetrieb kraft Rechtsform unterhalten.

3.2.3.4.1   Nicht-DBA-Fall

3.2.3.4.1.1 Einzelunternehmen im Ausland

Ist ein ausländischer Einzelunternehmen an einer inländischen Kapitalgesellschaft beteiligt und besteht zwischen der Bundesrepublik Deutschland und dem Ansässigkeitsstaat des Einzelunternehmers kein Doppelbesteuerungsabkommen, so würden sich hinsichtlich der Besteuerung der Kapitalgesellschaft in Deutschland zunächst keine Auswirkungen ergeben. Hintergrund hierfür ist, dass grundsätzlich die Abschottungswirkung von Kapitalgesellschaften – auch international – anerkannt wird.[161] Werden Ausschüttungen vorgenommen, ist die deutsche Kapitalgesellschaft verpflichtet, für alle Ausschüttungen an den (ausländischen) Gesellschafter Kapitaler-

---

[160] Denkbar wäre auch, dass eine ausländische Gesellschaft errichtet wird und diese dann anschließend unter Wahrung ihrer Identität nach Deutschland verlagert wird. Dies gilt z. B. für die in den letzten Jahren sehr häufig verwendete Limited. Dieser Fall wird im Weiteren nicht näher betrachtet.

[161] Etwas anderes kann lediglich in den Fällen gelten, in denen die ausländische Finanzverwaltung entweder die deutsche Kapitalgesellschaft als nicht existent betrachtet (etwa aufgrund von Missbrauchsklauseln) oder die Regelungen einer eventuellen CFC-Legislation einschlägig sind.

tragsteuer einzubehalten. Diese beträgt 20 % der Ausschüttungen. Da kein Doppelbesteuerungsabkommen besteht, gibt es hinsichtlich der Höhe des Quellensteuersatzes keine Begrenzung. Gleichzeitig kommt es gem. § 49 Abs. 1 Nr. 5 EStG i. V. m. § 1 Abs. 4 EStG zur beschränkten Steuerpflicht des ausländischen Einzelunternehmers. Ausschlaggebend hierfür ist, dass nach Auffassung des deutschen Gesetzgebers das Beziehen von Dividenden aus einer inländischen Kapitalgesellschaft eine ausreichende Verbindung zwischen den Einkunftsquellen und der Bundesrepublik Deutschland schafft, um hiermit einen Besteuerungszugriff zu rechtfertigen. Zugleich gilt mit Einbehaltung der Quellensteuer die inländische Besteuerung als abgegolten. Folglich findet eine Bruttobesteuerung statt, das heißt, der ausländische Einzelunternehmer hat für Zwecke der inländischen Besteuerung nicht die Möglichkeit, eventuelle Aufwendungen im Zusammenhang mit seiner Beteiligung an der deutschen Kapitalgesellschaft steuerlich geltend zu machen. Vielmehr erfolgt eine sehr starke Pauschalierung durch den deutschen Gesetzgeber, der zwar einen vergleichsweise niedrigen Steuersatz (20 %) anwendet, andererseits aber eine individuelle Ermittlung der Nettoeinkünfte nicht vorsieht. Ob dies tatsächlich eine günstigere Regelung ist, ist fraglich. Dies wird durch die Höhe der Aufwendungen im Zusammenhang mit der deutschen Beteiligung determiniert.[162]

Die Besteuerung im Ausland beim Einzelunternehmer richtet sich nach dem nationalen Recht. Es ist davon auszugehen, dass Dividendeneinkünfte dort steuerpflichtig sind und regelmäßig eine Anrechnung der in Deutschland gezahlten Steuer – ggf. unter Berücksichtigung eines Anrechnungshöchstbetrages und weiterer Voraussetzungen – erfolgen kann. Hierbei führt das dort geltende Welteinkommensprinzip dazu, dass grundsätzlich auch eventuelle Aufwendungen im Zusammenhang mit der deutschen Beteiligung im Ausland abzugsfähig sein müssten. Teilweise stehen dem spezielle Regelungen des ausländischen Rechts entgegen.

3.2.3.4.1.2 Kapitalgesellschaft im Ausland

Wird die Beteiligung an der **inländischen** Kapitalgesellschaft durch eine ausländische Kapitalgesellschaft gehalten, so sind die Regelungen sehr stark mit dem unter 3.2.3.4.1.1 behandelten Fall vergleichbar. Bis zum Zeitpunkt der Ausschüttung entstehen keine steuerlichen Konsequenzen, sofern das Ausland die Abschirmwirkung zwischen in- und ausländischer Kapitalgesellschaft akzeptiert. Erfolgt eine Ausschüttung, führt dies zur Kapitalertragsteuerpflicht, mit der im Rahmen einer Bruttobesteuerung die deutsche Besteuerung als abgegolten anzusehen ist.

Die Besteuerung **im Ausland** richtet sich nach dem dortigen Recht. Hierbei ist zu entscheiden, inwieweit eine Anrechnung der in Deutschland gezahlten Quellensteuer

---

[162] Da die Bundesrepublik Deutschland mit allen Mitgliedstaaten der EG entsprechende Doppelbesteuerungsabkommen hat, kann sich hier die Frage der Vereinbarkeit mit den Vorgaben des EG-Vertrages nicht stellen.

erfolgen kann. Zugleich muss davon ausgegangen werden, dass das Ausland regelmäßig eine Anrechnung der in Deutschland gezahlten Körper- und Gewerbesteuer nicht zulassen wird. Ausschlaggebend hierfür ist, dass eine Steuersubjektidentität nicht gegeben ist. Vielmehr wird die Körperschaft- und Gewerbesteuer von der deutschen Kapitalgesellschaft erhoben, während die Quellensteuer eine originäre Steuerpflicht der ausländischen Kapitalgesellschaft in Deutschland ist.

3.2.3.4.2 DBA-Fall

3.2.3.4.2.1 Einzelunternehmen im Ausland

Besteht ein DBA, so ergeben sich Besonderheiten nur im grenzüberschreitenden Verhältnis. Hieraus folgt, dass frühestens zum Zeitpunkt der Ausschüttung und damit dem Einbehalt der Quellensteuer sich eine Einschränkung von Besteuerungsrechten ergeben kann. Inwieweit tatsächlich Restriktionen zu beachten sind, hängt davon ab, inwieweit das Doppelbesteuerungsabkommen Grenzen für Quellenbesteuerungsrechte enthält. Für Dividenden ist häufig vorgesehen, dass für natürliche Personen (und damit auch Einzelunternehmen) eine Beschränkung des Quellensteuerrechts erfolgt. Die Höhe dieses danach noch zulässigen Satzes richtet sich nach dem jeweiligen DBA. Üblich sind Quoten zwischen 5 und 15 %. Besteht eine solche Begrenzung, muss die Bundesrepublik Deutschland ihre Quellensteuer (einschließlich Solidaritätszuschlag) insoweit verringern.

Die Besteuerungskonsequenzen **im Ausland** richten sich nach dem dortigen Recht und dem Abkommensrecht. Regelmäßig ist davon auszugehen, dass das Ausland eine Besteuerung der Dividenden vorsieht und auch das Doppelbesteuerungsabkommen lediglich zu einer Vermeidung der Doppelbesteuerung führen soll, aber nicht zwingend zu einer Freistellung. Für Dividenden an natürliche Personen wird häufig die Anrechnungsmethode zur Anwendung kommen. Hierbei sind ggf. bestehende Begrenzungen (wie z. B. der Anrechnungshöchstbetrag) und formale Voraussetzungen (wie z. B. die Vorlage von Steuererklärungen) zu beachten. Auch hinsichtlich der Regelungen zur Berücksichtigung von Aufwand im Zusammenhang mit der deutschen Beteiligung, ist das ausländische Recht insoweit maßgebend.

3.2.3.4.2.2 Kapitalgesellschaft im Ausland

Bei der ausländischen Kapitalgesellschaft als Gesellschafter sind ergänzend die Regelungen des Abkommensrechts zu berücksichtigen. Diese sehen – wie bereits für den Outbound-Fall dargestellt[163] – eine Begrenzung der Höhe des Quellenbesteuerungsrechtes vor. Die deutschen Abkommen enthalten jeweils Quellensteuersätze

---

[163] Vgl. S. 104 ff.

zwischen 5 und 15 %. Insofern muss die Bundesrepublik Deutschland eine Reduzierung dieser Sätze vornehmen. Eine Besonderheit besteht, wenn die ausländische Kapitalgesellschaft in einem Mitgliedstaat der Europäischen Union ansässig ist. In einem solchen Fall sind ergänzend die unter 3.2.2.4.2.2 dargestellten Regelungen der Mutter-Tochter-Richtlinie zu berücksichtigen. Folglich hat in diesen Fällen, bei denen eine Ausschüttung von einer EU-Kapitalgesellschaft an eine andere EU-Kapitalgesellschaft erfolgt, die Einbehaltung von Kapitalertragsteuer vollständig zu unterbleiben.

Die Besteuerungskonsequenzen im Ausland richten sich nach dem dortigen Recht. Hierbei sind ggf. auch Abzugsverbote für Aufwendungen im Zusammenhang mit ausländischen Kapitalgesellschaftsbeteiligungen zu berücksichtigen.

3.2.3.5 Vorteilhaftigkeitsvergleich

Auf Grundlage der oben unter 3.2.1 dargestellten Prämissen werden im Folgenden die entstehenden Belastungen quantifiziert, um so eine Entscheidung über die Vorteilhaftigkeit treffen zu können.

3.2.3.5.1 Nicht-DBA-Fall

In Abhängigkeit von der ausländischen Rechtsform ergeben sich die folgenden Besteuerungskonsequenzen:

Abbildung 3-7:   *Laufende Besteuerung einer inländischen Betriebsstätte eines ausländischen Investors im Nicht-DBA-Fall*

		PersG		KapG
1	Gewinn vor Steuern		100,00		100,00
2	GewSt	./.	18,37	./.	18,37
3	Zu versteuerndes Einkommen		81,63		81,63
4	ESt ⇨ § 35 EStG (42,0% · 81,63) ./. 7,35[1] KSt (25%)	./.	26,93	./.	20,41
5	SolZ auf ESt bzw. KSt	./.	1,48	./.	1,12
6	Gewinn nach deutschen Steuern		53,22		60,10
7	Ausl. Einkünfte nach ausl. Recht vor ausl. Steuer		81,63		81,63
8	ESt (50%) KSt (34%)	./.	40,82	./.	27,75
9	Anrechnung der dt. Steuer	+	28,41	+	21,53
10	Nettozufluss bzw. Ausschüttung durch die Mutter		40,81		53,88
11	Steuer auf Ausschüttung bei der nat. Pers. (25%)				13,47
12	Nettozufluss beim AntE		40,82		40,41

[1] „Anrechnungsbetrag" = (18,37/4,5) * 1,8 = 7,35.

Abbildung 3-8: *Laufende Besteuerung einer inländischen Kapitalgesellschaft eines ausländischen Investors im Nicht-DBA-Fall*

			PersG		KapG
1	Gewinn vor Steuern		100,00		100,00
2	GewSt	./.	18,37	./.	18,37
3	Zu versteuerndes Einkommen		81,63		81,63
4	KSt (25%)	./.	20,41	./.	20,41
5	SolZ auf KSt	./.	1,12	./.	1,12
6	Gewinn nach deutschen Steuern bei Thesaurierung		60,10		60,10
7	Ausschüttung a) KapErtrSt (20% von 60,10)[1] b) SolZ auf KapErtrSt (5,5% von 12,02)	./. ./.	12,02 0,66	./. ./.	12,02 0,66
8	Nettodividende		47,42		47,42
9	Bruttodividende		60,10		60,10
10	a) Ausländische ESt (50%) b) Ausländische KSt (Steuerfreiheit unterstellt)	./.	30,05		– –
11	Anrechnung	+	12,68		–
12	Nettozufluss bzw. Ausschüttung durch die Mutter		30,05		47,42
13	ESt des AntE (25%)			./.	11,86
14	Nettozufluss beim AntE		30,05		35,66

[1] Beachte: Im EU-Fall würde infolge der MT-RL keine KapErtrSt einzubehalten sein. Allerdings gibt es den Nicht-DBA-Fall dann aus dt. Sicht nicht.

Im Inland zeigen sich die allgemeinen Besteuerungsunterschiede zwischen Personen- und Kapitalgesellschaften. Alle weiteren Besteuerungsfolgen richten sich nach ausländischem Recht. Im vorliegenden Fall ergibt sich ein Vorteil für die Betriebsstätte. Allerdings ist dieser Unterschied so gering, dass kaum davon ausgegangen werden kann, dass hiermit ein Einfluss auf die Ausgestaltung des Auslandsengagements verbunden ist. Folglich wird eine Entscheidung i. d. R. auf Grund nichtsteuerlicher Faktoren getroffen.

Aus Sicht des ausländischen Gesellschafters ist in den Fällen der Thesaurierung die inländische Kapitalgesellschaft stets vorteilhaft. Dies ergibt sich auf Grund der allgemeinen Vorteilhaftigkeit der thesaurierenden Kapitalgesellschaft im Vergleich mit einer Personengesellschaft, sofern die oben genannten Prämissen berücksichtigt werden. Allerdings ist einzuräumen, dass die Annahmen hinsichtlich der steuerlichen Behandlung im Ausland wesentlichen Einfluss auf den Vergleich haben.

3.2.3.5.2 DBA-Fall

Sofern ein Investor betrachtet wird, der in einem DBA-Staat ansässig ist, ergeben sich die folgenden Besteuerungskonsequenzen:

Abbildung 3-9: Laufende Besteuerung einer inländischen Betriebsstätte eines ausländischen Investors im DBA-Fall

			PersG		KapG
1	Gewinn vor Steuern		100,00		100,00
2	GewSt	./.	18,37	./.	18,37
3	Zu versteuerndes Einkommen		81,63		81,63
4	ESt ⇨ § 35 EStG (42% · 81,63) ./. 7,35[1]	./.	26,93		
	KSt (25%)			./.	20,41
5	SolZ auf ESt bzw. KSt	./.	1,48	./.	1,12
6	Gewinn nach deutschen Steuern		53,22		60,10
7	Ausl. Einkünfte nach ausl. Recht vor ausl. Steuer		100,00		100,00
8	ESt (Freistellung)		0,00		
	KSt (Freistellung)				0,00
9	Nettozufluss bzw. Ausschüttung durch die Mutter		53,22		60,10
10	Steuer auf Ausschüttung bei der nat. Pers. (25%)			./.	15,03
11	Nettozufluss beim AntE		53,22		45,07

[1] „Anrechnungsbetrag" = (18,37/4,5) * 1,8 = 7,35.

Abbildung 3-10: Laufende Besteuerung einer inländischen Kapitalgesellschaft eines ausländischen Investors im DBA-Fall

			PersG		KapG
1	Gewinn vor Steuern		100,00		100,00
2	GewSt	./.	18,37	./.	18,37
3	Zu versteuerndes Einkommen		81,63		81,63
4	KSt (25%)	./.	20,41	./.	20,41
5	SolZ auf KSt	./.	1,12	./.	1,12
6	Gewinn nach deutschen Steuern bei Thesaurierung		60,10		60,10
7	Ausschüttung				
	a) KapErtrSt (15% von 60,10/Schachtelprivileg bzw. MT-Rl.)	./.	9,02	./.	0,00
	b) SolZ auf KapErtrSt (5,5% von 9,02)	./.	0,50	./.	0,00
8	Nettodividende		50,58		60,10
9	Bruttodividende		60,10		60,10
10	a) Ausländische ESt (50%)	./.	30,05		
	b) Ausländische KSt (Schachtelprivileg)				0,00
11	Anrechnung	+	9,52		0,00
12	Nettozufluss bzw. Ausschüttung durch die Mutter		30,05		60,10
13	ESt des AntE (25%)			./.	15,03
14	Nettozufluss beim AntE		30,05		45,07

Die Regelungen des Abkommensrechts lassen das deutsche Besteuerungsrecht für die Betriebsstätte unberührt. Etwas anderes gilt jedoch in den Fällen der Gewinnausschüttung im Kapitalgesellschaftsfall. Hier kommt es zu einer Verringerung der Belastung mit Quellensteuern, wobei sich diese im vorliegenden Fall nicht auf Grund des Abkommensrechts, sondern der Mutter-Tochter-Richtlinie ergibt. Die Indifferenz zwischen Betriebsstätte und Tochtergesellschaft bei einer ausländischen Kapitalgesellschaft resultiert aus dem einheitlichen Steuersatz für beschränkt und unbeschränkt Körperschaftsteuerpflichtige. Infolge der im Ausland unterstellten Freistellung ergeben sich keine Belastungsunterschiede. Allerdings ist zu berücksichtigen, dass sich die Freistellung im Betriebsstättenfall auf Grund der Betriebsstättenfreistellung ergibt, während im Kapitalgesellschaftsfall das Schachtelprivileg Anwendung findet.

Der erhebliche Belastungsunterschied bei der ausländischen Personengesellschaft ist darauf zurückzuführen, dass im Fall der inländischen Betriebsstätte eine Freistellung der Einkünfte im Ausland mit unmittelbarer Wirkung für die Gesellschafter erfolgt, während bei der inländischen Kapitalgesellschaft dies „nur" auf Ebene der Muttergesellschaft erfolgt, sodass es in den Fällen der Weiterausschüttung zu einer nochmaligen Besteuerung kommt. Hierbei haben die im Ausland geltenden Regelungen zur Besteuerung von Ausschüttungen besondere Bedeutung. Außerdem gilt die Mutter-Tochter-Richtlinie nicht für Persongesellschaften.

Es hat sich gezeigt, dass eine erhebliche Steuerbelastung erreicht wird, die – zumindest bei den unterstellten Annahmen – trotz des Vorliegens eines DBA zu einer deutlich höheren Steuerbelastung führt, als dies beim reinen Inlandsfall geschähe.

Literaturhinweise:

Breithecker, V., Einführung in die Internationale Betriebswirtschaftliche Steuerlehre, 2. Aufl., Bielefeld 2002, S. 367 ff.

Djanani, C./Brähler, G., Internationales Steuerrecht, 2. Aufl., Wiesbaden 2004, S. 180 ff.

Fischer, L./Kleineidam, H.-J./Warneke, P., Internationale Betriebswirtschaftliche Steuerlehre, 5. Aufl., Bielefeld 2005, S. 582 ff.

Jacobs, O. H. (Hrsg.), Internationale Unternehmensbesteuerung, 5. Aufl., München 2002, S. 346 ff. zum Inbound-Fall und S. 461 ff. zum Outbound-Fall.

Scheffler, W., Besteuerung der grenzüberschreitenden Unternehmenstätigkeit, 2. Aufl., München 2002, S. 155 ff.

Schild, C./Ehlermann, C., Besteuerungsprobleme bei Beteiligungen an ausländischen Personengesellschaften, in: Grotherr, S. (Hrsg.), Handbuch der internationalen Steuerplanung, 2. Aufl., Herne/Berlin 2003, S. 1390 ff.

Schoss, M.-P., Betriebsstätte oder Tochtergesellschaft im Ausland, Grotherr, S. (Hrsg.), Handbuch der internationalen Steuerplanung, 2. Aufl., Herne/Berlin 2003, S. 49 ff.

3.3 Änderungen und Ergänzungen bestehender Strukturen

Infolge von veränderten wirtschaftlichen und/oder rechtlichen Bedingungen kann sich die Frage ergeben, ob die einmal gewählte Form für die Ausgestaltung des Auslandsengagements unverändert den Anforderungen des Unternehmens genügt. Insoweit kann es notwendig werden – entweder aufgrund besonderer Umstände oder regelmäßig in bestimmten zeitlichen Abständen – eine Überprüfung der Strukturen vorzunehmen. Hierbei besteht die Besonderheit, dass unterschiedliche Rechtsordnungen involviert sind, sodass die im Inland zur Anwendung kommenden Instrumente infolge der insoweit abweichenden (zivil-)rechtlichen Rahmenbedingungen nicht ohne weiteres übernommen werden können.

3.3.1 Errichtung von Holding-Strukturen

- Wie ist der Begriff der Holding definiert?

- Welche Gründe gibt es für den Einsatz von Holdinggesellschaften?

- Welche Besonderheiten ergeben sich beim Einsatz von deutschen Holdinggesellschaften für ausländische Tochtergesellschaften?

- Welche (steuerlichen) Fragestellungen entstehen, wenn sich deutsche Unternehmen im Eigentum von ausländischen Holdinggesellschaften befinden?

- Welche Standortfaktoren haben für Holdinggesellschaften besondere Bedeutung?

- Ist der Einsatz von Holdinggesellschaften betriebswirtschaftlich sinnvoll?

3.3.1.1 Begriff der Holding

Der Begriff der Holding wird im Zivil- und Steuerrecht unterschiedlich definiert.[164] Wesensmerkmal einer Holding ist dabei, dass ihr Hauptzweck in einer auf Dauer angelegten Beteiligung an einem (oder mehreren) rechtlich selbstständigen Unternehmen besteht. Eine Holding stellt also keine eigene Rechtsform dar, sondern ist eine besondere Form der Organisation der Konzernstruktur. Folglich kann die Holding selbst die Rechtsform der Personen- oder der Kapitalgesellschaft haben. Ferner können auch einer Betriebsstätte Holdingfunktionen zugeordnet werden.

---

[164] Vgl. zu einer Übersicht z. B. Kerssenbrock, in: Kessler/Kröner/Köhler, Konzernsteuerrecht, München 2004, S. 29 ff.

Aus betriebswirtschaftlicher Sicht lassen sich zwei Ausprägungsformen einer Holding unterscheiden:

■ **Finanzholding:** Bei dieser beschränkt sich die Aufgabe der Holding darauf, die Beteiligungen zu halten und die sich aus diesen ergebenden gesellschaftsrechtlichen Kontroll- und Einflussmöglichkeiten zu nutzen. Hingegen findet eine konkrete Einflussnahme auf einzelne Geschäfte – außerhalb der hierfür vorgesehenen gesellschaftsrechtlichen Regelungen (wie z. B. bei durch den Aufsichtsrat zustimmungsbedürftigen Geschäften) – nicht statt. Folglich wird auch von einer Holding im engeren Sinne gesprochen.

■ **Managementholding:** Die Aufgabe der Holding wird dahingehend erweitert, dass sie als „Dachgesellschaft" die einheitliche Leitung der abhängigen Konzerngesellschaften übernimmt. Hierbei wird die gesamte Unternehmensgruppe im Sinne einer einheitlichen Zielsetzung gesteuert. Insoweit kommt es zu einer Übertragung der Geschäftsführung der Tochtergesellschaften auf die Holding. Folglich wird von einer Holding im weiteren Sinne gesprochen.

Für die weiteren Überlegungen wird von „**grenzüberschreitend agierenden Holdinggesellschaften**" ausgegangen. Hierunter sind die Fälle zu verstehen, in denen sich die Holdinggesellschaft und die Tochtergesellschaften – ganz oder zumindest zum Teil – in unterschiedlichen Staaten befinden.

3.3.1.2   Gründe für den Einsatz von Holdinggesellschaften

Der Einsatz von Holdinggesellschaften führt dazu, dass die Unternehmensstrukturen verkompliziert werden und tendenziell weitere Anknüpfungspunkte für steuerliche Pflichten (sei es verfahrensrechtlicher oder materieller Art) geschaffen werden. Hieraus folgt, dass die Errichtung von Holdinggesellschaften ökonomisch nur dann sinnvoll ist, wenn die hiermit verbundenen Vorteile die Nachteile überkompensieren. Die steuerliche Anerkennung einer Holdinggesellschaft erfolgt nur, wenn diese nicht als sog. Basisgesellschaft zu qualifizieren ist. Hierbei ist diese Frage aus der Perspektive aller beteiligten Finanzverwaltungen zu prüfen.[165]

Die Gründe für den Einsatz von Holdinggesellschaften lassen sich in steuerliche und außersteuerliche unterscheiden. Letztere bestehen insbesondere in der Zusammenfassung von Verantwortlichkeiten und Aufgaben für eine bestimmte Gruppe von Gesellschaften. So wird es z. B. möglich, bestimmte Leistungen (wie z. B. Werbung) zentral für eine bestimmte Region zu erbringen, wodurch sich regelmäßig Kostenvorteile ergeben. Ferner wird es möglich, die Tätigkeit der Gesellschaften aufeinander abzustimmen. Dies kann sich insbesondere dann als sinnvoll erweisen, wenn die Gesellschaften auf ähnlichen oder gleichen Märkten tätig sind. Insoweit kann verhindert werden, dass die Tochtergesellschaften sich zueinander in Konkurrenzbeziehungen

---

[165] Vgl. zu den aus deutscher Sicht zu beachtenden Kriterien S. 79 ff.

begeben und dadurch z. B. eine Beeinträchtigung der Preise erfolgt. Hinzu kommen z. B. Größenvorteile, etwa wenn bestimmte Beschaffungsvorgänge (z. B. von Material oder Kapital) durch die Holding vorgenommen werden und damit eine stärkere Position gegenüber den Anbietern erreicht werden kann, was regelmäßig zu Preisvorteilen führt. Wie diese Ausführungen zeigen, entstehen diese Vorteile regelmäßig aus einer Bündelung der Interessen der Unternehmen und deren gemeinsamer Wahrnehmung.

Aus steuerlicher Sicht sind die Vorteile sehr stark von den jeweiligen nationalen Regelungen der betroffenen Staaten abhängig. In allgemeiner Form lassen sich als wesentliche Vorteile der Holding nennen: Die Möglichkeit des Einkommenstransfers und eine gezielte Allokation von Einkünften. Beim Einkommenstransfer geht es um eine Umleitung, eine Umformung, oder eine temporäre Abschottung von Einkünften. Eine Umleitung erfolgt, wenn durch die Zwischenschaltung einer Holdinggesellschaft nicht die bisherige Gesellschaft Empfänger der Einkünfte ist, sondern eine andere Gesellschaft. Diese Vorteilhaftigkeit zeigt sich z. B. wenn bisher eine inländische Kapitalgesellschaft an einer inländischen Kapitalgesellschaft beteiligt war. Im Falle einer Dividendenausschüttung würde infolge der Regelung des § 8b Abs. 5 KStG auf Dividendenausschüttungen eine nichtabzugsfähige Betriebsausgabe in Höhe von 5 % fingiert werden. Dies ist für die besitzende Kapitalgesellschaft negativ, weil hieraus eine zusätzliche Steuerbelastung resultiert. Gleichwohl sind Sachverhaltskonstellationen denkbar, bei denen die inländische Kapitalgesellschaft keinen ausreichenden Einfluss hat, um einen Ausschüttungsbeschluss bei der Tochtergesellschaft zu vermeiden. In einem solchen Fall kann es sich als vorteilhaft erweisen, eine ausländische Holdinggesellschaft zwischen die deutsche Muttergesellschaft und die ausländische Tochtergesellschaft „zu schalten", insbesondere wenn im Staat der Holdinggesellschaft keine Betriebsausgaben auf Dividendenausschüttungen angenommen werden. Außerdem kann eine Umformung von z. B. Dividendenzahlungen in Zins- oder Lizenzzahlungen erfolgen.

Beispiel:

In eine ausländische Holdinggesellschaft wird eine Beteiligung eingebracht, sodass diese die Empfängerin von zukünftigen Dividendenzahlungen der Tochtergesellschaft ist. Sollen bei der Muttergesellschaft keine Dividendenzahlungen sondern andere Zuflusse entstehen, ist es möglich, dass die Muttergesellschaft der Holdinggesellschaft Darlehen gewährt, für die diese regelmäßig Zinszahlungen leistet. Wirtschaftlich betrachtet werden die Gewinne aus der Enkelgesellschaft zu Zinseinnahmen der Muttergesellschaft umgewandelt. Eine solche Transformation kann z. B. vorteilhaft sein, wenn im Staat der Muttergesellschaft Restriktionen für die Berücksichtigung von Betriebsausgaben im Zusammenhang mit steuerfreien Dividendeneinnahmen bestehen. Da nunmehr steuerpflichtige Zinseinkünfte bei der Muttergesellschaft anfallen, wären hiermit im Zusammenhang stehende Aufwendungen regelmäßig voll abzugsfähig.

Ein dritter Vorteil besteht darin, dass eine temporäre Abschirmung von Einkünften gegenüber der inländischen Besteuerung erfolgt. Dies zeigt sich z. B. an der Regelung des § 8b Abs. 3 KStG: Sofern eine inländische Kapitalgesellschaft Beteiligung an einer anderen Kapitalgesellschaft veräußert, werden unwiderlegbar 5 % des Veräußerungsgewinns als nichtabzugsfähige Betriebsausgaben fingiert. Wird die Beteiligung an der zu verkaufenden Gesellschaft von einer ausländischen Holdinggesellschaft gehalten, ist denkbar, dass im Ausland keine entsprechende Betriebsausgabenfiktion zur Anwendung kommt. Folglich kann eine Steuerbelastung infolge von fiktiven nichtabzugsfähigen Betriebsausgaben vermieden werden. Dies ist insbesondere dann vorteilhaft, wenn die deutsche Muttergesellschaft die entstehenden Veräußerungsgewinne nicht unmittelbar vereinnahmen will, sondern diese für Reinvestitionen verwenden möchte. In einem solchen Fall könnte durch eine Investition seitens der Holding die Steuerbelastung im Inland dauerhaft hinausgeschoben werden. Erst zu dem Zeitpunkt, wo tatsächlich die Beteiligung an der ausländischen Holdinggesellschaft veräußert wird, würde eine entsprechende Belastung eintreten.[166]

Für die Holding kann auch die gezielte Allokation von Einkünften sprechen. Hier wird es möglich, bei bestimmten Gesellschaften ganz bewusst Zahlungen entstehen zu lassen, etwa wenn die Holdinggesellschaft eigenständige Leistungen gegen Entgelt erbringt. Diese Leistungen sind nach den allgemeinen Grundsätzen für die Entgeltbestimmung zwischen verbundenen Unternehmen[167] nach Maßgabe des Fremdvergleichs zu vergüten. Bei den leistungsempfangenden Gesellschaften stellen die Zahlungen grundsätzlich abzugsfähige Betriebsausgaben dar. Somit erfolgt eine Verlagerung von Einkünften von den Tochtergesellschaften auf die Holdinggesellschaft. Hiermit können z. B. unterschiedliche Steuersatzeffekte verbunden sein, indem z. B. Betriebsausgaben in Staaten geltend gemacht werden, die über vergleichsweise hohe Steuersätze verfügen, während bei der entgeltempfangenden Holding vergleichsweise niedrigere Sätze gelten.

Weitere Vorteile entstehen, wenn die Holdinggesellschaft Leistungen für die Tochtergesellschaften einkauft und dies mit einer geringeren Quellensteuerbelastung verbunden ist, als ein unmittelbarer Bezug der Leistungen seitens der Tochtergesellschaften. Entscheidend hierfür ist, dass nach Maßgabe der Regelungen des jeweiligen nationalen und des Abkommensrechts zum Teil für Zinsen und Lizenzgebühren Quellensteuereinbehaltungsverpflichtungen bestehen, die zu einer definitiven Steuerbelastung führen können. Der Einsatz einer Holdinggesellschaft ermöglicht unter Umständen die Vermeidung dieser Zahlungen.

Die Zwischenschaltung einer Holdinggesellschaft ist vorteilhaft, wenn beim direkten Bezug von Dividenden aus einem anderen Staat die Einbehaltung von Quellensteuern zu erfolgen hat. Sofern die Belastung mit Quellensteuern und eventuellen fiktiven

---

[166] Da die Betriebsausgabefiktion an einen Veräußerungsgewinn anknüpft ist zu prüfen, inwieweit z. B. infolge von Verlusten der Tochtergesellschaft ein konzerninterner Verkauf an die Holding erfolgen sollte, um so die Voraussetzungen zur Vermeidung bei einer späteren tatsächlichen Veräußerung zu schaffen.

[167] Vgl. hierzu S. 163 ff.

nichtabzugsfähigen Betriebsausgaben niedriger ist als beim direkten Bezug, ist diese Vorteilhaftigkeit gegeben. Dies ist der Fall, wenn z. B. zwischen den Staaten bei einem direkten Bezug kein Doppelbesteuerungsabkommen zur Anwendung kommt, aber bei Zwischenschaltung einer Holdinggesellschaft die gesamten Dividendenflüsse (sowohl von der Ursprungsgesellschaft an die Holding, als auch von der Holding an die Besitzgesellschaft) unter die Begünstigung des Abkommensrechtes fallen.

Ein weiterer Vorteil kann entstehen, wenn im Ansässigkeitsstaat der Muttergesellschaft als Methode zur Vermeidung der Doppelbesteuerung die Anrechnungsmethode angewendet wird. Fraglich ist, inwieweit durch die Zwischenschaltung von so genannten Mixergesellschaften das Entstehen von Anrechnungsüberhängen vermieden werden kann. Dies ist regelmäßig dann der Fall, wenn die Muttergesellschaft – im Vergleich zu ihrem Steuerniveau – sowohl hoch als auch niedrig besteuerte Einkünfte erzielt. Bei den hoch besteuerten Dividenden erfolgt eine partielle Nichtberücksichtigung der ausländischen Steuerzahlungen infolge der Regelungen zum Anrechnungshöchstbetrag. Hingegen kommt es bei den niedrig besteuerten Dividenden insoweit zu einer Nachversteuerung, wie das Steuersatzniveau der Muttergesellschaft bisher unterschritten wurde. Sofern es gelingt, durch eine zwischengeschaltete Holdinggesellschaft die Gesamtsteuerbelastung der Ausschüttung, die von der Holdinggesellschaft an die Muttergesellschaft fließt, unter das Steuerniveau des Heimatstaates der Muttergesellschaft zu senken, wird das Entstehen von Anrechnungsüberhängen vermieden. Gleichzeitig werden diese Anrechnungsüberhänge mit den Einkünften „verrechnet", die einer niedrigeren Steuerbelastung als derjenigen im Heimatstaat der Muttergesellschaft entsprechen. Hierdurch wird insgesamt das Entstehen von Anrechnungsüberhängen vermieden und gleichzeitig die Gesamtsteuerbelastung des Konzerns verringert, weil bisher der Nachversteuerung unterliegende Einkünfte mit solchen „gemixt" werden, die einer höheren Steuerbelastung unterliegen und damit im Ergebnis höher besteuert sind, sodass die Nachversteuerung ganz oder teilweise unterbleibt.

Ein weiterer Vorteil kann in einer Optimierung von nationalen Verlustverrechnungsbeschränkungen bestehen. Nach derzeit geltendem Recht sehen viele Staaten vor, dass lediglich eine innerstaatliche Verlustberücksichtigung erfolgen kann. Folglich wirken sich Verluste, die in einem Staat entstehen, im anderen Staat nicht aus. Dies ist nachteilig, wenn in einem Staat mehrere Tochtergesellschaften unterhalten werden und einige hiervon Gewinne und andere Verluste erzielen. In einem solchen Fall käme es – selbstständige Steuersubjekte vorausgesetzt – zu einer Besteuerung der Gewinne und zu einer Berücksichtigung der entstehenden Verluste im Rahmen von Verlustrück- bzw. Verlustvortrag.[168] Eine solche Vorgehensweise erweist sich sowohl für die Konzernsteuerquote als auch für die Liquiditätsbelastung des Konzerns als nachteilig. Eine Optimierung kann durch die Zwischenschaltung einer inländischen Hol-

---

[168] Vielen Staaten sehen keinen Verlustrücktrag vor, sodass die sofort erfolgende steuerliche Entlastung sehr gering ist.

dinggesellschaft, die sämtliche Anteile an den Gesellschaften in einem Staat hält und für die die Regelung einer Gruppen- oder Organschaftsbesteuerung gelten, erfolgen.

Beispiel:

Eine ausländische Muttergesellschaft hält zwei Beteiligungen an inländischen Kapitalgesellschaften. Erzielt die eine Gesellschaft einen Gewinn von 1.000 und die andere einen Verlust von 1.000, müsste der Gewinn besteuert und der Verlust ausschließlich nach § 10d EStG i. V. m. § 8 Abs. 1 KStG berücksichtigt werden. Wird eine inländische Holdinggesellschaft errichtet und zwischen dieser und den beiden Kapitalgesellschaften eine Organschaft begründet, führt dies zu einer „Quasikonsolidierung" der Ergebnisse. Es entsteht ein Gewinn von null und zugleich wird die Steuerzahlung bei der gewinnerzielenden Gesellschaft vermieden. Ausschlaggebend hierfür sind die Regelungen zur Organschaft, die eine Einkunftsermittlung auf Ebene des Organs sowie eine Zurechnung und Versteuerung auf Ebene des Organträgers vorsehen. Im vorliegenden Fall würden damit positive und negative Einkünfte bei der Holding als Organträger zusammentreffen und zu einem sofortigen Verlustausgleich führen.

Außerdem kann eine Holdinggesellschaft genutzt werden, um entstehende **erbschaftsteuerliche Belastungen** zu begrenzen.

Beispiel:

Ein Steuerpflichtiger ist an 26 Kapitalgesellschaften in 26 unterschiedlichen Staaten beteiligt. Im Falle seines Todes würde einerseits eine beschränkte Steuerpflicht im jeweiligen Ansässigkeitsstaat der Kapitalgesellschaft mit der dort belegenen Beteiligung bestehen, andererseits eine unbeschränkte Steuerpflicht im Ansässigkeitsstaat. Da international Doppelbesteuerungsabkommen im Bereich der Erbschaftsteuer sehr selten sind, hätte dies eine erhebliche Belastung zur Folge. Da unilaterale Maßnahmen zur Vermeidung der Doppelbesteuerung im Bereich der Erbschaftsteuer regelmäßig nur begrenzt bestehen, kommt es vielfach zu einer unzulänglichen Beseitigung der Doppelbesteuerung. Entschließt sich der Gesellschafter seine Anteile in eine Holdinggesellschaft in der Rechtsform der Kapitalgesellschaft einzubringen, werden damit die Anknüpfungspunkte für die beschränkte Steuerpflicht in den einzelnen Staaten, in denen sich seine Kapitalgesellschaften befinden, vermieden. Vielmehr tritt im Falle des Versterbens des Gesellschafters keine beschränkte Steuerpflicht in den Ansässigkeitsstaaten der Kapitalgesellschaften ein. Im Ergebnis würde lediglich die Holdinggesellschaft der Besteuerung – entweder im Staat ihrer Ansässigkeit und/oder im Staat der Ansässigkeit des Gesellschafters – der Erbschaftsteuer unterliegen. Durch eine solche Gestaltung können die vielfältigen Anknüpfungsmöglichkeiten für eine Belastung mit Erbschaftsteuer vermieden werden.

Wie die vorstehenden Überlegungen und Beispiele gezeigt haben, sind die Auswirkungen einer Zwischenschaltung von Holdinggesellschaften vielfältig. Ob sich der Einsatz von Holdinggesellschaften „lohnt", lässt sich nicht allgemeingültig sagen, sondern ist von den jeweiligen rechtlichen und persönlichen Verhältnissen sowohl des

Gesellschafters als auch der Ausgestaltung der Rechtsordnung in den jeweiligen Staaten abhängig. Gleichwohl ist festzustellen, dass die Zwischenschaltung von Gesellschaften stets die Gefahr von zusätzlichen verfahrensrechtlichen Verpflichtungen von Qualifikationskonflikten und Doppelbesteuerungen schafft. Insofern müssen die bestehenden Chancen und Risiken sorgfältig gegeneinander abgewogen werden. Hierbei ist auch zu berücksichtigen, dass diese Strukturen um zusätzliche Steuerungs- und Kontrollinstrumente ergänzt werden müssen, um eine – auch steuerliche – Optimierung der Gesamtstruktur der Unternehmensgruppe zu ermöglichen.

3.3.1.3 Holdingrelevante Standortvorteile

Bei der Standortwahl spielen die mit der Holding verfolgten Zielsetzungen eine besondere Rolle. Soll die Holding etwa die Aktivitäten eines Konzerns innerhalb eines Staates koordinieren, ist die Standortentscheidung weitestgehend vorbestimmt. Sollen Gesellschaften in einer bestimmten Region betreut werden, kann zwar ein Wahlrecht zwischen unterschiedlichen Staaten bestehen, gleichwohl dürfte bereits eine sehr starke Eingrenzung der möglichen Standorte gegeben sein. Denkbar ist auch, dass eine vollständig freie Standortwahl erfolgen kann, weil die Holdinggesellschaft – gerade infolge von modernen Kommunikationsmöglichkeiten – sich nicht zwingend in geographischer Nähe zu den einzelnen Tochtergesellschaften befinden muss. Insoweit wird die Standortwahl – mehr oder weniger stark – von der Zielsetzung bestimmt, die mit der Holdinggesellschaft verfolgt werden.

Darüber hinaus lassen sich eine Reihe von holdingspezifischen Standortfaktoren unterscheiden. Da der Holdinggesellschaft das zivilrechtliche Eigentum an den einzelnen Tochtergesellschaften übertragen werden muss, kommt der Rechtssicherheit und der politischen Stabilität besondere Bedeutung zu. Dies gilt auch für die Rechtsordnung, insbesondere hinsichtlich der Ausgestaltung der verfügbaren Rechtsformen und ihrer Flexibilität. Besondere Bedeutung haben auch die Berechenbarkeit von Rahmenbedingungen, die Qualität der Gerichtsbarkeit sowie die Verfahrens- und Genehmigungsdauern. Letztendlich sollen die infolge der Holdinggesellschaft entstehenden zusätzlichen administrativen Belastungen möglichst gering gehalten werden. Außerdem bedarf es einer guten Infrastruktur, um im Bedarfsfall Mitarbeiter der Holdinggesellschaft sehr kurzfristig zu den einzelnen Tochtergesellschaften schicken zu können. Hierbei handelt es sich insbesondere um Beratungs- und Kontrollgespräche, die gewährleisten sollen, dass die einzelnen Tochtergesellschaften die von der Holdinggesellschaft verfassten Vorgaben tatsächlich umsetzen.

Da die Holding regelmäßig auch zentrale Dienstleistungen erbringt, ist ein Austausch mit den Tochtergesellschaften zwingend erforderlich. Insoweit kommt dem Kommunikationssystem im jeweiligen Land besondere Bedeutung zu. Erforderlich ist es, möglichst schnell und kostengünstig große Datenmengen, wie z. B. über das Internet, austauschen zu können. Außerdem kommt der allgemeinen Attraktivität des Landes Bedeutung zu. Zur Holdinggesellschaft soll regelmäßig Personal vom bisherigen Mutterunternehmen „abgeordnet" werden. Ausschlaggebend hierfür ist, dass dieses Personal regelmäßig vorhanden ist und bei einer Freisetzung erhebliche Abfindungszahlungen entstünden. Hinzu kommt, dass diese Mitarbeiter über ausgeprägtes Spezialwissen verfügen (sowohl hinsichtlich des jeweiligen Unternehmens und der dabei bestehenden Strukturen, als auch der zu beachtenden Regelungen), sodass es nicht ohne weiteres möglich ist, dieses durch Personal aus dem neuen Holdingstandort zu ersetzen. Folglich müssen die Verhältnisse in dem jeweiligen Staat so ausgestaltet sein, dass die Mitarbeiter auch bereit sind, an den Holdingstandort zu wechseln. Zwar besteht grundsätzlich die Möglichkeit, die Geschäftsführung aus dem Ansässigkeitsstaat der bisherigen Muttergesellschaft vornehmen zu lassen, doch hätte dies steuerlich zur Konsequenz, dass der Sitz der Holdinggesellschaft im Staat der bisherigen Muttergesellschaft wäre mit der Folge, dass die eigentlich intendierten steuerlichen Vorteile nicht erlangt werden können. Eine Vielzahl von Staaten sehen besondere Standortanreize – etwa in der Form von Subventionen oder anderer steuerlicher Privilegien – vor. Ferner werden teilweise gezielte andere Standortanreize geschaffen, wie z. B. gute Flugverbindungen.

Auch die steuerlichen Rahmenbedingungen und die Regelungen zur Unternehmensbesteuerung haben Gewicht. Dies gilt z. B. für die Begrenzung der Gesellschafterfremdfinanzierung. In vielen Fällen ist es notwendig, dass die Holdinggesellschaft mit ausreichend Kapital ausgestattet wird. Sofern dieses von der Muttergesellschaft refinanziert werden muss, stellt sich die Frage, inwieweit im Heimatstaat der Muttergesellschaft die hierfür entstehenden Refinanzierungskosten steuerlich abzugsfähig sind. Um schon vom Ansatz her Diskussionen hierüber zu vermeiden, kann es sich als sinnvoll erweisen, entsprechende Beträge als Darlehen der Muttergesellschaft der Holdinggesellschaft zur Verfügung zu stellen. Hieraus resultieren auf Ebene dieses Unternehmens voll steuerpflichtige Zinseinkünfte, sodass die Refinanzierungskosten vollständig abzugsfähig sind. Ein Problem für eine solche Gestaltung würde jedoch bestehen, wenn nach dem Recht des Holdingstandortes eine strenge Reglementierung der Gesellschafterfremdfinanzierung erfolgt. Hieraus können nicht nur Probleme auf Ebene der Holdinggesellschaft entstehen, sondern auch bei der darlehensgewährenden Muttergesellschaft. Aufgrund der Aufgabenstellung der Holding kommt der steuerlichen Behandlung von eventuellen Veräußerungsgewinnen und -verlusten besondere Bedeutung zu. Hierbei ist nicht nur relevant, inwieweit solche Verluste überhaupt steuerlich berücksichtigt werden dürfen, sondern auch, inwieweit nach dem nationalen Recht des Holdingstandorts ein Verlustausgleich zwischen unterschiedlichen Einkunftsarten möglich ist. So wäre es z. B. nicht ausreichend, wenn zwar nach dem Recht des Holdingstandortes Veräußerungsverluste grundsätzlich berücksichtigt werden dürfen, diese jedoch nicht mit positiven Einkünften aus anderen Quellen (wie z. B. aus Beratungsleistungen) ausgeglichen werden dürften. Es besteht die Gefahr, dass die Holdinggesellschaft Verlustvorträge aufbaut, die nicht (unmittelbar) zu einer steuerlichen Entlastung führen. Wesentlich ist auch die Behandlung von Aufwendungen im Zusammenhang mit der Beteiligung. Fraglich ist, inwieweit die entstehenden Kosten im Ausland als Betriebsausgaben berücksichtigt werden dürfen. Diese Frage spielt insbesondere dann eine große Rolle, wenn nach dem ausländischen Recht eine Steuerbefreiung von empfangenen Dividendenzahlungen auf Ebene der Holdinggesellschaft vorgesehen ist. Dies gilt auch, wenn nicht ausgeschlossen werden kann, dass in einem Jahr auf Dividendenausschüttungen verzichtet werden muss und dennoch entsprechende Aufwendungen entstehen. Ferner führen nichtabzugsfähige Aufwendungen grundsätzlich zu einer Erhöhung der Steuerquote im Konzern und damit häufig zu einer schlechteren Beurteilung des Unternehmens durch Außenstehende. Bedeutsam ist auch die Erhebung von Quellensteuern auf Zinszahlungen.

Wie schon dargestellt, stellt für Finanzierungsüberlegungen die Überlassung von Darlehen zwischen Besitzunternehmen und Holdinggesellschaft einerseits und von der Holdinggesellschaft an die Tochtergesellschaften andererseits ein wesentliches steuerliches Gestaltungsinstrument dar. Fraglich ist, inwieweit solche Zinszahlungen zu einer Belastung mit Quellensteuer führen. Insoweit kommt dem Umfang der Begrenzung von Besteuerungsrechten durch bestehende Doppelbesteuerungsabkommen und den darin enthaltenen Höchstgrenzen für Quellensteuern besondere Bedeutung zu. Ferner ist zu berücksichtigen, dass in den letzten Jahren seitens der unterschiedlichen Staaten in immer größerem Umfang Missbrauchsklauseln (insbesondere in Form von Aktivitätsklauseln) eingeführt wurden. Diese sehen vor, dass Einkünfte von der Besteuerung nur in einem Staat freigestellt werden, wenn sie aus bestimmten Tätigkeiten stammen. Hiermit verbunden ist nicht nur die Gefahr, dass ein Wechsel von der Freistellungs- zur Anrechnungsmethode erfolgt, sondern auch, dass erhebliche Nachweis- und Dokumentationsanforderungen zu beachten sind. Möglicherweise kommt es nicht zu einer steuerlichen Mehrbelastung. Gleichwohl muss ein – unter Umständen erheblicher – administrativer Mehraufwand getragen werden.

Um die steuerlichen Risiken begrenzen zu können, ist wichtig, inwieweit die Finanzverwaltungen in den einzelnen Staaten bereit sind, verbindliche Zusagen über die steuerliche Würdigung von Sachverhalten zu geben. Hierbei kann es sich um die Frage handeln, inwieweit bestimmte Tatbestände überhaupt eine Steuerpflicht auslösen bzw. Gestaltungen auch mit steuerlicher Wirkung anerkannt werden. Darüber hinaus ist denkbar, dass eine Finanzverwaltung auch Zusagen dahingehend macht, wie bestimmte Sachverhalte besteuert werden. Hierbei handelt es sich z. B. um die Höhe einer tatsächlichen Steuerbelastung auf bestimmte Sachverhalte. Teilweise finden – für die Steuerpflichtigen günstige – Pauschalierungsregelungen Anwendung. Sehr wichtig ist die Höhe der Steuerbelastung für die zur Holdinggesellschaft entsendeten Mitarbeiter. Hierzu sehen einige Staaten Spezialregelungen vor, die darauf hinauslaufen, durch Anreize für das entsendete Personal die Attraktivität als Holdingstandort zu verbessern. So gibt es teilweise Steuerbefreiungen oder -begünstigungen bei den anzuwendenden Steuersätzen.

Eine allgemeingültige Analyse der Auswirkungen der einzelnen Faktoren auf die tatsächliche Standortwahl ist nicht möglich. Vielmehr bedarf es einer individuellen Betrachtung der Verhältnisse des Einzelfalls. Hierfür ist entscheidend, dass die Ausgestaltungsformen von Holdinggesellschaften und die hiermit verbundenen steuerlichen Konsequenzen sehr unterschiedlich sein können. Dies zeigt sich z. B. bei der Frage der Erteilung von Zusagen durch die Finanzverwaltung. Für einige Unternehmen sind solche Zusagen wichtig, während andere diesem Aspekt eher untergeordnete Bedeutung beimessen. Außerdem können die unterschiedlichen Ausgestaltungsformen von Holdinggesellschaften zu unterschiedlichen steuerlichen Konsequenzen führen. Hieraus ergibt sich zwangsläufig, dass auch die Gewichtung der einzelnen Faktoren für die Standortwahl der Holding unterschiedlich sein muss. Letztlich folgt dies bereits aus den unterschiedlichen Ausgestaltungsmöglichkeiten, die für Holdinggesellschaften verwendet werden können.

3.3.1.4 Steuerliche Konsequenzen des Einsatzes von Holdinggesellschaften

Die steuerlichen Konsequenzen aus dem Einsatz von Holdinggesellschaften hängen sowohl davon ab, ob eine inländische oder eine ausländische Holding besteht als auch von der Rechtsform der Holding. Grundsätzlich lässt sich aber sagen, dass regelmäßig keine Sonderregelungen für die steuerliche Behandlung von Holdinggesellschaften gelten. Vielmehr müssen sie die allgemeinen Anforderungen etwa bei der Besteuerung (insbesondere von Dividenden, Lizenzen und Zinsen) beachten. Ergänzend ist zu prüfen, inwieweit evtl. Maßnahmen eines Staates gegen „missbräuchliche Gestaltungen" zur Anwendung kommen. Dies gilt z. B. hinsichtlich der Frage, ob die ausländische Holdinggesellschaft überhaupt als Gesellschaft steuerlich anzuerkennen ist.

In einigen Staaten gibt es besondere Maßnahmen, mit denen versucht wird, die Attraktivität für die Ansiedlung von Holdinggesellschaften zu fördern. Hierbei ist zu prüfen, ob die – regelmäßig sehr unterschiedlichen – Voraussetzungen erfüllt werden (können). Ferner ist zu berücksichtigen, inwieweit dies zu evtl. Steuermehrbelastungen in einem anderen Staat führt. Hinsichtlich der Begünstigungen sind sowohl niedrige Steuersätze als auch Vorteile bei der Bestimmung der Bemessungsgrundlage (etwa einer sehr pauschalen Gewinnermittlung) möglich.

Hierbei sind die entstehenden steuerlichen Auswirkungen sowohl aus der Sicht des Ansässigkeitsstaats der Holding zu analysieren, als auch aus der Perspektive der einzelnen Tochtergesellschaften. So ist es z. B. denkbar, dass die Frage der Finanzierung der Tochtergesellschaften durch die Holding in großem Umfang von steuerlichen Regelungen zur Begrenzung der Gesellschafter-Fremdfinanzierung[169] (international als thin capitalization rules bezeichnet) erfolgt. Entsprechendes kann z. B. für die Qualifikation von bestimmten Finanzierungsformen als Eigen- oder Fremdkapital gelten. Insoweit ist eine umfassende Analyse der entstehenden Be- und Entlastungen auf den einzelnen Ebenen und zu unterschiedlichen Zeitpunkten mit entsprechenden Unsicherheitsgeraden und steuerlichen Risiken vorzunehmen.

---

[169] In der Bundesrepublik Deutschland ist § 8a KStG zu beachten.

Eine in Deutschland ansässige Holding für Auslandsgesellschaften wird regelmäßig zur Erlangung abkommensrechtlicher Vergünstigungen (niedrigere Quellensteuer bei Dividenden und Freistellung bei Schachteldividenden sowie Veräußerungsgewinnen) in der Rechtsform einer Kapitalgesellschaft ausgestaltet sein. Eine Vorteilhaftigkeit resultiert aus der Berücksichtigung von Refinanzierungskosten sowie allen weiteren Kosten im Zusammenhang mit der Verwaltung der Auslandsbeteiligungen als abzugsfähige Betriebsausgaben im Inland, wobei für die Gewerbesteuer § 8 Nr. 1 GewStG die hälftige Hinzurechnung der Entgelte für Dauerschulden besonders zu beachten ist. Der Steuerfreiheit der Dividenden und Veräußerungsgewinne steht die vollständige Abzugsfähigkeit der damit im Zusammenhang stehenden Aufwendungen gegenüber, wobei eine Korrektur über § 8b Abs. 3 bzw. Abs. 5 KStG eintritt. In allen Fällen, in denen die mit den Auslandsbeteiligungen im Zusammenhang stehenden Aufwendungen 5 % der empfangenen Dividenden oder Veräußerungsgewinne überschreiten, überwiegt der steuerliche Vorteil der Steuerfreiheit der Dividenden und Veräußerungsgewinne. Damit der sich so ergebende Aufwand steuerlich wirksam wird, ist darauf zu achten, dass die inländische Holdinggesellschaft über weitere, inländische, steuerpflichtige Einnahmen verfügt, gegen die die Aufwendungen geltend gemacht werden können. Gem. § 8b Abs. 3 Satz 3 KStG scheidet – auch bei Holdinggesellschaften – die Berücksichtigung von Wertminderungen im Zusammenhang mit ausländischen Beteiligungen an Kapitalgesellschaften aus.

3.3.1.5 Fazit zum Einsatz von Holdinggesellschaften

Es kann nicht in allgemeiner Form beantwortet werden, ob der Einsatz von Holdinggesellschaften wirtschaftlich vorteilhaft ist. Tendenziell werden komplexere Strukturen und zusätzliche Anknüpfungspunkte für die Besteuerung geschaffen. Dies ist im Grundsatz nachteilig. Gleichzeitig besteht jedoch die Chance, infolge einer gezielten Kombination von Handlungs- und Gestaltungsmöglichkeiten Regelungen der einzelnen Staaten und des Abkommensrechts so miteinander zu kombinieren, dass die Gesamtsteuerbelastung deutlich verringert wird. Dies setzt jedoch eine sehr genaue Analyse und laufende aktualisierte Betrachtung der zivil- und steuerlichen Vorschriften in den einzelnen Staaten und des zwischenstaatlichen Rechts voraus.

Literaturverzeichnis:

Breithecker, V., Einführung in die Internationale Betriebswirtschaftliche Steuerlehre, 2. Aufl., Bielefeld 2002, S. 289 ff.

Djanani, C./Brähler, G., Internationales Steuerrecht, 2. Aufl., Wiesbaden 2004, S. 258 ff.

Fischer, L./Kleineidam, H.-J./Warneke, P., Internationale Betriebswirtschaftliche Steuerlehre, 5. Aufl., Bielefeld 2005, S. 597 ff.

Jacobs, O. H. (Hrsg.), Internationale Unternehmensbesteuerung, 5. Aufl., München 2002, S. 816 ff.

Kessler, W., Grundlagen der Steuerplanung mit Holdinggesellschaften, in: Grotherr, S. (Hrsg.), Handbuch der internationalen Steuerplanung, 2. Aufl., Herne/Berlin 2003, S. 160 ff.

Scheffler, W., Besteuerung der grenzüberschreitenden Unternehmenstätigkeit, 2. Aufl., München 2002, S. 262 ff.

Streu, V., Der Einsatz einer inländischen Zwischenholding in der internationalen Konzernsteuerplanung, in: Grotherr, S. (Hrsg.), Handbuch der internationalen Steuerplanung, 2. Aufl., Herne/Berlin 2003, S. 139 ff.

3.3.2 Grenzüberschreitende Umwandlungen

▨ Welche grundlegenden Probleme bestehen bei grenzüberschreitenden Umwandlungen?

▨ Welche Besonderheiten bestehen für Umwandlungen innerhalb der Europäischen Union?

Grenzüberschreitende Umwandlungen, also Veränderungen in der rechtlichen Form einer unternehmerischen Tätigkeit unter weitgehender Beibehaltung der Gesellschafterstruktur, sind regelmäßig nur unter Aufdeckung der stillen Reserven möglich, zumindest dann, wenn einer der beteiligten Staaten das Besteuerungsrecht für die stillen Reserven durch die vorzunehmende Umwandlung verliert.

Regelmäßig keine Probleme bestehen nach deutschem Steuerrecht, wenn ein ausländischer Gesellschafter an einer inländischen Kapitalgesellschaft beteiligt ist, die nach dem deutschem Umwandlungs- und Umwandlungssteuergesetz in eine Personengesellschaft umgewandelt wird. In diesen Fällen ist eine steuerneutrale Umwandlung auch für den ausländischen Gesellschafter möglich, da das Besteuerungsrecht in DBA-Fällen aus der Veräußerung der Anteile an der Personengesellschaft der Bundesrepublik Deutschland zusteht. Dies gilt zumindest insoweit, wie die Zuordnung des Vermögens zum Inland durch die Umwandlung nicht verändert wird.[170] Auf der anderen Seite wird der Ansässigkeitsstaat der Gesellschafter in DBA-Fällen die steuerneutrale Umwandlung in Deutschland nicht ohne steuerliche Konsequenz hinnehmen.

Lediglich in den Fällen, in denen die beteiligten Gesellschaften und ihre Gesellschafter in einem EU-Staat ansässig sind, hat das EU-Recht steuerneutrale Umstrukturierungen

---

[170] Probleme kann es hier infolge der Anwendung der Grundsätze zur sog. Zentralfunktion des Stammhauses geben, vgl. Strunk/Kaminski, IStR 1997, S. 516 und IStR 2000, 35.

geschaffen, wobei auch in diesen Fällen eine Verhaftung in der inländischen Besteuerung gewährleistet sein muss.

3.3.2.1 Innerhalb der Europäischen Union

Derzeit sind in deutsches Recht nur zwei Erscheinungsformen grenzüberschreitender Umstrukturierungen innerhalb der Europäischen Gemeinschaft umgesetzt. Gem. § 23 Abs. 1 UmwStG ist die Einbringung eines Betriebes oder eines Teilbetriebes einer unbeschränkt steuerpflichtigen Kapitalgesellschaft in die inländische Betriebsstätte einer ausländischen Kapitalgesellschaft gegen Gewährung von Gesellschaftsrechten zu Buchwerten zulässig. In diesen Fällen geht der Bundesrepublik Deutschland kein Besteuerungsrecht für stille Reserven verloren, da diese weiterhin in der Betriebsstätte verhaftet sind.

Hinsichtlich der gewährten Anteile an der ausländischen Kapitalgesellschaft handelt es sich in den Fällen der Einbringung zu Buchwerten um so genannte einbringungsgeborene Anteile im Sinne des § 21 Abs. 1 UmwStG, die von den Anteilseignern erst nach Ablauf von sieben Jahren nach der Einbringung verkauft werden können, wenn die Vergünstigung des § 3 Nr. 40 EStG oder des § 8b Abs. 2 KStG in Anspruch genommen werden soll. Nach Ablauf von sieben Jahren ist eine begünstigte Veräußerung möglich.

Sofern zum eingebrachten inländischen Betrieb oder Teilbetrieb auch ausländische Vermögensteile wirtschaftlich zugerechnet werden, die nicht der deutschen Besteuerung unterlagen, weil sie z. B. in einem DBA-Betriebsstättenstaat lagen, werden hierdurch nicht steuerverstrickt. Dem gegenüber ist bisher die Verschmelzung einer inländischen Kapitalgesellschaft auf eine ausländische Kapitalgesellschaft gegen Gewährung von Gesellschaftsrechten steuerneutral dann nicht möglich, wenn das übergehende Vermögen nicht einer inländischen Betriebsstätte zugerechnet werden kann.

Die zweite steuerneutrale Umstrukturierungsmöglichkeit ergibt sich aus § 23 Abs. 4 UmwStG. Danach dürfen Anteile an einer deutschen Kapitalgesellschaft im Sinne des § 20 Abs. 1 Satz 2 UmwStG steuerneutral in das Vermögen einer ausländischen EU-Kapitalgesellschaft gegen Gewährung von Anteilen eingebracht werden. Eine Veräußerung der so erlangten ebenfalls einbringungsgeborenen Anteile an der Auslandsgesellschaft ist begünstigt erst nach sieben Jahren nach Einbringung möglich. Im Ergebnis bedeutet dies, dass eine Steuerverstricktheit der Anteile durch der Einbringung in eine andere EU-Kapitalgesellschaft nach Ablauf von sieben Jahren nicht mehr besteht.

Alle weiteren Umstrukturierungen folgen nach derzeitig geltendem Recht den allgemeinen Grundsätzen zur Entstrickung und Versteuerung stiller Reserven in den zu überführenden Wirtschaftsgütern, wie dies nachfolgend für die Nicht-EU-Fälle dargestellt wird. Durch die beabsichtige Gesetzesänderung im zweiten Halbjahr des Jahres 2006 ist allerdings damit zu rechnen, dass umfassende Änderungen der steuerlichen Folgen grenzüberschreitender Umstrukturierungen in der EU gegeben sind. Es scheint allerdings bereits heute festzustehen, dass die Bundesrepublik Deutschland einen Verlust der stillen Reserven in bisher im Inland verhafteten Wirtschaftsgütern nicht hinnehmen, sondern vermutlich eine sofortige Versteuerung der stillen Reserven mit Vollzug der Umstrukturierung vorsehen wird.

3.3.2.2 Sonstige Fälle

Bei der grenzüberschreitenden Umwandlung aus dem Inland in das Nicht-EU-Ausland müssen die vorhandenen stillen Reserven grundsätzlich aufgedeckt und versteuert werden. Eine irgendwie geartete Vergünstigung des zu realisierenden Gewinns ist nach geltendem Recht nicht vorgesehen. Fraglich ist, ob der aufnehmende Staat die historischen Anschaffungskosten übernimmt oder aber von den Verkehrswerten zum Zeitpunkt der Umstrukturierung ausgeht. Im Einzelfall bedarf es einer sorgfältigen Prüfung der steuerlichen Konsequenzen im In- und Ausland.

Literaturhinweise:

Fey, A., Probleme der Spaltung von Kapitalgesellschaften mit Auslandsberührung, in: Grotherr, S. (Hrsg.), Handbuch der internationalen Steuerplanung, 2. Aufl., Herne/Berlin 2003, S. 263 ff.

Fischer, L./Kleineidam, H.-J./Warneke, P., Internationale Betriebswirtschaftliche Steuerlehre, 5. Aufl., Bielefeld 2005, S. 622 ff.

Jacobs, O. H. (Hrsg.), Internationale Unternehmensbesteuerung, 5. Aufl., München 2002, S. 1087 ff.

Schmidt, L./Sigloch, J./Henselmann, K., Internationale Steuerlehre. Steuerplanung bei grenzüberschreitenden Transaktionen, Wiesbaden 2005, S. 471 ff.

Schmitt, J., Umstrukturierung eines inländischen Unternehmens unter Beteiligung von beschränkt Steuerpflichtigen, in: Grotherr, S. (Hrsg.), Handbuch der internationalen Steuerplanung, 2. Aufl., Herne/Berlin 2003, S. 736 ff.

3.3.3 Grenzüberschreitende Joint Venture

▪ Was wird unter einem Joint Venture verstanden?

▪ Welche Bedeutung haben diese Formen der Zusammenarbeit in der heutigen Wirtschaft?

▪ Welche Motive gibt es für eine Beteiligung an einem Joint Venture?

▪ Wie wird ein Joint Venture zivilrechtlich ausgestaltet?

▪ Welche steuerlichen Konsequenzen ergeben sich aus einer Beteiligung an einem internationalen Joint Venture aus Sicht eines inländischen Unternehmens?

Der Begriff des Joint Ventures wird nicht legal definiert. Er wird in der Unternehmenspraxis häufig verwendet, ohne dass klar ist, ob hierbei stets ein einheitliches Begriffsverständnis zu Grunde gelegt wird. Für die weiteren Überlegungen wird unter einem Joint Venture ein **internationales Gemeinschaftsunternehmen** verstanden.[171] Dieses ist dadurch charakterisiert, dass mehrere rechtlich selbstständige Gesellschaften auf die Weise kooperieren, dass die Gründung einer neuen, rechtlich selbstständigen Gesellschaft erfolgt, an der – mindestens zwei – Gesellschafter aus unterschiedlichen Staaten beteiligt sind. Hierbei kann die Zahl der Gesellschafter auch deutlich größer sein, allerdings bleibt sie in der Praxis regelmäßig auf einen überschaubaren Kreis begrenzt. Entscheidend ist, dass in dieser neuen Gesellschaft eine Tätigkeit ausgeübt wird, von der sich alle Gesellschafter einen Nutzen versprechen. Diese bezieht sich jedoch nicht auf die gesamte bisherige Unternehmenstätigkeit[172], sondern lediglich auf die Bereiche, in denen eine Kooperation erfolgen soll. Insoweit geht das bisherige Unternehmen also nicht unter, sondern es erfolgt eine – gesellschaftsrechtlich abgesicherte – Kooperation in Teilbereichen der Tätigkeit, während das ursprüngliche Unternehmen seine rechtliche und wirtschaftliche Selbstständigkeit behält. Hierbei wird die neu errichtete Gesellschaft grundsätzlich auch steuerlich als eine solche anerkannt.[173]

Typischerweise werden im Zuge der Gründung eines Joint Ventures Teile des **Vermögens** – regelmäßig im Wege einer Sacheinlage – auf die neue Gesellschaft **übertragen**. Möglich ist auch, dass diese Ressourcen (wie z. B. Technologie, Maschinen, Kapital) dem Joint Venture nur zur Nutzung überlassen werden. Hinsichtlich der zeitlichen Ausgestaltung lassen sich Joint Venture unterscheiden, die nur für einen begrenzten Zeitraum (wie etwa die Abwicklung eines bestimmten Projekts errichtet werden) und solche, deren Bestand dauerhaft sein soll. Die zivilrechtlichen Regelungen geben den Rahmen für die Strukturierung der neuen Gesellschaft vor. Folglich handelt es sich hierbei um aus betriebswirtschaftlicher Sicht zwingend zu beachtende Parameter. Eine Gestaltungsmöglichkeit kann jedoch insoweit bestehen, wie durch die Wahl des Ansässigkeitsstaats des Joint Ventures unterschiedliche Regelungen zur Anwendung kommen. Dies setzt jedoch voraus, dass die Standortwahl nicht bereits aufgrund anderer Faktoren, wie z. B. die erforderliche Nähe zu einem bestimmten Markt, determiniert ist.

---

[171] Im Schrifttum werden die Begriffe zum Teil nicht als Synonyme verwendet, sondern der Begriff des Joint Ventures auch auf die Fälle ausgedehnt, in denen ein Zusammenschluss ausschließlich auf schuldrechtlicher Basis erfolgt, vgl. Jacobs u. a., Internationale Unternehmensbesteuerung, 5. Aufl., München 2003, S. 1197 ff. Dem wird im Rahmen dieser Ausführungen nicht gefolgt, weil damit u. E. dem erforderlichen Grad an Autonomie des Joint Venture gegenüber seinen Gesellschaftern nicht genügend Rechnung getragen wird.

[172] Hier besteht der wesentliche Unterschied zur Fusion.

[173] Etwas anderes würde gelten, wenn die Regelungen zur Hinzurechnungsbesteuerung (vgl. S. 78 ff.) in einem der Staaten anzuwenden sind.

Die unterschiedliche Interessenlage der einzelnen Gesellschafter als auch deren steuerliche Situation bzw. die steuerlichen Regelungen in deren Ansässigkeitsstaaten können dazu führen, dass für die einzelnen Gesellschafter unterschiedliche Formen, Gestaltungsweisen und Standorte des Gemeinschaftsunternehmens sinnvoll bzw. vorteilhafter sind. Insoweit kann es zu einer weiteren Verkomplizierung bei der Strukturierung solcher Unternehmen kommen, weil hier ein Interessenausgleich zwischen den Beteiligten herbeigeführt werden muss. Hierbei ist ergänzend zu prüfen, inwieweit durch zusätzliche Anpassungsmaßnahmen auf Ebene dieser Gesellschaften (wie z. B. die Errichtung einer sog. Vorschaltgesellschaft, die ausschließlich der Abschottung gegenüber dem Gesellschafter dient) entstehende Nachteile begrenzt oder beseitigt werden können.

Joint Venture haben große **wirtschaftliche Bedeutung**. Dies ergibt sich insbesondere aufgrund der mit ihnen verbundenen Kooperationsmöglichkeiten für mittelständische Unternehmen. Sie verfügen zum Teil nicht über die erforderlichen Ressourcen, die notwendig wären, ein bestimmtes Projekt alleine abwickeln zu können. Durch das Gemeinschaftsunternehmen wird es möglich, trotz der begrenzten eigenen Möglichkeiten entsprechende Chancen nutzen zu können. Ferner ermöglicht diese Organisationsform eine Streuung von Risiken. Folglich führen evtl. Fehlschläge (z. B. im Bereich von Forschungs- und Entwicklungsleistungen) dazu, dass eine Begrenzung möglicher negativer Auswirkungen erfolgt, etwa indem die Verluste auf alle beteiligten Partner aufgeteilt werden. Hiermit im Zusammenhang steht auch die Möglichkeit mit einem vorhandenen Budget eine größere Diversifikation durchführen zu können, um so zu einer Begrenzung der Risiken zu gelangen. Hinzu kommt, dass durch das Joint Venture entweder bei diesem oder bei einem der Mitgesellschafter Größen- und damit Skalenvorteile eintreten. Hieraus resultieren Kostensenkungen und Effizienzvorteile, sodass im Ergebnis eine Verbesserung der Wettbewerbsposition aller beteiligten Partner erfolgen kann. Infolge der Zusammenarbeit kann es auch möglich werden, bestimmte „Ressourcen" überhaupt erst erschließen zu können. So können z. B. bestimmte Märkte erst dann bearbeitet werden, wenn hierfür eine hinreichende Infrastruktur aufgebaut wird. Dies gilt beispielsweise für den Absatz von Kraftfahrzeugen, der regelmäßig ein ausreichend dichtes Netz an Vertragswerkstätten voraussetzt. Durch die Bündelung dieser Aktivitäten zusammen mit mehreren Partnern kann eine solche Infrastruktur möglicherweise aufgebaut werden, ohne dass dies zu prohibitiv hohen Kosten führt. Ferner lassen sich durch die Kooperation mit anderen möglicherweise deren Erfahrungen nutzen, sodass Zeit- und damit Kostenvorteile erzielt werden können. Möglicherweise können so zusätzliche Pioniergewinne erreicht werden, die bei einer Tätigkeit ohne Beteiligung der anderen Partner nicht hätten realisiert werden können.

In einer Reihe von Staaten (wie z. B. in China, den Vereinigten Arabischen Emiraten sowie zahlreichen weiteren arabischen Staaten) besteht für ausländische Investoren nicht die Möglichkeit, eine 100 %ige Tochtergesellschaft zu gründen. Vielmehr muss nach dem nationalen Recht ein lokaler „Partner" beteiligt werden, der oftmals die

Mehrheit halten muss. Folglich darf das Gemeinschaftsunternehmen nur gegründet werden, wenn hieran zumindest ein Unternehmen aus dem Tätigkeitsstaat beteiligt ist. In einem solchen Fall werden Investoren praktisch in ein Joint Venture gezwungen.

Im Rahmen der Errichtung eines Joint Venture stellt sich die Frage, ob es zu einer Aufdeckung und Versteuerung der in den überführten Wirtschaftsgütern vorhandenen stillen Reserven kommt. Entscheidend hierfür ist, dass regelmäßig ein Rechtsträgerwechsel vorliegt, der nach den oben bereits dargestellten Grundsätzen zur grenzüberschreitenden Umwandlung[174] zu einer Gewinnrealisierung führt. Dies richtet sich nach den allgemeinen Grundsätzen. Folglich ist aus deutscher Sicht auf die Frage abzustellen, ob die Voraussetzungen des Umwandlungssteuergesetzes oder eine andere Regelung anwendbar ist, die zu einer Steuerfreiheit des Übertragungsvorgangs führt. Dies scheidet regelmäßig aus, wenn nach der Überführung eine Besteuerung der vorhandenen stillen Reserven durch die Bundesrepublik Deutschland nicht mehr gesichert ist. Insoweit kann auf die Ausführungen zu den grenzüberschreitenden Umwandlungen verwiesen werden.

Für die laufende Besteuerung von Joint Ventures gibt es keine Sonderregelungen. Vielmehr kommen die allgemeinen Bestimmungen des innerstaatlichen und des Abkommensrechts zur Anwendung. Hieraus folgt, dass in Abhängigkeit von der Rechtsform des Joint Ventures entweder Unternehmensgewinne (infolge der Beteiligung an einer Personengesellschaft) oder in den Fällen der Ausschüttung Dividenden (bei einem Gemeinschaftsunternehmen in der Rechtsform der Kapitalgesellschaft) vorliegen. Folglich ergeben sich die allgemeinen Besteuerungskonsequenzen mit den oben bereits aufgezeigten Grenzen, die sich infolge eines evtl. anzuwendenden Doppelbesteuerungsabkommens ergeben können.

Ein Problem bei der laufenden Besteuerung kann in der Weitergabe von Informationen an die Gesellschafter des Gemeinschaftsunternehmens bestehen. Handelt es sich hierbei um kommerziell verwertbare Informationen, stellt – wovon regelmäßig auszugehen ist – sich nicht nur zwischen den Gesellschaftern die Frage, ob hierfür ein angemessener Ausgleich bezahlt wurde, sondern auch steuerlich. Da zumindest einige der Gesellschafter und das Joint Venture in unterschiedlichen Staaten ansässig sind, ist aus der Sicht der Finanzverwaltung des Staates, in dem sich das Joint Venture befindet, fraglich, ob hier eine korrekte Leistungsabrechnung erfolgt ist. Hierbei handelt es sich im Ergebnis um einen Spezialfall der internationalen Einkunftsabgrenzung[175], wobei die Besonderheit darin besteht, dass möglicherweise die Gesellschafter in mehreren Staaten ein Interesse daran haben können, Leistungen vom Gemeinschaftsunternehmen zu einem unangemessen niedrigen Entgelt zu beziehen. Folglich ist das Risiko eines Verlusts von Steueraufkommen für die Finanzverwaltung des Ansässigkeitsstaats des Joint Ventures besonders groß.

---

[174] Vgl. hierzu nochmals S. 134 ff.
[175] Vgl. hierzu S. 163 ff.

Zwar lassen sich mit der Wahl des Ansässigkeitsstaates für das Gemeinschaftsunternehmen bestimmte steuerliche Vorteile erlangen, doch bestimmt sich die Höhe der Steuerbelastung letztlich danach, wo die eigentliche Wertschöpfung für das Gemeinschaftsunternehmen erfolgt. Dies ist letztlich Ausfluss des Prinzips, dass ein Zusammenhang zwischen dem Umfang der ausgeübten Funktionen und Risiken eines Unternehmens einerseits sowie dessen Gewinnpotential andererseits bestehen muss. Ist dieser nicht – oder nicht ausreichend – gegeben, erfolgt eine Korrektur der Einkünfte nach Maßgabe der allgemeinen Berichtigungsvorschriften.[176]

Sofern das Joint Venture nur für eine bestimmte Zeit oder ein einzelnes Projekt eingegangen wurde, stellt sich die Frage, wie bei einer Beendigung der Tätigkeit zu verfahren ist. Die Antwort hierauf hängt von der Art der Beendigung ab. Werden die Anteile an dem Gemeinschaftsunternehmen verkauft, gelten die allgemeinen Grundsätze für die Veräußerung von Anteilen. Infolge der engen Kooperation zwischen dem Joint Venture und den Gesellschaftern wird sich dieser Weg häufig als nicht gangbar erweisen. Denkbar ist, dass nach nationalem Recht eine Spaltung des Joint Ventures erfolgt, um so eine partielle Weiterführung dieser Beziehungen durch die jeweiligen Gesellschafter zu ermöglichen. Hierbei kann es sich auch um eine Vorstufe für eine anschließend erfolgende Verschmelzung dieses Unternehmens mit dem neu entstandenen Unternehmen handeln. Die zu beachtenden Regelungen ergeben sich insbesondere aus der Rechtsordnung des Ansässigkeitsstaats des Joint Ventures. Hierbei wird eine grenzüberschreitende Umwandlung regelmäßig nicht steuerneutral möglich sein, während in etlichen Staaten die Möglichkeit besteht, in den Fällen der innerstaatlichen Umwandlung dies „steuerneutral" vorzunehmen. Hierbei ist zu beachten, dass der Begriff der Steuerneutralität in einigen Staaten nicht mit einer Fortführung der Buchwerte gleichzusetzen ist. Vielmehr sind die vorhandenen stillen Reserven zunächst aufzudecken und zu versteuern, und diese höheren Buchwerte bilden dann die Bemessungsgrundlage für die Bestimmung der Abschreibungen in der Zukunft. Eine solche Vorgehensweise führt regelmäßig zu erheblichen Steuerzahlungen und damit einer Verschlechterung der Liquiditätslage. Ergänzend ist zu prüfen, inwieweit es zu einer Belastung mit Verkehrsteuern (etwa der Grunderwerbsteuer oder sog. Stempelsteuern im Zusammenhang mit der Errichtung des Joint Ventures) kommt.

Aufgrund der Probleme bei der Beendigung eines Joint Ventures ist es sinnvoll, bereits bei der Errichtung über später möglicherweise entstehende Probleme nachzudenken. Dies gilt insbesondere, wenn das Gemeinschaftsunternehmen von vornherein nur für einen begrenzten Zeitraum errichtet werden soll. In einem solchen Fall wird die zeitlich befristete Überlassung von Wirtschaftsgütern (insbesondere im Wege der Vermietung und Verpachtung) einer gesellschaftsrechtlichen Übertragung regelmäßig vorzuziehen sein, weil damit eine doppelte Versteuerung von stillen Reserven – ohne Marktberührung – verhindert werden kann. Allerdings entsteht dann die Notwendig-

---

[176] Vgl. zu diesen Regelungen z. B. Wassermeyer, in: Flick/Wassermeyer/Baumhoff, AStG-Kommentar, § 1 AStG Anm. 76 ff. (Oktober 2004), 5. Aufl., Loseblattwerk, Köln 1990 ff.

keit einer fremdvergleichskonformen Entgeltbestimmung für die laufenden Nutzungen, was jedoch regelmäßig die geringeren Probleme aufwerfen wird.

Weiterführende Literatur:

Endres, D., Steueraspekte internationaler Joint Ventures, in: Grotherr, S. (Hrsg.), Handbuch der internationalen Steuerplanung, 2. Aufl., Herne/Berlin 2003, S. 194 ff.

Jacobs, O. H. (Hrsg.), Internationale Unternehmensbesteuerung, 5. Aufl., München 2002, S. 1197 ff.

Schaumburg, H., Internationale Joint Ventures: Management, Besteuerung, Vertragsgestaltung, Stuttgart 1999.

Vögele, A./Brück, M., Steuerplanung bei grenzüberschreitenden Unternehmensfusionen und -akquisitionen sowie Joint Ventures durch Verwendung von Stapled Stocks, in: Grotherr, S. (Hrsg.), Handbuch der internationalen Steuerplanung, 2. Aufl., Herne/Berlin 2003, S. 1367 ff.

3.3.4 Grenzüberschreitende Unternehmenskäufe

▨ Welche steuerliche Ziele werden beim Unternehmenskauf verfolgt?

▨ Welche Rolle spielt die Rechtsform der zu erwerbenden Gesellschaft?

▨ Welche Bedeutung haben Verkehrsteuern im Zuge des Unternehmenskaufs?

Die zunehmende Internationalisierung und Globalisierung der Geschäftsaktivitäten führt dazu, dass Unternehmen außerhalb ihres Sitzstaates geschäftliche Aktivitäten in der Weise vornehmen, dass sie entweder organisch selbstständig wachsen, oder aber Unternehmen teilweise oder vollständig durch Kauf erwerben und hierdurch eine unternehmerische Basis in dem anderen Staat schaffen. Neben einer Vielzahl außersteuerlicher Aspekte, wie z. B. der Auswahl des relevanten Marktes, der Bestimmung des Unternehmens, der Rechtsform des Unternehmens sowie der Ermittlung des Kaufpreises stehen auch steuerliche Aspekte regelmäßig im Focus der Betrachtung. Im Folgenden wird auf die steuerlichen Aspekte und Gestaltungsmöglichkeiten beim grenzüberschreitenden Unternehmenskauf eingegangen werden. Dabei sind zwei Fälle zu unterscheiden: Ein im Ausland ansässiges Unternehmen erwirbt ein deutsches Unternehmen oder der umgekehrte Fall, bei dem ein deutsches Unternehmen ein ausländisches Unternehmen kauft. Die Kernfragen beim grenzüberschreitenden Unternehmenskauf sind mit denen des nationalen Unternehmenskaufs weitgehend identisch. Es handelt sich im Wesentlichen um die Frage, ob eine Abschreibung des Kaufpreises an dem erworbenen Objekt also den Wirtschaftsgütern der Zielgesellschaft, dem so genannten Target, möglich oder ausgeschlossen ist. Weitere Fragestellungen im Zusammenhang mit dem Unternehmenskauf sind:

- die Abzugsfähigkeit der Finanzierungskosten zum Erwerb des Target im Inland und/oder im Ausland,

- die optimale Nutzung der Gewinne oder Verluste der Auslands- bzw. Inlandsgesellschaft,

- die Minimierung der steuerlichen Transaktionskosten. Dies betrifft beispielsweise die Umsatzsteuer, evtl. Kapitalverkehrssteuern oder im Regelfall die Grunderwerbssteuer; und

- die Rechtsform der Erwerbergesellschaft.

In der Vergangenheit kamen immer wieder Überlegungen zur Sicherung eines so genannten Schachtelprivilegs hinzu, doch sind diese Überlegungen aus deutscher Sicht durch die Anwendung des § 8b Abs. 1 bzw. 2 weitgehend hinfällig geworden.

Das Abschreibungspotential der erworbenen Wirtschaftsgüter kann nur dann steuermindernd genutzt werden, wenn im Ausland die Personengesellschaft als transparentes Gebilde angesehen wird und eine Abschreibung für die erworbenen Einzelwirtschaftsgüter vorgesehen ist. Hierdurch kann jedoch regelmäßig nur eine Steuerminderung im Ausland erzielt werden. Nur in den Fällen, in denen nach deutschen Gewinnermittlungsvorschriften ein Verlust und damit negative Einkünfte im Ausland entstehen, sind die ausländischen Verluste auch in diesen Fällen bei der inländischen Einkunftsermittlung zu berücksichtigen. Auch in DBA-Fällen kann es zur Berücksichtigung über den negativen Progressionsvorbehalt kommen, da unabhängig von der steuerlichen Behandlung im DBA-Ausland der Progressionsvorbehalt sich nach deutschen Gewinnermittlungsvorschriften ergibt und daher ein entsprechender Effekt erzielt werden kann. Dies kann jedoch nur dann der Fall sein, wenn die beschränkenden Regelungen des § 2a EStG nicht zur Anwendung kommen. Die Abschreibungsmöglichkeiten können bei einer Personengesellschaft als der Zielgesellschaft auch bei einer Kapitalgesellschaft als Erwerbergesellschaft genutzt werden. Doch ist einschränkend darauf hinzuweisen, dass die Entlastungsmöglichkeiten durch den negativen Progressionsvorbehalt wegen des proportionalen Körperschaftsteuersatzes keine Wirkung entfalten.

Aus der Sicht einer natürlichen Person im Inland, die im Ausland ein Unternehmen erwerben möchte, bietet sich sowohl eine Personengesellschaft im Ausland als Zielgesellschaft und als Erwerbergesellschaft eine inländische GmbH & Co. KG an. Hierbei könnte das Abschreibungsvolumen im Ausland bei den natürlichen Personen im Inland direkt zu Steuerminderungen führen.

Liegt dem gegenüber als Zielgesellschaft eine Kapitalgesellschaft vor, ist davon auszugehen, dass der inländische Erwerber der Gesellschaftsanteile wegen der fehlenden

Abschreibungsmöglichkeiten im Ausland einen nur geringeren Kaufpreis entrichten wird als für dasselbe Unternehmen in der Rechtsform einer Personengesellschaft.

Bei den zu beachtenden Transaktionskosten beim Unternehmenskauf ist auf die Rahmenbedingungen des Unternehmens abzustellen, da z. B. eine Belastung mit Grunderwerbsteuer nur dann zum Tragen kommt, wenn die zu erwerbende Gesellschaft über Grundbesitz verfügt. Sofern das ausländische Grunderwerbsteuerrecht ähnlich dem deutschen Grunderwerbsteuerrecht ist, könnte daran gedacht werden, statt aller Anteile nur 94,5 % der Anteile zu erwerben und die restlichen Anteile durch befreundete Dritte oder Banken halten zu lassen, mit denen Kaufoptionen bestehen. Zu einer Grunderwerbsteuerpflicht kommt es hierbei erst zum Zeitpunkt der Ausübung der Option, da erst zu diesem Zeitpunkt ein grunderwerbsteuerlicher Tatbestand ausgelöst wird.

Bei den Transaktionskosten ist außerdem zu beachten, das bestimmte Kosten in einigen Staaten als so genannte capital expenditure behandelt werden, dass heißt, die Aufwendungen sind steuermindernd nicht zu berücksichtigen, selbst wenn etwaige Gewinne aus dem Verkauf der Gesellschaftsanteile im Ausland steuerpflichtig wären. Eine solche Situation ist für Unternehmen immer dann besonders nachteilig, wenn auf der einen Seite die Einkünfte aus einer Beteiligung an einer Personengesellschaft nur im anderen Staat besteuert werden und insoweit eine Berücksichtigung von Aufwendungen im Inland nicht möglich ist, aber im Ausland der Abzug versagt wird.

Eine weitere Frage beim grenzüberschreitenden Unternehmenskauf ist die nach der Finanzierung des Kaufpreises. Sofern beim Kauf einer Personengesellschaft die Anschaffung mit Fremdkapital finanziert wird, sind die Zinsen als Betriebsausgaben im Ausland steuermindernd zu berücksichtigen. In DBA-Fällen kommt es zu einer ausschließlichen Berücksichtigung im ausländischen Staat, da die Bundesrepublik Deutschland regelmäßig die Betriebsstätteneinkünfte, also den Saldo von Betriebseinnahmen und Betriebsausgaben, von der deutschen Besteuerung freistellt.

Wird dem gegenüber eine ausländische Kapitalgesellschaft erworben, so liegt das Besteuerungsrecht für die Gewinne aus der Veräußerung der Anteile an der Kapitalgesellschaft im Ansässigkeitsstaat des Gesellschafters. Dies bedeutet, dass auch nur dieser Staat die Fremdfinanzierungskosten steuermindernd zu berücksichtigen hat. Ist der Erwerber eine Kapitalgesellschaft, sind die Finanzierungskosten in voller Höhe abzugsfähig. Ein Ausgleich wird steuerrechtlich dadurch geschaffen, dass sowohl die Dividenden als auch zukünftige Veräußerungsgewinne nur zu 95 % von der Besteuerung ausgenommen sind und – wirtschaftlich betrachtet – zu einem Anteil von 5 % der regulären Besteuerung unterliegen. Regelmäßig wird ein Unternehmenserwerber jedoch auf laufende Dividenden abzielen, da er nur so die Finanzierungskosten begleichen kann.

Ein beim Unternehmenskauf außerhalb der europäischen Union zu beachtender Aspekt ist die zusätzliche Belastung mit Quellensteuer, die regelmäßig gegen einen mehrstufigen Konzernaufbau von Kapitalgesellschaften spricht. Sofern die zu erwerbende Gesellschaft in einem Niedrigsteuerland ansässig ist, oder die Gesellschaft einer besonderen steuerlichen Vergünstigung in einem gewöhnlich besteuernden Staat unterliegt, kommt es zur Überprüfung inwieweit die Hinzurechnungsbesteuerung des Außensteuergesetzes zu beachten ist. Darüber hinaus sind weitere abkommensrechtliche Besonderheiten zu prüfen, wie beispielsweise beim Erwerb einer Personengesellschaft die Frage nach der Gewährung der Freistellung dieser anteilig zuzurechnenden Betriebsstätteneinkünfte aus dem Ausland.

Die Vermeidung von Qualifikationskonflikten und ihrem steuerlichen Nachteil sollte ebenfalls Gegenstand einer vertiefenden Untersuchung im Vorfeld des Unternehmenskaufs sein.

Zunächst soll der Fall untersucht werden, dass ein ausländisches Unternehmen ein in Deutschland ansässiges Unternehmen erwirbt. Aus der Sicht des ausländischen Erwerbers stellt sich die Frage, ob der Erwerb einer Kapitalgesellschaft oder einer Personengesellschaft grundsätzlich günstiger ist. Hierzu ist festzustellen, dass nur bei Erwerb einer Personengesellschaft für steuerliche Zwecke die Wirtschaftsgüter einzeln erworben werden und im Rahmen der beschränkten Steuerpflicht die Einkünfte aus der im Inland belegenen Betriebsstätte, die für den ausländischen Mitunternehmer Einkünfte im Sinne des § 49 Abs. 1 Nr. 2 Buchst. a EStG vermitteln, die Abschreibungen im Rahmen einer Ergänzungsbilanz Berücksichtigung finden. Entsprechendes gilt für die Finanzierungskosten im Zusammenhang mit dem Erwerb der Beteiligung. Im Ergebnis ist festzustellen, dass, vergleichbar der Situation bei reinen Inlandssachverhalten, der Erwerb von Personengesellschaftsanteilen auf Grund der Generierung von Abschreibungspotential grundsätzlich günstiger ist als der Erwerb einer Kapitalgesellschaft, bei der ein steuerfinanzierter Unternehmenskauf nicht möglich ist. Auf Grund der Aufwandsverrechnung der Abschreibung auf die erworbenen Wirtschaftsgüter und der Berücksichtigung der Fremdkapitalkosten kann die Steuerlast aus der deutschen Beteiligung regelmäßig in den Anfangsjahren erheblich reduziert werden und damit eine Vermeidung von so genannten Anrechnungsüberhängen bei den Steuerpflichtigen im Sitzstaat erfolgen.

Demgegenüber führt der Erwerb von Anteilen an einer Kapitalgesellschaft grundsätzlich zu keiner Steuerwirkung, da der ausländische Erwerber nun an einer deutschen Kapitalgesellschaft beteiligt ist und es erst zu dem Zeitpunkt, zu dem Dividenden aus seinem neuen Beteiligungsunternehmen ausgeschüttet werden, zu einer Besteuerung in Deutschland wie auch im Ausland kommen kann. Auf Grund der Vorschrift des § 8b Abs. 1 KStG kommt es zu einer Nichtbesteuerung der Dividenden. Im Ergebnis führt die steuerfreie Vereinnahmung der Dividenden nur zu einer Besteuerung im Sitzstaat der empfangenen Einkünfte. Auf Grund des Doppelbesteuerungsabkommens kann eine Wertminderung aus dem Anteil an der Kapitalgesellschaft regelmäßig nur im Ansässigkeitsstaat des Gesellschafters berücksichtigt werden, sodass eine Fehlinvestition beim Unternehmenserwerb nur steuerliche Konsequenzen im Ansässigkeitsstaat des Unternehmens entfalten kann. Ähnlich verhält es sich allerdings auch bei Personengesellschaften, da regelmäßig Verluste aus einer Personengesellschaftsbeteiligung in Deutschland nicht mit positiven Einkünften des Gesellschafters in seinem Sitzstaat ausgeglichen werden können. Die Finanzierungskosten für den Erwerb der Anteile an einer Kapitalgesellschaft sind nur im Ansässigkeitsstaat des Gesellschafters zu berücksichtigen und sind je nach Ausgestaltung des dortigen Steuerrechts gegen die Dividendeneinnahmen zu verrechnen. Weitere Besonderheiten ergeben sich sowohl beim Erwerb von Personengesellschaftsanteilen als auch Kapitalgesellschaftsanteilen bei Gesellschaften, die über Grundbesitz im Inland verfügen, da eine zusätzliche Besteuerung in diesen Fällen durch die Grunderwerbssteuer zum Tragen kommt. Der Vorteil eines Erwerbs einer Kapitalgesellschaftsbeteiligung kann darin liegen, dass diese Kapitalgesellschaft der eine inländische Organgesellschaft darstellen kann, sofern der Steuerpflichtige die Organschaft im Inland zum Ausgleich von Gewinnen und Verlusten vornehmen möchte.

Erwirbt ein deutsches Unternehmen eine ausländische Gesellschaft, so ergeben sich regelmäßig die folgenden Schwierigkeiten bzw. Besonderheiten. Beim Erwerb einer ausländischen Kapitalgesellschaft ist zu berücksichtigen, dass nur in EU-Fällen und bei Vorliegen der Voraussetzung der Mutter-Tochter-Richtlinie eine Vermeidung mit Quellensteuern auf die Dividenden gegeben ist. Die Investition in Staaten, bei denen nur eine Quellsteuerreduzierung, z. B. auf Grund eines Doppelbesteuerungsabkommens oder in denen der gewöhnliche nationale Satz zum Tragen kommt, bieten sich nicht für den Erwerb von Kapitalgesellschaften an, sofern an eine fortlaufende Ausschüttung der laufenden Gewinne des erworbenen ausländischen Unternehmens gedacht wird. Ist demgegenüber eine fortlaufende Thesaurierung der Gewinne geplant und eine einmalige Veräußerung im Wege der Desinvestition durch Veräußerung der Anteile geplant, kann die Frage der Quellensteuern vernachlässigt werden.

Wird die ausländische Beteiligung bzw. deren Erwerb mit Fremdkapital finanziert, so sind die Fremdkapitalzinsen nach § 8b Abs. 5 KStG in voller Höhe abzugsfähig, doch sind fünf Prozent der ausgeschütteten Dividenden als nichtabziehbare Aufwendungen im Sinne des § 3c EStG zu behandeln, sodass auf fünf Prozent der empfangenen Dividenden eine Nichtabzugsfähigkeit gegeben ist. Da diese fünfprozentige Nichtabzugsfähigkeit der Dividenden in jedem Fall zur Anwendung kommt, empfiehlt es sich daher regelmäßig, den Erwerb der Auslandsgesellschaft durch Fremdkapital zu finanzieren. Eine Berücksichtigung von Wertminderungen des Beteiligungsansatzes in Deutschland scheidet auf Grund § 8b Abs. 2 KStG i. V. m. § 8b Abs. 3 KStG aus. Wird demgegenüber eine ausländische Personengesellschaft erworben, können sich unterschiedliche steuerliche Folgen ergeben, in Abhängigkeit davon, wie die Personengesellschaft in der jeweils anderen Jurisdiktion qualifiziert wird. Kommt es z. B. zu einer Qualifikation auch nach ausländischem Steuerrecht als Personengesellschaft, so hat dies zur Folge, dass bei Vorliegen eines Doppelbesteuerungsabkommens die Einkünfte aus der Beteiligung ausschließlich im Belegenheitsstaat der Personengesellschaft besteuert werden kann. Im Ergebnis führt dies dazu, dass eine Besteuerung nur nach dem ausländischen Steuerrecht erfolgt und eine Freistellung der erzielten Einkünfte positiv wie negativ zu erfolgen hat. Verluste aus der Beteiligung an der Personengesellschaft können somit nur im Ausland geltend gemacht werden, nicht jedoch im Inland, sofern ein Doppelbesteuerungsabkommen gegeben ist, dass eine Freistellung der Betriebsstätteneinkünfte vorsieht. Anders zu beurteilen ist der Fall nur dann, wenn es sich um Betriebsstättenverluste aus einer ausländischen Personengesellschaftsbeteiligung handelt, aus einem Land, mit dem kein Doppelbesteuerungsabkommen besteht. In diesen Fällen ist eine Berücksichtigung im Sinne des § 2a EStG möglich.

Literaturhinweise:

Blumers, W., Steuerplanungsüberlegungen beim Kauf von ausländischen Unternehmen, in: Grotherr, S. (Hrsg.), Handbuch der internationalen Steuerplanung, 2. Aufl., Herne/Berlin 2003, S. 217 ff.

Eckert, R., Kauf eines inländisches Unternehmens aus steuerlichen Planungsgesichtspunkten, in: Grotherr, S. (Hrsg.), Handbuch der internationalen Steuerplanung, 2. Aufl., Herne/Berlin 2003, S. 821 ff.

4 Geschäftsleitungsentscheidungen im weiteren Sinne

Aus dem Bereich der Geschäftsleitungsentscheidungen im weiteren Sinne werden im Folgenden die Bereiche

- Finanzierung und Investition,

- als organisatorische Maßnahmen die Zuordnung von Funktionen und hieraus resultierende Konsequenzen für die Einkunftsabgrenzung sowie

- aus dem Personalbereich die Frage möglicher steuerlicher Konsequenzen infolge von Personalentsendungen

behandelt. Hierbei zeigt sich der Einfluss, den die Steuer auf diese unternehmerischen Entscheidungen ausübt, sowie die Veränderung der Vorteilhaftigkeit, wenn steuerliche Überlegungen ergänzend berücksichtigt werden.

4.1 Investition und Finanzierung

Im Folgenden wird auf die Besonderheiten eingegangen, die im Vergleich zu einer rein innerstaatlichen Investitions- und Finanzierungstätigkeit[177] bei einer grenzüberschreitenden Tätigkeit entstehen.

4.1.1 Investitionsentscheidungen

Welche (steuerlichen) Besonderheiten bestehen bei grenzüberschreitenden Investitionsentscheidungen?

Werden Investitionen im Ausland getätigt, so stellt sich zunächst die Frage, in welchem Staat[178] und in welcher rechtlichen Ausgestaltungsform dies geschehen soll.[179]

---

[177] Vgl. zu diesen sowie zur Abgrenzung der Begrifflichkeiten z. B. Kaminski/Strunk, Einfluss von Steuern auf unternehmerische Entscheidungen, Kriftel 2003, S. 208 ff., m. w. N.
[178] Vgl. zur Standortwahl nochmals S. 71 ff.
[179] Vgl. hierzu nochmals die Ausführungen auf S. 92 ff.

Darüber hinaus ist zu prüfen, inwieweit sich Besonderheiten gegenüber den Überlegungen zur Bestimmung der Vorteilhaftigkeit von rein innerstaatlichen Investitionen ergeben. Dies ist von der Methodik der Vorgehensweise zur Bestimmung der Vorteilhaftigkeit der Investitionsentscheidung nicht der Fall. Besonderheiten können sich jedoch aus dem Umstand ergeben, dass nunmehr die Zahlungsströme infolge des Bezugspunktes zu zwei Steuerhoheiten verändert werden. Insoweit wird es notwendig, die als Steuerzahlungen zu berücksichtigenden Beträge anzupassen. Als Beispiele können genannt werden:

- **Steuerbefreiungen** in einem Staat: Motivation kann z. B. die Überlegung eines Staates sein, durch spezielle Anreize die Attraktivität für ausländische Investoren zu erhöhen.[180] In einem solchen Fall verringert sich der Betrag der Steuerzahlungen. Ergänzend müsste berücksichtigt werden, welche steuerlichen Konsequenzen sich aus dieser Befreiung im anderen Staat ergeben. Dies hängt entscheidend von der anzuwendenden Methode zur Vermeidung der Doppelbesteuerung ab.

- Denkbar ist, dass infolge der Besteuerung in zwei Staaten und den hiermit möglicherweise verbundenen Maßnahmen zur Vermeidung der Doppelbesteuerung **niedrigere oder höhere Steuerbelastungen** entstehen. Der erste Fall wäre beispielsweise gegeben, wenn die Einkünfte nach einem DBA von der inländischen Besteuerung freigestellt sind und im Ausland eine niedrigere Besteuerung als in Deutschland erfolgt. Der zweite Fall tritt ein, wenn es im Vergleich zu einer rein inländischen Investition zu einer höheren Steuerbelastung kommt (z. B. infolge von Anrechnungsüberhängen oder Qualifikationskonflikten).

- Bei der Bestimmung von **Anschaffungsauszahlungen** einer Investition ist ergänzend zu berücksichtigen, inwieweit infolge der Überführung von Wirtschaftsgütern in das Ausland eine Steuerbelastung entsteht. Dies kann der Fall sein, wenn ein Wirtschaftsgut in das Ausland übertragen wird, bei dem der Buchwert niedriger als der Zeitwert ist. In Höhe dieses Differenzbetrages wird regelmäßig eine Besteuerung in dem Staat vorgenommen, in dem das das Wirtschaftsgut abgebende Unternehmen ansässig ist. Ferner stellt sich die Frage, ob eine Investition im Ausland zu „**Exit-Zahlungen**" im anderen Staat führt. Dies ist z. B. dann der Fall, wenn die Grundsätze zur sog. Geschäftschancenlehre[181] zur Anwendung kommen. Diese sehen vor, dass unter fremden Dritten eine Übertragung von Geschäftschancen in der Regel nicht ohne Entschädigung erfolgt. Wird eine solche Geschäftschance zwischen verbundenen Unternehmen übertragen, muss hierfür auch eine Entschädigung bezahlt werden, um den Anforderungen des Fremdvergleichs zu genügen. Wird eine solche Vergütung nicht bezahlt, liegt insoweit ein Verstoß gegen den Fremdvergleichsgrundsatz vor, der zu einer internationalen Einkunftskorrektur führt. Die Fälle der Geschäftschancenlehre unterscheiden sich dadurch von

---

[180] Vgl. hierzu bereits S. 71 ff.
[181] Vgl. insbesondere BFH-Urt. vom 7.8.2002 I R 64/01, BFH/NV 2003 S. 205 und aus dem Schrifttum Gosch, DStR 1997, S. 442 ff. sowie und Wassermeyer, DStR 1997, S. 681 ff.

der Überführung von Wirtschaftsgütern, dass bei Geschäftschancen die Kriterien für das Vorliegen eines Wirtschaftsgutes gerade nicht erfüllt sind.

Beispiel:

Die deutsche Vertriebstochtergesellschaft hat sich sehr intensiv um die Akquisition eines internationalen Großauftrages bemüht. Hierzu erfolgten zahlreiche Besuche des Kunden, diverse Vorplanungen, die Abgabe von Angeboten und schließlich langwierige Vertragsverhandlungen. Kurz vor Abschluss des Vertrages, als allen Beteiligten klar ist, dass das erfolgreiche Ende der Verhandlungen unmittelbar bevor steht, veranlasst die ausländische Muttergesellschaft ihre deutsche Tochtergesellschaft dieses Projekt nicht weiter zu verfolgen, sondern hierauf zu Gunsten der Muttergesellschaft zu verzichten.

In einem solchen Fall würden fremde Dritte nicht ohne weiteres zu Gunsten eines anderen auf dieses Geschäft verzichten. Vielmehr wären entweder die Gespräche sehr frühzeitig abgebrochen worden (etwa wenn sich gezeigt hätte, dass diese voraussichtlich nicht zu einem erfolgreichen Ende gebracht werden können) oder unmittelbar vor Vortragsschluss – und nach der Tragung erheblicher Kosten – hierauf nicht ohne weiteres verzichtet worden.

Schwierigkeiten bereitet häufig die Bestimmung der Höhe der zu zahlenden Abfindung. Einerseits muss diese die Finanzverwaltung in dem Staat zufrieden stellen, in dem die abgebende Gesellschaft ansässig ist, und andererseits soll die steuerliche Geltendmachung dieses Betrages im Investitionsstaat erfolgen können.

■ Als weiterer Faktor ist die **höhere Unsicherheit** über die steuerliche Behandlung der aus dem Investitionsprojekt fließenden Zahlungen zu nennen.[182] Die Beteiligung mehrerer Finanzverwaltungen führt zu höheren Risiken für den Steuerpflichtigen, etwa indem es zu einer mehrfachen Versteuerung von Einkommen kommt oder bestimmte Aufwendungen nicht als Betriebsausgaben abgezogen werden dürfen. Andererseits können hiermit auch Chancen verbunden sein, etwa indem eine „**Keinmalbesteuerung**" von Einkommen erfolgt (sog. weiße Einkünfte) oder Aufwendungen, die nur einmal entstanden sind, aber in mehreren Staaten als Betriebsausgaben abgezogen werden können.

■ Im Rahmen der **Auszahlungen** ist zu prüfen, inwieweit der Ansatz **weiterer Beträge** zu erfolgen hat. Entscheidend hierfür ist, dass eine Auslandsinvestition regelmäßig zu einer Vielzahl von komplexen steuerlichen und rechtlichen Fragen führt. Diese lassen sich – schon wegen der häufig nicht ausreichenden Informationsbasis – meistens nicht von dem Unternehmen alleine beantworten. Vielmehr

---

[182] Dieses höhere Risiko (sowohl bei der Identifikation der relevanten Zahlungsströme, der Risikoquellen und der Prognose der Daten) stellt die wesentliche Besonderheit bei Auslandsinvestitionen dar, sofern steuerliche Überlegungen unberücksichtigt bleiben, vgl. Stein in: Schoppe (Hrsg.), Kompendium der internationalen Betriebswirtschaftslehre, 4. Aufl., München 1998, S. 565.

bedarf es hierzu den Einsatz von Beratern. Da diese ein Grundverständnis des jeweiligen nationalen und des zwischenstaatlichen Rechts benötigen, sind diese Beratungsleistungen – verglichen mit solchen Leistungen für rein innerstaatliche Sachverhalte – deutlich teurer. Insoweit kann es sich als notwendig erweisen, hierfür zusätzliche Auszahlungen zu berücksichtigen. Darüber hinaus stellt sich die Frage, ob infolge des Zahlungsabflusses (also bei einer Ausschüttung, der Zahlung von Lizenzen oder Zinsen) zusätzliche Belastungen (insbesondere in Form von Quellensteuern) entstehen. Ist dies der Fall, muss geprüft werden, ob es sich hierbei um „vorgezogene" Steuerzahlungen des Gesellschafters handelt oder ob diese zu einer effektiv höheren Steuerbelastung führen, die im Rahmen der Auszahlungen zu berücksichtigen sind.

Literaturhinweise:

Fischer, L./Kleineidam, H.-J./Warneke, P., Internationale Betriebswirtschaftliche Steuerlehre, 5. Aufl., Bielefeld 2005, S. 303 ff.

4.1.2 Finanzierungsentscheidungen

■ Warum muss zwischen den Inbound- und den Outbound-Fällen unterschieden werden?

Die steuerlichen Konsequenzen einer grenzüberschreitenden Finanzierung unterscheiden sich grundlegend danach, ob die Finanzierung für eine ausländische Investition im Inland erfolgt (Inbound-Fall) oder ob ein Inländer eine ausländische Investition finanziert (Outbound-Fall). Entscheidend hierfür ist, dass einerseits die Frage der Abzugsfähigkeit von Zahlungen im Inland und evtl. weitere steuerliche Pflichten infolge der Zahlungen im Mittelpunkt stehen, während andererseits die Ebene des Zahlungsempfängers zu betrachten ist.

Die Finanzierung einer grenzüberschreitenden Unternehmenstätigkeit führt grundsätzlich nicht zu veränderten Finanzierungsformen. Vielmehr ergeben sich neue Möglichkeiten, indem z. B. Vorteile des Auslands (wie beispielsweise die Nutzung eines ausländischen Kapitalmarktes oder der Einsatz von speziellen Finanzierungsgesellschaften) zu einer Verringerung der Kapitalkosten führen können. Hierbei können eintretende steuerliche Belastungen grundsätzlich zu einer Erhöhung der Kapitalkosten führen. Als „Nebenbedingung" ist die ständige Aufrechterhaltung der Zahlungsbereitschaft (also der Liquidität) zu beachten, um den dauerhaften Fortbestand des Unternehmens zu gewährleisten.

4.1.2.1 Inbound-Fall

▦ Wie lässt sich der Inbound-Fall charakterisieren?

Dieser Fall ist dadurch charakterisiert, dass ein Ausländer im Inland investiert und er seiner inländischen Kapitalgesellschaft, Personengesellschaft oder seiner Betriebsstätte finanzielle Mittel zur Verfügung stellt. Hierbei kann sowohl die Überlassung von Geld (als Eigen- oder Fremdkapital) erfolgen oder die Überlassung von Sachmitteln, die im Inland praktisch eine Mittelverwendung ersetzen und insoweit die Zuführung von finanziellen Mitteln entbehrlich machen. Diese weitere Form sollte jedoch nicht unter den hier verwendeten Finanzierungsbegriff fallen. Vielmehr wird hierunter die Beschaffung von finanziellen Mitteln verstanden.

4.1.2.1.1 Eigenfinanzierung

▦ Welche steuerlichen Konsequenzen ergeben sich im Inland aus der Eigenfinanzierung auf Ebene des inländischen Unternehmens und beim Gesellschafter?

▦ Inwieweit können Refinanzierungskosten des Gesellschafters steuerlich im Inland berücksichtigt werden?

▦ Welche Besonderheiten ergeben sich, wenn zwischen der Bundesrepublik Deutschland und dem Ausland ein DBA besteht?

Im Rahmen der Eigenfinanzierung erfolgt die Ausstattung des inländischen unternehmerischen Engagements mit Eigenkapital. Die hierfür gezahlten Vergütungen werden im Inland als nicht abzugsfähige Betriebsausgaben behandelt. Dies gilt unabhängig von der Ausgestaltung des Engagements im Inland. Fraglich ist, ob durch den Empfang dieser Zahlungen in Deutschland für den Ausländer eine beschränkte Steuerpflicht begründet wird. Hierfür ist danach zu differenzieren, in welcher Rechtsform das Engagement unterhalten wird. Wird eine Steuerpflicht bejaht, ist zu analysieren, in welcher Form die Besteuerung erfolgt, insbesondere ob evtl. Refinanzierungskosten (oder andere Aufwendungen des Gesellschafters im Zusammenhang mit der Finanzierung seines Engagements in Deutschland) steuerlich berücksichtigt werden können.

Hinsichtlich der Ausgestaltung des Engagements in Deutschland sind die folgenden Fälle zu unterscheiden:

▪ Besteht im Inland eine **Kapitalgesellschaft**, sind die erfolgenden Ausschüttungen als Gewinnverwendung anzusehen und damit als nicht abzugsfähige Betriebsausgaben zu qualifizieren. Der Gesellschafter bezieht Dividenden. Diese führen gem. § 49 Abs. 1 Nr. 5 Buchst. a EStG zur beschränkten Steuerpflicht des Gesellschafters. Gem. § 43 Abs. 1 Nr. 1 i. V. m. § 43a Abs. 1 Nr. 1 EStG ist die deutsche Kapitalgesellschaft verpflichtet, eine Quellensteuer in Höhe von 20 % einzubehalten, wobei dieser Steuerabzug gem. § 50 Abs. 5 Satz 1 EStG abgeltende Wirkung hat. Im Ergebnis erfolgt damit eine Bruttobesteuerung, sodass evtl. Refinanzierungskosten (oder anderer Aufwand im Zusammenhang mit der Eigenkapitalgewährung) sich in Deutschland nicht auf die Bemessungsgrundlage auswirken. Inwieweit dies im Ausland der Fall ist, richtet sich nach dem dortigen Recht.

▣ Liegt hingegen in Deutschland eine **Personengesellschaft** vor, kommt es auf eine Gewinnausschüttung ohnehin nicht an. Sofern diese Gesellschaft in Deutschland gewerblich tätig ist, besteht gem. § 49 Abs. 1 Nr. 2 Buchst. a EStG eine beschränkte Steuerpflicht in Deutschland. Außerdem unterliegt die Personengesellschaft der Gewerbesteuerpflicht. Folglich kommen die allgemeinen Grundsätze über die Besteuerung von Betriebsstätteneinkünften zur Anwendung. Dies hat zur Folge, dass wenn es sich nur um die Verringerung der Dotation der Personengesellschaft handelt, keine steuerlichen Konsequenzen entstehen. Vielmehr liegt eine Entnahme vor, die als solche grundsätzlich keine steuerliche Belastung auslöst.

▣ Ist eine **Betriebsstätte** gegeben, ist zu differenzieren: Liegen in Deutschland Gewinne vor, sind diese nach den allgemeinen Regeln für die Besteuerung von Betriebsstätteneinkünften zu behandeln. Sie führen gem. § 49 Abs. 1 Nr. 2 Buchst. a EStG zur beschränkten Steuerpflicht des Gesellschafters. Zugleich besteht in Deutschland auch eine Gewerbesteuerpflicht. Hinsichtlich der Besteuerung gelten die allgemeinen Grundsätze, wobei insbesondere die Grundsätze der Nettobesteuerung zu beachten sind. Folglich unterliegen die Einkünfte der Besteuerung, sodass die Aufwendungen im Zusammenhang mit der Betriebsstätte (und damit auch evtl. Refinanzierungskosten) für die Dotation[183] der Betriebsstätte die deutsche Bemessungsgrundlage verringern.

Besteht zwischen der Bundesrepublik Deutschland und dem Ansässigkeitsstaat des Gesellschafters bzw. des Stammhauses der Betriebsstätte ein Doppelbesteuerungsabkommen, muss ergänzend geprüft werden, inwieweit sich hieraus Grenzen für eine deutsche Besteuerung ergeben. Dies gilt insbesondere für die Frage, inwieweit die Erhebung einer Quellensteuer auch nach Abkommensrecht zulässig ist. Liegt nach nationalem Recht eine Betriebsstätte vor, so bleibt das deutsche Besteuerungsrecht regelmäßig gewahrt und der andere Staat muss nach Maßgabe des Abkommens eine Vermeidung (oder zumindest Verminderung) der Doppelbesteuerung durchführen. Die Abkommen enthalten i. d. R. keine Vorschriften zur Einkommensermittlung. Daher ergeben sich insoweit keine Einschränkungen für die Berücksichtigung von mit der Eigenkapitalüberlassung im Zusammenhang stehenden Aufwand.

Eine Berücksichtigung von Wertminderungen von Anteilen an ausländischen Kapitalgesellschaften scheidet gem. § 8b Abs. 3 Satz 3 KStG aus, während bei natürlichen Personen als Anteilseigner eine hälftige Berücksichtigung gem. § 3c Abs. 2 EStG erfol-

---

[183] Vgl. zum Begriff des Dotationskapitals S. 159.

gen kann. Hierzu müssen die Voraussetzungen für eine Teilwertabschreibung vorliegen. Dem gegenüber ist bei einer Investition in Form einer Personengesellschaft oder einer Betriebsstätte jeder Vermögensverlust nach den Regelungen des § 50 Abs. 1 Satz 1 EStG i. V. m. § 10d EStG in voller Höhe zu berücksichtigen. Bei Personengesellschaften ist gegebenenfalls eine Begrenzung durch § 15a EStG zu beachten.

4.1.2.1.2 Fremdfinanzierung

- Bestehen bei der Überlassung von Fremdkapital durch den ausländischen Gesellschafter steuerliche Restriktionen?

- Inwieweit sind die vom inländischen Unternehmen geleisteten Zinsenzahlen steuerlich als Betriebsausgaben zu berücksichtigen?

- Welche steuerlichen Konsequenzen ergeben sich im Inland beim Empfänger der Zahlungen und wie wirken sich bei ihm evtl. Aufwendungen im Zusammenhang mit der Beteiligung aus?

Ausgangspunkt für alle Finanzierungsüberlegungen bildet der **Grundsatz der Finanzierungsfreiheit**. Danach kann der Gesellschafter bzw. das Stammhaus entscheiden, in welchem Umfang eine Ausstattung des Inlandsengagements mit Eigen- und mit Fremdkapital erfolgt. Ausnahmen bestehen jedoch insoweit, wie entweder infolge der Verbundenheit zwischen den Unternehmensteilen bzw. den Gesellschaften eine Abweichung von der Vorgehensweise erfolgt, wie sie unter fremden Dritten üblich gewesen wäre. Darüber hinaus sind evtl. Einschränkungen infolge von gesetzlichen Regelungen zu beachten, die insoweit zu Ausnahmen vom Grundsatz der Finanzierungsfreiheit führen können. Hierbei ergeben sich unterschiedliche Folgen in Abhängigkeit von der gewählten Ausgestaltungsform des Engagements.

Wird in Deutschland seitens des Ausländers eine **Kapitalgesellschaft** errichtet, so sind – wie bei einem vergleichbaren Inlandsfall – die Zinszahlungen in vollem Umfang als Betriebsausgaben abziehbar. Als Einschränkung ist jedoch zu prüfen, inwieweit das Darlehen des Gesellschafters als Dauerschuld im Sinne von § 8 Nr. 1 GewStG zu qualifizieren ist. Dies ist immer dann der Fall, wenn eine nicht vorübergehende Kapitalüberlassung erfolgt und eine nicht nur vorübergehende Verstärkung des Betriebsvermögens eintritt. Ergänzend ist zu prüfen, ob infolge der gesellschaftsrechtlichen Nähe eine Beeinflussung der Beziehungen erfolgt ist. Dies kann sich entweder auf die Höhe der Zinsen (oder andere, fremdunübliche Vereinbarungen) beziehen, sowie auf die Überlassung des Darlehens als solches. Dabei spielt insbesondere die Regelung des § 8a KStG eine wichtige Rolle. Nach dieser erfolgt eine Umqualifizierung von Zinsen für

Gesellschafter-Darlehen[184] in verdeckte Gewinnausschüttungen, wenn die im Gesetz genannten Relationen zwischen Eigen- und Fremdkapital (1 zu 1,5) sowie der Sockelbetrag an Zinszahlungen von 250.000,- € überschritten wird. Etwas anderes gilt lediglich, wenn der Nachweis erbracht werden kann, dass die Darlehensgewährung dennoch fremdüblich ist.[185] Zur Vermeidung der Qualifikation als verdeckte Gewinnausschüttung aufgrund § 8a KStG kann daran gedacht werden, statt Geldkapital Sachkapital zur Verfügung zu stellen.

Beispiel:

Die ausländische Kapitalgesellschaft in einem DBA-Staat ist mit 100 % an der dt. Tochtergesellschaft in der Rechtsform der GmbH beteiligt. Zur Wahrnehmung ihrer geschäftlichen Aktivitäten benötigt die dt. Gesellschaft maschinelle Anlagen im Wert von mehreren Millionen €. Würde die ausländische Muttergesellschaft der Tochtergesellschaft ein Darlehen gewähren, damit die Gesellschaft die Anlagen selbst erwerben kann, würde es annahmegemäß zu einer Anwendung des § 8a KStG kommen. Daher schafft die ausländische Gesellschaft die Anlagen an und vermietet diese an die deutsche Tochtergesellschaft.

Im Ergebnis hat die deutsche GmbH Betriebsausgaben in Höhe der gezahlten Miete an die ausländische Muttergesellschaft. Das Steuersubstrat in Deutschland vermindert sich jedoch trotzdem, da aufgrund des zu beachtenden DBA Deutschland für Mieteinnahmen aus betrieblichen Anlagen gem. Art. 12 OECD-MA nicht das Besteuerungsrecht besitzt und die Einnahmen, ähnlich der bisherigen Fremdfinanzierung ausschließlich im niedriger besteuernden Ausland der Besteuerung unterliegen.

Hinsichtlich der Besteuerungskonsequenzen beim Gesellschafter ist danach zu unterscheiden, ob eine Qualifikation als vGA erfolgt oder ob auch steuerlich Zinszahlungen vorliegen. Im zuerst genannten Fall treten die gleichen Besteuerungsfolgen wie im Fall der Überlassung von Eigenkapital ein, sodass auf die Ausführungen auf S. 151 ff. verwiesen werden kann. Etwas anderes gilt in den Fällen der Zinszahlungen. Hier stellt sich zunächst die Frage, ob diese zur beschränkten Steuerpflicht des Gesellschafters führen. Diese Prüfung ist notwendig, um zu entscheiden, ob der Gesellschafter überhaupt der deutschen Besteuerung unterliegt (insbesondere wenn keine anderen Einkünfte in Deutschland erzielt werden, z. B. weil in einem Jahr von der deutschen Kapitalgesellschaft keine Ausschüttungen vorgenommen wurden) und auch beim Vorliegen weiterer inländischer Einkünfte dies keine „infizierende" Wirkung für alle inländischen Einkünfte hätte, sondern nur die in § 49 EStG genannten Einkünfte der deutschen Besteuerung unterliegen. Dies ist zwar auch grundsätzlich für Zinsen der Fall, doch wird in § 49 Abs. 1 Nr. 5 i. V. m. § 20 Abs. 1 Nr. 7 EStG hierfür ergänzend

---

[184] Ergänzend sind sog. Rückgriffsfälle zu beachten, vgl. hierzu BMF-Schreiben vom 22.7.2005, IV B 7 – S 2742a – 31/05, BStBl. I 2005, S. 829.
[185] Vgl. das BMF-Schreiben vom 20.10.2005, IV B 7 – S 2742a – 43/05, KSt-Kartei SH § 8a KStG Karte 5.2.2 mit detaillierten Anforderungen an ein Bestätigungsschreiben durch eine Bank.

verlangt, dass ein hinreichender Bezug zum Inland durch die dort definierten Anknüpfungspunkte (insbesondere die Besicherung durch inländischen Grundbesitz) besteht. Die genannten Anknüpfungspunkte sind bei den üblichen Finanzierungsformen zwischen Gesellschaft und Gesellschafter gerade nicht erfüllt, sodass auf Ebene des Gesellschafters eine Besteuerung nicht erfolgt. Da schon nach nationalem Recht keine Besteuerung in Deutschland erfolgt, können sich infolge von abkommensrechtlichen Regelungen keine Abweichungen ergeben, denn selbst wenn das DBA der Bundesrepublik Deutschland als Quellenstaat das Besteuerungsrecht zuweisen würde, fehlt es an einer nationalen Rechtsgrundlage, um dieses wahrzunehmen.

Diese Besteuerungssituation war es, die den Gesetzgeber ursprünglich veranlasst hat, mit § 8a KStG eine Sonderregelung zu schaffen. Dadurch sollte verhindert werden, dass eine „übermäßige" Fremdfinanzierung deutscher Kapitalgesellschaften durch deren ausländische Gesellschafter erfolgt mit der Folge der Verringerung der inländischen Bemessungsgrundlagen – abgesehen von einer evtl. Hinzurechnung für Zwecke der Gewerbesteuer – und beim Gesellschafter eine Besteuerung in Deutschland nicht erfolgt.

Besteht im Inland eine **gewerblich tätige Personengesellschaft**, so gilt für diese das Mitunternehmerkonzept. Folglich werden schuldrechtliche Verträge zwischen Gesellschaft und Gesellschafter für steuerliche Zwecke nicht anerkannt. Die gezahlten Zinsen werden als Entnahmen behandelt und die gewerblichen Einkünfte unterliegen im Rahmen der beschränkten Steuerpflicht der deutschen Besteuerung. Insoweit führen die Zinszahlungen – unabhängig von deren Höhe und/oder Fremdüblichkeit – nicht zu abzugsfähigen Betriebsausgaben. Ein Problem ergibt sich möglicherweise bei der Besteuerung dieser Zahlungen für den Gesellschafter, weil zweifelhaft ist, inwieweit der ausländische Staat ebenfalls eine Qualifikation als gewerbliche Einkünfte vornimmt. Viele Staaten werden davon ausgehen, dass es sich um Zinszahlungen handelt, für die nach Abkommensrecht dem Quellenstaat ein der Höhe nach beschränktes Besteuerungsrecht zusteht, der Wohnsitzstaat – unter Anrechnung der im Ausland erhobenen Steuer – ein umfassendes Besteuerungsrecht hat. Insoweit muss eine sorgfältige Analyse der Rechtslage in beiden Staaten erfolgen, um zu prüfen, inwieweit es möglicherweise zu Qualifikationskonflikten kommt.

Liege in Deutschland eine **Betriebsstätte** vor, sind die Zinszahlungen nur dann abzugsfähig, wenn es sich hierbei um ein vom Stammhaus weitergeleitetes Darlehen handelt, das speziell für die Betriebsstätte aufgenommen wurde. Im Übrigen werden Darlehensbeziehungen zwischen Stammhaus und Betriebsstätte steuerlich nicht anerkannt. Dies schließt jedoch nicht aus, dass das Stammhaus der Betriebsstätte einen Teil seiner Finanzierungskosten weiterbelastet. Voraussetzung hierfür ist, dass die Darlehensaufnahme funktional der Betriebsstätte zuzurechnen ist.

4.1.2.1.3 Vorteilhaftigkeitsüberlegungen

■ Ist die Überlassung von Eigen- oder Fremdkapital – steuerlich betrachtet – vorteilhaft?

Um die Vorteilhaftigkeit ermitteln zu können, ist jeweils ein konkreter Belastungsvergleich durchzuführen. Dieser muss sowohl die entstehenden steuerlichen Auswirkungen im In- wie im Ausland berücksichtigen. Für die folgenden Überlegungen soll dies am Beispiel einer österreichischen Mutterkapitalgesellschaft erläutert werden. Diese hat eine 100 %ige Beteiligung an einer deutschen Tochtergesellschaft (T-GmbH). Bei dieser Gesellschaft besteht ein Kapitalbedarf in Höhe von 10.000 €. Dieses Kapital wirft eine Verzinsung in Höhe von 10 % ab. Aus Sicht der Muttergesellschaft stellt sich nun das Entscheidungsproblem, in welcher Form die Kapitalüberlassung erfolgen soll. Nur bleibt zunächst unberücksichtigt, dass durch entsprechende Zinszahlungen möglicherweise der gesamte Gewinn der deutschen GmbH aus dieser Investition „abgesaugt" wird. Vielmehr wird davon ausgegangen, dass auch für die Fremdkapitalüberlassung ein Zinssatz von 10 % als fremdüblich angesehen wird und von der deutschen Finanzverwaltung nicht als verdeckte Gewinnausschüttung qualifiziert wird.[186] Aus der Investition resultiert ein Gewinn vor Steuer und Zinszahlungen von 1.000 €. Im Fall der Eigenfinanzierung ist dieser Gewinn in Deutschland zu versteuern. Dies führt zu einer Belastung mit Gewerbe- und Körperschaftsteuer sowie mit Solidaritätszuschlag. Der nach Steuern verbleibende Betrag (601,03 €) wird dann an die österreichische Mutterkapitalgesellschaft ausgeschüttet. Da es sich um eine Dividendenzahlung einer EU-Kapitalgesellschaft an eine andere EU-Kapitalgesellschaft handelt, entsteht keine Belastung mit Quellensteuer und in Österreich erfolgt eine Freistellung der Dividendeneinkünfte. Im Ergebnis tritt eine Gesamtsteuerbelastung in Höhe von 398,97 € ein. Die Alternative bestünde darin, dass die österreichische Muttergesellschaft ihrer deutschen Tochtergesellschaft ein Darlehen in Höhe von 10.000 € gewährt, für das von der deutschen Tochtergesellschaft Zinszahlungen zu erbringen sind. Diese Zinszahlungen stellen in Deutschland grundsätzlich abzugsfähige Betriebsausgaben dar. Allerdings ist zu berücksichtigen, dass gem. § 8 Nr. 1 GewStG die Hälfte der Entgelte für Dauerschuldzinsen dem Gewerbeertrag hinzuzurechnen sind. Folglich beträgt die Bemessungsgrundlage für die Gewerbesteuer 500 €. Hieraus resultiert eine Gewerbesteuerbelastung von 91,84 €. Eine Belastung mit deutscher Körperschaftsteuer (und folglich mit Solidaritätszuschlag) tritt nicht ein, weil der gesamte Gewinn vor Steuern und Zinsen – annahmegemäß – durch den Zinsaufwand aufgebracht wird. Ergänzend ist zu berücksichtigen, dass eine Versteuerung der Zinszahlung zu erfolgen hat. Sofern davon ausgegangen wird, dass es sich um die übliche Kapitalüberlassung in-

---

[186] Vgl. zum Problem der Einkunftsabgrenzung zwischen international verbundenen Unternehmen S. 163 ff.

nerhalb eines Konzerns handelt, löst dies keine beschränkte Steuerpflicht der österreichischen Kapitalgesellschaft in Deutschland aus. Entscheidend hierfür ist, dass gem. § 49 Abs. 1 Nr. 5 Buchst. c EStG diese Zinsen nur dann zur beschränkten Steuerpflicht führen, wenn ein hinreichender Bezug zum Inland (wie insb. die Besicherung durch inländischen Grundbesitz) gegeben ist. Da dies regelmäßig nicht geschieht, kommt es nicht zur beschränkten deutschen Steuerpflicht. Allerdings liegen in Österreich voll steuerpflichtige Einkünfte vor, die der österreichischen Körperschaftsteuer in Höhe von 25 % unterliegen.

Abbildung 4-1:   *Vergleich zwischen Eigen- und Fremdfinanzierung im Inbound-Fall*

	Eigenfinanzierung	Fremdfinanzierung
Gewinn vor Steuern und Zinsen	1.000,00	1.000,00
Zinsaufwand	–	1.000,00
Gewerbesteuer (h = 450 v. H.)	183,67	91,84
Gewinn nach GewSt	816,33	./. 91,84
Körperschaftsteuer (25 v. H.)	204,08	–
SolZ (5,5 v. H. der KSt)	11,22	
Dividende/Zins	601,03/ –	– /1.000,00
Steuern Österreich (25 v. H.)	–	250,00
Gesamtsteuer	**398,97**[187]	**341,84**[188]

Wie die vorstehende Berechnung zeigt, führt die Eigenfinanzierung im Ergebnis zu einer um 57,13 Punkte höheren Steuerbelastung. Hieraus zeigt sich deutlich, dass für Ausländer ein erheblicher Anreiz besteht, inländische Kapitalgesellschaften nicht mit Eigen- sondern mit Fremdkapital auszustatten. Aus fiskalischer Sicht stellt jedoch weniger dieser Belastungsunterschied das eigentliche Problem dar, sondern vielmehr die Verteilung des Steueraufkommens: Während im Fall der Eigenfinanzierung die gesamte Steuerbelastung in der Bundesrepublik Deutschland anfällt, wären dies im Fall der Fremdfinanzierung nur die Beträge, die aus der Gewerbesteuer resultieren. Dies ist im vorliegenden Beispielsfall nur ein Anteil von rund 27 %. Die übrige Steuer entsteht im Ausland. Insoweit würde also der Betriebsausgabenabzug dazu führen,

---

[187] = 183,67 + 204,08 + 11,22 + 0.
[188] = 91,84 + 0 + 0 + 250.

dass Teile des Besteuerungssubstrates über Finanzierungsgestaltungen in das Ausland verlagert werden können. Diesen Gestaltungen hat der Gesetzgeber versucht mit § 8a KStG entgegenzuwirken. Hierbei ist jedoch zu berücksichtigen, dass § 8a KStG sowohl einen Sockelbetrag in Höhe von 250.000 € als auch die Möglichkeit des Drittvergleichs vorsieht. Folglich können im Rahmen dieser Grenzen die Möglichkeiten zur Fremdfinanzierung genutzt werden, um eine Senkung der Gesamtsteuerbelastung herbeizuführen. Hierbei ist jedoch zu berücksichtigen, dass auch Fälle denkbar sind, in denen die Finanzierung mit Eigenkapital günstiger ist. Dies ist regelmäßig dann der Fall, wenn im Ausland eine höhere Steuerbelastung gegeben wäre. Dies wäre z. B. bei einer italienischen Gesellschaft der Fall. In Italien beträgt der Körperschaftsteuersatz 33 %, sodass die Zinszahlungen, die von der deutschen Tochtergesellschaft an die italienische Muttergesellschaft fließen, dort zu einer höheren Steuerbelastung führten. Im Ergebnis würde damit die Gesamtsteuerbelastung aus der Fremdfinanzierung in Höhe von 421,84 entstehen. Damit wäre dies, verglichen mit der Alternative der Eigenfinanzierung, ungünstiger.

Für Finanzierungsüberlegungen ist hieraus grundsätzlich die Schlussfolgerung zu ziehen, dass pauschale Aussagen über die Vorteilhaftigkeit von Eigen- oder Fremdfinanzierung nicht möglich sind. Allerdings gilt die Grundregel, dass eine Fremdfinanzierung dann günstiger ist, wenn der ausländische Steuersatz niedriger als die Belastung mit hälftiger deutscher Gewerbesteuer, Körperschaftsteuer und Solidaritätszuschlag ist. Ausschlaggebend hierfür ist, dass für Zwecke der Gewerbesteuer die hälftigen Entgelte für Dauerschuldzinsen hinzuzurechnen sind und deshalb eine zumindest hälftige Belastung in beiden Fällen eintritt und insofern keine Entscheidungswirkung entfallen kann. Ferner ist zu berücksichtigen, dass hier sehr vereinfachte Annahmen getroffen wurden. So können sich z. B. infolge von vorhandenen Verlustvorträgen aber insbesondere auch aufgrund von einschränkenden Maßnahmen zur Gesellschafterfremdfinanzierung abweichende Vorteilhaftigkeitsaspekte ergeben.

Wie die obigen Ausführungen bereits gezeigt haben, werden bei Personengesellschaften schuldrechtliche Verträge zwischen Gesellschaft und Gesellschafter nicht anerkannt, sodass sich hier insoweit diese Frage nach der Vorteilhaftigkeit nicht stellt. Im Verhältnis zwischen Stammhaus und Betriebsstätte kommt es auf die funktionale Zuordnung an, sodass insoweit der Gestaltungsspielraum nachhaltig eingeschränkt wird.

4.1.2.2 Outbound-Fall

▓ Wie lässt sich der Outbound-Fall charakterisieren?

Dieser Fall ist dadurch gekennzeichnet, dass ein Steuerinländer im Ausland investiert. Die steuerlichen Konsequenzen, die mit den unterschiedlichen Finanzierungsformen verbunden sind, ergeben sich ergänzend in Abhängigkeit von der gewählten Ausgestaltungsform des Auslandsengagements. Hierbei ist zunächst zu prüfen, inwieweit Vorgaben bestehen, die die Finanzierungsfrage determinieren. So ist z. B. im Bereich von Banken und Versicherungen eine Mindesteigenkapitalausstattung erforderlich. Sind diese Vorgaben erfüllt, stellt sich die Aufgabe, steuerliche und nichtsteuerliche Überlegungen gegeneinander abzuwägen. Häufig wird versucht, durch Gestaltungsansätze die jeweiligen Vorteile miteinander zu kombinieren.

4.1.2.2.1 Eigenfinanzierung

▓ Welche steuerlichen Konsequenzen entstehen im Ausland?

▓ Welche weiteren Auswirkungen ergeben sich im Inland?

Wird das Auslandsengagement mit Eigenkapital ausgestattet, richten sich die entstehenden steuerlichen Konsequenzen im Wesentlichen danach, welche rechtlichen Ausgestaltungsformen gewählt werden. Besteht im Inland eine Kapitalgesellschaft, die eine Tochtergesellschaft im Ausland errichtet, so stellt sich zunächst die Frage, ob infolge von Gewinnausschüttungen im Ausland eine Belastung mit Quellensteuer eintritt. Hierbei sind als Grenzen zu berücksichtigen, dass die Regelungen in den Doppelbesteuerungsabkommen regelmäßig eine Begrenzung für diese Quellenbesteuerungsrechte vorsehen. Außerdem ist auf die Regelungen der Mutter-Tochter-Richtlinie zu verweisen, die vorsehen, dass bei Ausschüttungen von einer EU-Tochterkapitalgesellschaft an eine andere EU-Kapitalgesellschaft keine Quellensteuer einzubehalten ist. Im Inland bis zu einem Zufluss von Dividenden. Diese sind – wie auch im Inlandsfall – gem. § 8b Abs. 1 KStG steuerfrei. Gleichzeitig ist zu berücksichtigen, dass gem. § 8b Abs. 5 KStG die Fiktion von nicht abzugsfähigen Betriebsausgaben in Höhe von 5 % der zufließenden Dividenden zur Anwendung kommt. Im Gegenzug können die tatsächlichen Aufwendungen im Zusammenhang mit der Beteiligung (wie z. B. Zinsen für ein Darlehen) zum Erwerb der Anteile an der ausländischen Kapitalgesellschaft steuerlich geltend gemacht werden. Eine Ausnahme besteht jedoch insoweit, wie es sich um Wertminderungen handelt, die sich auf die Beteiligungen beziehen. Hier sieht § 8b Abs. 3 Satz 3 KStG eine Sonderregelung vor, die dazu führt, dass solche Wertminderungen sich nicht im Inland ergebnismindernd auswirken dürfen.

Unterhält die deutsche Kapitalgesellschaft im Ausland eine Betriebsstätte, so ist zu unterscheiden, ob es sich bei den zufließenden Beträgen entweder um eine Verringerung des Dotationskapitals handelt oder um Gewinne aus der Betriebsstätte. Bei einer Veränderung des Dotationskapitals handelt es sich quasi um „Entnahmen", die nicht der Besteuerung unterliegen. Vielmehr sind dies Veränderungen des Eigenkapitals, die als reine Kapitalrückflüsse steuerfrei bleiben. Liegen hingegen Gewinne vor, sind diese im Rahmen der regelmäßig beschränkten Steuerpflicht der deutschen Kapitalgesellschaft im Ausland zunächst zu besteuern. Im Inland erfolgt dann in Abhängigkeit davon, ob es zwischen der Bundesrepublik Deutschland und dem ausländischen Staat ein Doppelbesteuerungsabkommen gibt bzw. welche Regelungen ein solches ggf. enthält, entweder die Anwendung der Anrechnungs- oder der Freistellungsmethode.

Unterhält die deutsche Kapitalgesellschaft im Ausland eine Personengesellschaft, so ergeben sich grundsätzlich die gleichen Besteuerungsfolgen wie im Betriebsstättenfall. Eine Sonderregelung kann jedoch dann entstehen, wenn es sich bei den transferierten Beträgen nach Auffassung eines Staates um Entnahmen, nach dem des anderen Staates um Gewinnausschüttungen handelt. In einem solchen Fall droht ein Qualifikationskonflikt und damit verbunden eine Doppelbesteuerung.

Besteht im Inland eine Personengesellschaft, so ist auf den dahinter stehenden Gesellschafter abzustellen, sodass sich die gleichen Besteuerungskonsequenzen ergäben, als wenn der Gesellschafter unmittelbar das Auslandsengagement vornehmen würde. Insofern kann auf die folgenden Ausführungen auch für diesen Fall verwiesen werden. Sollte hingegen an der deutschen Personengesellschaft eine deutsche Kapitalgesellschaft als Gesellschafter beteiligt sein, ergeben sich die bereits oben dargestellten Besteuerungskonsequenzen. Ausschlaggebend hierfür ist letztendlich die steuerliche Transparenz der Personengesellschaft. Eine Ausnahme kann sich lediglich insoweit ergeben, wie eine Belastung mit inländischer Gewerbesteuer eintritt. Hierbei ist zu berücksichtigen, dass die Gewerbesteuer grundsätzlich dem Inlandsprinzip folgt und nur solche Gewerbebetriebe der Gewerbesteuer unterliegen, die im Inland betrieben werden, doch führt dies nicht dazu, dass sämtliche Auslandseinkünfte von der Gewerbesteuer ausgenommen werden. Vielmehr setzt dies eine qualifizierte Anknüpfung in Form einer Betriebsstätte voraus. Eine Kürzung von Gewinnen aus Anteilen an ausländischen Kapitalgesellschaften erfolgt nur dann, wenn die entsprechenden Kürzungsvorschriften im § 9 Nr. 7 GewStG erfüllt sind.

Ist ein Einzelunternehmer im Ausland tätig, so ist für die entstehenden steuerlichen Konsequenzen im Inland auf diese Person abzustellen. Kann davon ausgegangen werden, dass es sich bei ihm um eine abkommensberechtigte Person handelt, sind die Regelungen eines ggf. bestehenden Doppelbesteuerungsabkommens ergänzend zu berücksichtigen. Unterhält der Einzelunternehmer eine Beteiligung an der ausländischen Kapitalgesellschaft, stellt sich die Frage nach einer Quellensteuerbelastung. Dies wird regelmäßig der Fall sein, zumal auch in den Fällen des Abkommensrechtes zwar eine Begrenzung der Quellenbesteuerungsrechte erfolgt, diese jedoch nicht zu einer vollständigen Vermeidung der Quellensteuer führt. Auf Ebene des inländischen Gesellschafters unterliegen diese Einkünfte gem. § 3 Nr. 40 EStG dem Halbeinkünfteverfahren. Alle Aufwendungen (sowohl laufende als auch einmalige Wertminderungen) sind gem. § 3c Abs. 2 EStG nur hälftig in Abzug zu bringen. Unterhält der Einzelunternehmer eine Beteiligung an einer ausländischen Personengesellschaft, ergeben sich die gleichen Besteuerungskonsequenzen wie im Fall der Betriebsstätte, sofern nicht zusätzliche Probleme infolge von Qualifikationskonflikten entstehen.

Unterhält der inländische Einzelunternehmer im Ausland eine Betriebsstätte, so wird er im Ausland beschränkt steuerpflichtig. Die hierfür fließenden Zahlungen sind wiederum zu differenzieren in Verringerung des Dotationskapitals die steuerfrei bleiben oder Gewinne aus der Betriebsstätte, die entsprechend dem Welteinkommensprinzip auch im Inland der Besteuerung unterliegen. In diesem Fall ist zu differenzieren, ob zwischen der Bundesrepublik Deutschland und dem ausländischen Staat ein Doppelbesteuerungsabkommen besteht. Ist dies der Fall, kommt es regelmäßig – vorbehaltlich eventueller Aktivitätsvorbehalte – zu einer Anwendung der Freistellungsmethode. Ist dies nicht der Fall, verbleibt es bei der Anrechnungsmethode gemäß § 34c EStG.

4.1.2.2.2 Fremdfinanzierung

■ Gibt es steuerliche Grenzen für die maximal mögliche Fremdfinanzierung im Ausland?

■ Welche steuerlichen Belastungen entstehen im Inland?

Erfolgt hingegen die Überlassung von Fremdkapital an die ausländische unternehmerische Aktivität, stellt sich regelmäßig die Frage, inwieweit der Berücksichtigung des Zinsaufwandes im Ausland Regelungen vergleichbar dem deutschen § 8a KStG (so genanntes thin capitalization rules) entgegenstehen. Dies ist in der Regel nur bei ausländischen Kapitalgesellschaften der Fall. Insofern bedarf es einer sorgfältigen Analyse, inwieweit entsprechende Grenzen bestehen. Ein Blick in die Praxis der einzelnen Staaten zeigt, dass hier sehr unterschiedliche Regelungen zur Anwendung kommen. Ferner stellt sich die Frage, ob bei ausländischen Betriebsstätten eine Berücksichtigung von Fremdkapitalzinsen überhaupt erfolgen kann. Dies ist regelmäßig davon abhängig, ob nach Auffassung des ausländischen Rechts eine ausreichende Dotation der Betriebsstätte gegeben ist. Nur unter diesen Voraussetzungen kann die Weiterbelastung von Fremdkapitalzinsen an die ausländische Betriebsstätte erfolgen. Andernfalls werden die entsprechenden Beträge von Eigen- in Fremdkapital umqualifiziert. Besonderheiten können insoweit bei Personengesellschaften bestehen, weil bei diesen regelmäßig zivilrechtliche Vorgaben hinsichtlich des Umfangs des aufzubringenden Eigenkapitals bestehen. Insofern sind diese – vorbehaltlich eventueller steuerrechtlicher Spezialvorschriften – auch für Zwecke des steuerlichen Dotationskapitals zu berücksichtigen.

Außerdem ist zu prüfen, ob die aus dem Ausland heraus erfolgenden Zinszahlungen für das inländische Unternehmen im Ausland zur beschränkten Steuerpflicht führen. Dies hängt jeweils von den nationalen Vorschriften des jeweiligen Staates ab. Besteht eine solche Steuerpflicht, ist ergänzend zu prüfen, inwieweit die Regelungen des Abkommensrechtes hier eine Begrenzung des Quellensteuerrechtes vorsehen. In der derzeitigen Abkommenspraxis wird regelmäßig eine Limitierung der maximal möglichen Steuerbelastungen auf 10 % vorgenommen.

Die in Deutschland zufließenden Zinszahlungen unterliegen hier der Besteuerung. Hierbei kommen keine Begünstigungen zur Anwendung. Folglich entsteht – je nach Rechtsform im Inland – eine Belastung mit Körperschaft- bzw. Einkommensteuer. Zu berücksichtigen ist außerdem, dass das Gewerbesteuergesetz keine gesonderte Kürzungsvorschrift vorsieht. Hieraus folgt, dass auch die aus dem Ausland zufließenden Zinszahlungen in Deutschland der Gewerbesteuer unterliegen. Dies gilt unabhängig davon, dass gem. § 2 Abs. 1 GewStG der Gewerbesteuer Gewerbebetriebe nur insoweit unterliegen sollen, „… soweit er im Inland betrieben wird". Die entscheidende Überlegung ist hierbei, dass im Rahmen des inländischen Gewerbebetriebes diese Zinsen zufließen und entstehen und deshalb auch der deutschen Gewerbesteuer unterliegen.

Aus Sicht des Inlandes ist zu berücksichtigen, dass eventuelle Refinanzierungskosten im Zusammenhang mit der Überlassung von Fremdkapital an das ausländische Unternehmen in der Regel in Deutschland als Betriebsausgaben abgezogen werden können. Ausschlaggebend hierfür ist, dass die Zinszahlungen in Deutschland der unbeschränkten Steuerpflicht unterliegen und voll steuerpflichtig sind. Folglich scheidet eine Anwendung von § 3c EStG, der Sonderregelungen für Aufwendungen im Zusammenhang mit steuerfreien Einnahmen vorsieht, aus. Bisher jedoch noch nicht abschließend geklärt ist, ob § 8b Abs. 3 Satz 3 KStG der Berücksichtigung von Wertminderungen auf Darlehen, die eine inländische Kapitalgesellschaft an ihre ausländische Tochterkapitalgesellschaft gewährt hat, entgegensteht. Nach unserer Auffassung ist dies nicht der Fall. Entscheidend hierfür ist die Zwecksetzung von § 8b Abs. 3 KStG, der auf Aufwand im Zusammenhang mit steuerfreien Veräußerungsgewinnen abstellt. Hier entsteht jedoch ein Wertberichtigungsbedarf im Zusammenhang mit der Darlehensberichtigung.[189] Unter Anwendung dieser Überlegungen ergibt sich hieraus auch, dass bei einer inländischen natürlichen Person (sei es als Einzelunternehmer oder als Mitunternehmer einer Personengesellschaft) einer entsprechenden Wertberichtigung von Darlehen gegenüber der Tochtergesellschaft einer Berücksichtigung im Inland § 3c Abs. 2 EStG nicht entgegensteht. Ausschlaggebend für diese Überlegung ist, dass infolge der Zinszahlung für das überlassene Fremdkapital keine Einkünfte vorliegen, die dem Halbeinkünfteverfahren unterliegen[190] sondern solche, die nach § 20 Abs. 1 Nr. 7 EStG der vollen Besteuerung im Inland unterliegen. Hieraus folgt unmittelbar, dass auch die hiermit im Zusammenhang stehenden Aufwendungen im vollen Umfang zu berücksichtigen sind.

Literaturhinweise:

Breithecker, V., Einführung in die Internationale Betriebswirtschaftliche Steuerlehre, 2. Aufl., Bielefeld 2002, S. 312 ff.

---

[189] Vgl. zu dieser Diskussion z. B. Kaminski/Strunk, BB 2005, S. 689 ff. und Gosch, in: Gosch (Hrsg.), KStG, Kommentar, § 8b Rz. 276, München 2005.
[190] Vgl. § 3 Nr. 40 Buchst. d i. V. m. § 20 EStG.

Fischer, L./Kleineidam, H.-J./Warneke, P., Internationale Betriebswirtschaftliche Steuerlehre, 5. Aufl., Bielefeld 2005, S. 445 ff.

Eilers, S./Schiessel, M., Der Einsatz von hybriden Finanzierungsformen und hybriden Gesellschaftsformen im Konzern, in: Grotherr, S. (Hrsg.), Handbuch der internationalen Steuerplanung, 2. Aufl., Herne/Berlin 2003, S. 441 ff.

Lüdicke, J., Steuerliche Überlegungen bei internationalen Projektfinanzierungen (Structured Finance), in: Grotherr, S. (Hrsg.), Handbuch der internationalen Steuerplanung, 2. Aufl., Herne/Berlin 2003, S. 523 ff.

Kastl, M./Schleweit, K. A., Gesellschafter-Fremdfinanzierung und steuerliche Unterkapitalisierungsregeln in mittel- und osteuropäischen Staaten, in: Grotherr, S. (Hrsg.), Handbuch der internationalen Steuerplanung, 2. Aufl., Herne/Berlin 2003, S. 455 ff.

Jacobs, O. H. (Hrsg.), Internationale Unternehmensbesteuerung, 5. Aufl., München 2002, S. 762 ff.

Scheffler, W., Besteuerung der grenzüberschreitenden Unternehmenstätigkeit, 2. Aufl., München 2002, S. 236 ff.

4.2 Zuordnung von Funktionen und deren Konsequenzen für die Leistungsverrechnung

▪ Welche steuerlichen Konsequenzen ergeben sich aus der unterschiedlichen Aufgabenverteilung in einem international tätigen Unternehmen?

▪ Welche Besteuerungsfolgen ergeben sich, wenn eine einmal gewählte Aufgabenverteilung nachträglich geändert wird?

▪ Inwieweit lassen sich hieraus Ansätze für eine Minimierung der Steuerbelastung herleiten?

Bei der organisatorischen Ausgestaltung eines international tätigen Unternehmens ist danach zu differenzieren, in welcher Ausprägungsform diese Tätigkeit ausgeübt wird, denn hiermit ist häufig ein unterschiedliches Ausmaß an zugeordneten Funktionen verbunden. Während eine Kapitalgesellschaft häufig eine umfassende Unternehmenstätigkeit entfaltet und nur bestimmte Bereiche konzernintern zentralisiert sind[191], ist dies bei Betriebsstätten grundlegend anders. Sie nehmen häufig stark spezialisierte

---

[191] Dies gilt namentlich für Dienstleistungen, die von mehreren Konzerngesellschaften in ähnlicher Weise genutzt werden wie z. B. Werbung.

Aufgaben wahr (wie z. B. den Vertrieb, die Auslieferung oder die Produktion). Insoweit führen bereits diese Vorgaben zu vergleichsweise unterschiedlich strukturierten Organisationsformen. Dies schließt nicht aus, dass auch innerhalb von Konzernstrukturen sehr stark spezialisierte Aufgabenverteilungen vorliegen. So gibt es z. B. Gesellschaften, die ausschließlich Vertriebs- oder Produktionsaufgaben übernehmen.

Steuerlich kommt dieser unterschiedlichen Art der Aufgabenverteilung besondere Bedeutung zu, weil sich hieraus unmittelbar Rückwirkungen auf die Höhe der Vergütung ergeben, die den einzelnen Unternehmen bzw. Unternehmensteilen im Rahmen der Einkunftsabgrenzung zuzuordnen sind. Dabei ist ergänzend zu berücksichtigen, dass durch die zivilrechtlichen Vorgaben Rahmenbedingungen vorgegeben werden, die auch steuerlich zu beachten sind. Dies gilt insbesondere für die Frage, inwieweit schuldrechtliche Verträge zwischen den einzelnen Unternehmensteilen zivilrechtlich möglich sind und/oder mit steuerlicher Wirkung anerkannt werden. Während dies zwischen rechtlich selbstständigen Teilen der Fall ist, bestehen zwischen Stammhaus und Betriebsstätte, die zivilrechtlich eine Einheit bilden, Besonderheiten. Dies gilt in ähnlicher Weise auch zwischen Personengesellschaften mit identischen Gesellschaftern bzw. zwischen einer Personengesellschaft und deren Gesellschafter. Für steuerliche Zwecke ist zu prüfen, inwieweit eine Einkunftsminderung erfolgen kann. Damit ist festzustellen, dass aus der unterschiedlichen Zuordnung von Funktionen – in Abhängigkeit von den hierbei gewählten Ausgestaltungsformen – unterschiedliche steuerliche Konsequenzen entstehen.

Die Bestimmung von Entgelten für Lieferungen und Leistungen zwischen international verbundenen Unternehmen kann grundsätzlich dazu genutzt werden, Gewinne in solche Staaten zu verlagern, in denen diese einer niedrigeren Besteuerung unterliegen. Im Ergebnis kann dies dazu führen, dass Betriebsausgaben in den Staaten geltend gemacht werden, die eine im internationalen Vergleich hohe Besteuerung vornehmen, während Einnahmen in solchen Staaten anfallen, in denen diese einer niedrigen Besteuerung[192] unterliegen. Die Finanzverwaltung versucht eine solche Vorgehensweise – im (berechtigten) Interesse des Schutzes des Steueraufkommens ihres Staates – zu verhindern. Hieraus ergibt sich einerseits eine steuerplanerische Möglichkeit für die Unternehmen, andererseits entstehen erhebliche Gefahren für die steuerliche Anerkennung der internationalen Einkunftsabgrenzung, die z. B. dazu führen können, dass bestimmte Beträge in keinem Staat als Betriebsausgaben abgezogen werden können. Verrechnungspreiskorrekturen sind problematisch, weil regelmäßig keine Pflicht zu einer korrespondierenden Gewinnberichtigung besteht. Hieraus folgt, dass eine Gewinnkorrektur in einem Staat nicht automatisch die Anpassung der Entgelte im anderen Staat zur Folge hat.

---

[192] Der Begriff der niedrigen Besteuerung ist nicht mit der des Außensteuergesetzes gleichzusetzen, vgl. hierzu nochmals S. 90 ff.

Beispiel:

Eine deutsche Tochtergesellschaft liefert ein Produkt für 100 an ihre US-amerikanische Muttergesellschaft, die es für 150 weiterveräußert. Wenn bei der US-Gesellschaft Kosten von 10 entstehen, erzielt sie einen Gewinn von 40. Wird der Verrechnungspreis von der deutschen Finanzverwaltung auf z. B. 120 korrigiert, hat dies nicht automatisch zur Folge, dass auch der Einkaufspreis der US-Gesellschaft auf 120 erhöht wird. Vielmehr besteht die Gefahr, dass der Gewinn von 20 sowohl in Deutschland als auch in den USA der Besteuerung unterliegt.

Zwar enthält Art. 9 Abs. 2 OECD-MA eine Regelung zur korrespondierenden Gewinnberichtigung, doch enthalten viele deutschen DBA keine entsprechenden Vorgaben. Zwar kann der Steuerpflichtige in solchen Fällen ein Verständigungsverfahren gem. Art. 25 OECD-MA beantragen, doch ist dieses mit einer Vielzahl von Nachteilen verbunden. Ferner sind innerhalb der EU die Regelungen der Schiedsverfahrenskonvention zu beachten. Allerdings führten diese häufig zu materiellen Nachteilen und können das Risiko einer Doppelbesteuerung zwar begrenzen, jedoch nicht vollständig verhindern.

Eine Analyse der Praxis zeigt, dass ein Auslandsengagement sehr häufig in der Rechtsform einer Kapitalgesellschaft vorgenommen wird. Folglich sollen zunächst die im Rahmen der Einkunftsabgrenzung bestehenden Regelungen dargestellt werden. Hierauf aufbauend werden dann die Besonderheiten und Abweichungen dargestellt, die sich im Verhältnis zwischen Stammhaus und Betriebsstätte[193] ergeben.

4.2.1 Zwischen Kapitalgesellschaften

Für die weiteren Überlegungen wird davon ausgegangen, dass die gesamte Unternehmenstätigkeit innerhalb von Kapitalgesellschaften ausgeübt wird. Damit wird dem Umstand Rechnung getragen, dass in der Praxis Kapitalgesellschaften regelmäßig wiederum Kapitalgesellschaften für ihr Auslandsengagement verwenden. Vereinfachend wird davon ausgegangen, dass es sich sowohl bei der inländischen als auch bei der ausländischen Gesellschaft – unstreitig nach Auffassung aller Beteiligten[194] – um eine juristische Person handelt.

---

[193] Vgl. hierzu S. 186 ff.
[194] Durch diese Prämisse werden insbesondere auch Qualifikationskonflikte zwischen den beteiligten Staaten ausgeschlossen.

4.2.1.1 Funktionsanalyse und Funktionsverteilung als Ausgangspunkt

■ Welche Bedeutung hat die Funktionsanalyse für die internationale Einkunftsabgrenzung?

■ Welcher Zusammenhang besteht zwischen Funktionen und Risiken?

■ Gibt es rechtliche Grundlagen für die Durchführung einer Funktionsanalyse und wie sehen diese ggf. aus?

■ Wie ist eine Funktionsanalyse durchzuführen?

Ausgangspunkt der Einkunftsabgrenzung zwischen international verbundenen Unternehmen ist der Fremdvergleichsgrundsatz. Danach soll jeder Gesellschaft der Gewinn zugewiesen werden, den diese Gesellschaft hätte erzielen können, wenn es sich bei ihr nicht um eine konzernverbundene, sondern um eine unabhängige Gesellschaft gehandelt hätte. Damit sollen alle Einflussnahmen, die infolge der gesellschaftsrechtlichen Verbundenheiten möglicherweise entstanden sind, aus den Liefer- und Leistungsbeziehungen (insb. den Preisen) eliminiert werden. Dieser Grundsatz findet sich auch in Art. 9 Abs. 1 OECD-MA wieder. In der internationalen Abkommenspraxis wird ihm fast durchgängig gefolgt. Damit besteht die Schwierigkeit, das Verhalten der Unternehmen so darzustellen, als würde es sich nicht um Unternehmen eines Konzernverbundes handeln. Dies ist bei solchen Leistungen regelmäßig relativ einfach, bei denen auch unter fremden Dritten eine entsprechende Wertabgabe erfolgt, weil hier auf diese Fremddaten zurückgegriffen werden kann. Besondere Schwierigkeiten bestehen jedoch in den Fällen, in denen vergleichbare Leistungen nicht oder nicht unter vergleichbaren Bedingungen erfolgen.

Die Wertschöpfung innerhalb von Konzernstrukturen erfolgt regelmäßig durch das Zusammenwirken einer größeren Anzahl von Konzerngesellschaften. Hierbei werden in unterschiedlich stark ausgeprägtem Umfang Leistungsbeiträge erbracht. Für steuerliche Zwecke besteht nunmehr die Notwendigkeit, diese wirtschaftliche Einheitlichkeit aufzuspalten und den einzelnen Gesellschaften jeweils die Aufwendungen und Erträge und hieraus resultierend den jeweiligen Gewinn zuzurechnen, der entstanden wäre, wenn eine vergleichbare Leistung nicht innerhalb von verbundenen Unternehmen erbracht worden wäre, sondern durch rechtlich selbstständige aber unabhängig voneinander agierende Unternehmen. Dies bereitet insbesondere dann Schwierigkeiten, wenn im Rahmen der Wertschöpfung Synergieeffekte entstehen. Die Zuordnung dieser Mehrwerte, die gerade aus dem Zusammenwirken der einzelnen Konzerngesellschaften entstehen, ist deshalb so problematisch, weil unter fremden Dritten die Aufteilung dieser Synergien im Verhandlungswege herbeigeführt würde. Da innerhalb von Konzernstrukturen vermutet werden kann, dass die Konzernmuttergesellschaft infolge ihrer Stellung als Gesellschafter dieses Verhandlungsergebnis zumindest beeinflussen kann, bestehen für steuerliche Zwecke besondere Probleme. Folglich wird versucht, durch die Annäherung einer entsprechenden Verhaltensweise bei fremden Dritten das Problem zu lösen.

Die Leitidee der internationalen Einkunftsabgrenzung zwischen verbundenen Unternehmen besteht darin, dass ein Zusammenhang zwischen dem Umfang der ausgeübten Funktionen und dem zuzuweisenden Gewinnpotential gegeben sein muss. Hieraus folgt, dass eine umfassende Wertschöpfungsanalyse notwendig ist, bei der betrachtet wird, welche Gesellschaften welche Leistungsbeiträge erbringen. Regelmäßig lassen sich bestimmte „Standardfunktionen" bestimmen, die relativ leicht durch andere Unternehmen ersetzt werden können. Diesen Funktionen wird nur ein vergleichsweise geringes Gewinnpotential zugewiesen. Hingegen gibt es Leistungsbeiträge, ohne die das Erbringen der Leistung nicht möglich wäre. Diese Beiträge sind entsprechend ihrer Bedeutung zu „vergüten". Da aus einer Unternehmenstätigkeit nicht zwangsläufig ein Gewinn entsteht, kann es nicht nur um die Zuweisung von Gewinnanteilen gehen, sondern um die von Gewinnpotential. Darunter ist zu verstehen, dass diese Gesellschaft bei einem erfolgreichen Geschäft einen vergleichsweise großen Anteil am Gewinn erhält. Wenn hingegen das Geschäft zu Verlusten führt, sind diese auch von dieser Gesellschaft zu tragen. Hieraus folgt, dass zwischen solchen Beiträgen zu unterscheiden ist, die relativ einfach und leicht ersetzbar sind und infolgedessen auch nur ein geringes Gewinnpotential enthalten und solchen, die prägend und charakterisierend für die später zu erstellende Leistung sind. Da sich diese nicht oder zumindest nicht ohne weitere Schwierigkeiten durch andere ersetzen lassen, ist ihnen ein relativ großes Gewinnpotential zuzugestehen.

Hieraus folgt auch, dass die vergleichsweise einfachen Funktionen ein Gewinnpotential erhalten, unabhängig davon, ob die Gesamtleistung tatsächlich mit einem Gewinn abgerechnet werden kann. Letztendlich besteht die Idee darin, dass es sich hierbei um Auftragnehmer handelt, die ihre Ressourcen dem Geschäftsherrn anbieten. Sofern dies nicht zu einer mindestens adäquaten Verzinsung des eingesetzten Kapitals führt, würden die vorhandenen Ressourcen nicht konzernintern sondern unter fremden Dritten angeboten werden. Was als „adäquat" anzusehen ist, hängt davon ab, wie hoch die übernommenen Risiken sind. Ein hohes Risiko führt – auch auf dem Kapitalmarkt – zu hohen Risikozuschlägen, sodass der als angemessen anzusehende Zinssatz von der Höhe dieses Risikos bestimmt wird. Leitbild dieser Überlegungen ist – nach ständiger Rechtsprechung[195] – der ordentliche und gewissenhafte Geschäftsleiter, der versucht, aus dem ihm zur Verfügung stehenden Ressourcen einen maximalen Ertrag zu erzielen. Folglich würde er z. B. Geschäftsbeziehungen beenden, wenn aus diesen nicht eine „adäquate" Verzinsung erzielt werden kann. Damit wird es möglich, das Geschäftsgebaren zwischen verbundenen Unternehmen am Fremdvergleich auszurichten.

---

[195] Vgl. grundlegend BFH-Urt. vom 16.3.1967, I 261/63, BStBl. III 1967, S. 626.

Infolge der relativ schwachen wirtschaftlichen Stellung und des wirtschaftlich geringen Beitrags zur Gesamtleistung sind diese Unternehmen nicht in der Lage, entscheidend auf den Erfolg (oder Misserfolg) der Gesamtleistungen einzuwirken. Folglich kann ihnen auch ein eventuelles Fehlschlagen nicht zugerechnet werden. Funktionsschwache Unternehmen erhalten deshalb zwar einen vergleichsweise geringen, jedoch vom Gesamtergebnis unabhängigen Gewinn. Dies entspricht der Idee, dass ein ordentlicher und gewissenhafter Geschäftsleiter dauerhaft keine Leistung anbieten würde, die nicht zumindest zu einer adäquaten Verzinsung des eingesetzten Kapitals führen würde. Anders sieht dies bei den Unternehmen aus, welche die für die Leistungserstellung wesentlichen Faktoren bereitstellen. Bei diesen liegt einerseits ein hohes Gewinnpotential, andererseits müssen sie auch die wirtschaftlichen Konsequenzen tragen, sofern die entsprechenden Leistungen nicht mit einem Gesamtgewinn erbracht werden können. Folglich sind von ihnen auch (ggf. entsprechend hohe) Verluste zu tragen. Eine solche Überlegung setzt voraus, dass unter fremden Dritten eine Aufteilung von Gewinnpotential in einer solchen Weise erfolgt, dass ein großer Funktionsumfang auch zu einem hohen Gewinnpotential führt. Hingegen sind solche Funktionen, die einfach und auch im Vergleich zu Dritten jederzeit angeboten werden könnten, nur mit einem geringen Gewinnpotential zu versehen. Eine solche Vorgehensweise stellt im Ergebnis sehr stark auf die eintretenden Gewinne bzw. Verluste ab. Dies sollte jedoch nicht zu der Annahme verleiten, als könne der aus einer konzerninternen Leistungserstellung entstehende Gewinn einfach auf die hieran beteiligten Gesellschaften aufgeteilt werden. Einer solchen Vorgehensweise stehen regelmäßig schwerwiegende praktische Probleme entgegen, sodass sich in der Praxis bestimmte Standardmethoden herausgebildet haben[196], mit denen eine Umsetzung dieser Vorgaben erfolgt.

Nach dem hier vertretenen Verständnis, stellt auch die Übernahme von Risiken eine Funktion dar, die zuzuordnen und zu vergüten ist. Hierbei sind regelmäßig bestimmte Aufgaben mit hierfür typischen Risiken verbunden (z. B. die Produktion mit dem Gewährleistungsrisiko für Produktionsfehler). Folglich muss die Vergütung sowohl die übernommenen Funktionen als auch die hiermit verbundenen Risiken entgelten. Gleichwohl ist es u. E. nicht gerechtfertigt, Funktionen und Risiken gewissermaßen als Einheit zu betrachten. Entscheidend hierfür ist, dass sowohl zwischen fremden Dritten, als auch zwischen international verbundenen Unternehmen eine gezielte Zuordnung von Risiken erfolgen kann. Dies wird unmittelbar deutlich, wenn es sich um Risiken handelt, die von fremden Dritten üblicherweise durch den Abschluss von Versicherungsverträgen abgesichert werden. Hier kann durch vertragliche Gestaltung – sowohl gegenüber konzernfremden als auch gegenüber konzerninternen Versicherungsgesellschaften – eine gezielte Zuordnung der Risiken erfolgen. Daher ist es nicht sachgerecht, zwingend davon auszugehen, dass bestimmte Funktionen automatisch bestimmte Risiken implizieren. Vielmehr kann eine Überwälzung auf Dritte erfolgen,

---

[196] Vgl. zu diesen Methoden S. 174 ff.

die entweder innerhalb der Unternehmensgruppe oder von fremden Dritten im Ergebnis wirtschaftlich getragen werden.

Im Schrifttum[197] wird häufig von einer Funktions- und Risikoanalyse gesprochen. Eine solche Formulierung suggeriert, als würde es sich bei den Risiken nicht ebenfalls um zuordenbare Funktionen handeln. Dieser Auffassung wird im Weiteren nicht gefolgt. Ausschlaggebend hierfür ist, dass wie die vorstehenden Ausführungen gezeigt haben, letztlich eine gesonderte Allokation von Risiken erfolgen kann und das Tragen eines Risikos – im Extremfall als konzerninterne „Versicherungsgesellschaft" – ebenfalls eine Funktion darstellt. Im theoretischen Extremfall lässt sich jedes Risiko durch eine vertragliche Gestaltung einer bestimmten Gesellschaft zuordnen, unabhängig davon, wer diese zu Grunde liegende Funktion ausübt. Insoweit ist es sinnvoll, nicht zwischen Funktionen und Risiken zu unterscheiden, sondern die Zuordnung von Risiken als eine Form der Ausgestaltung der Funktionsverteilung in der Form der Risikotragung anzusehen. Dies schließt nicht aus, dass extremen vertraglichen Gestaltungen die Anerkennung zu versagen ist, weil sie dem Fremdvergleichsgrundsatz nicht genügen. Dies kann z. B. der Fall sein, wenn große Risiken auf Gesellschaften übertragen werden, die im Haftungsfall diese wirtschaftlich in keiner Weise tragen können und infolge von Konzernhaftungsgrundsätzen eine wirksame Übertragung des Risikos nicht erfolgt.

Beispiel:

Bei einem international tätigen Pharmaunternehmen lassen sich unterschiedliche Funktionen (einschließlich Risiken) differenzieren. Wenn der Wertschöpfungsprozess stark vereinfacht wird, setzt sich dieser aus den Bereichen Forschung und Entwicklung, Produktion und Absatz zusammen. Wenn die Risiken in ähnlich grober Weise betrachtet werden, bestehen diese in einem Fehlschlagen der Entwicklungstätigkeit, im Haftungsrisiko für eventuelle Nebenwirkungen der Medikamente, ggf. in Wechselkursrisiken, ggf. in Produktionsrisiken und im Absatzrisiko. Für die folgenden Überlegungen soll – stark vergröbernd – davon ausgegangen werden, dass der wesentliche Wertschöpfungsprozess darin besteht, die Rezeptur für ein Arzneimittel zu entwickeln. Entscheidend hierfür ist, dass wenn z. B. ein innovatives Medikament gegen eine bisher als unheilbar geltende Krankheit entwickelt wird, davon auszugehen ist, dass hierüber in den entsprechenden Fachzeitschriften berichtet wird. Folglich wird unterstellt, dass der Absatz keine größeren Schwierigkeiten bereitet, zumal wenn das Unternehmen über eine bestehende Vertriebsstruktur verfügt. Vielmehr würden die Fachpublikationen (und ggf. die Tagespresse) dafür sorgen, dass die Neuentwicklung hinreichend bekannt wird. Auch die Produktion von Arzneimitteln ist im Großen und Ganzen regelmäßig vergleichsweise unproblematisch. Hier sind zwar hohe Anforderungen an die Qualität und Reinheit der Produkte zu beachten, doch gilt dies in anderen Bereichen, wie z. B. in der Lebensmittelindustrie, in ähnlicher Weise. Die Produk-

---

[197] Vgl. z. B. Kuckhoff/Schreiber, Verrechnungspreise in der Betriebsprüfung, München 1997, S. 22 ff.

tionsprozesse lassen sich vergleichsweise einfach organisieren. Folglich liegt der wesentliche Wertschöpfungsprozess in der Entwicklung der Arzneimittel. Bei der Verrechnungspreisbestimmung muss dem Unternehmen ein besonders hohes Gewinnpotential zugewiesen werden, das die Risiken für das Fehlschlagen des Entwicklungsprozesses trägt. Da erhebliche Teile der Forschungsaufwendungen sich entweder gar nicht oder zumindest nicht kurzfristig in marktgängigen Produkten niederschlagen, besteht ein erhebliches Risiko. Dem Unternehmen, das dieses trägt, dem so genannten Strategieträger, sind auch wesentliche Teile des Gewinnpotentials zuzuordnen. Hingegen haben die anderen Unternehmen aus dem Unternehmensverbund, die sich z. B. mit der Produktion und dem Absatz beschäftigen, nur Anspruch auf eine vergleichsweise geringe Vergütung.

Wie das Beispiel zeigt, kann den Unternehmen, die einen vergleichsweise geringen Funktionsbeitrag[198] zu einem Wertschöpfungsprozess erbringen, regelmäßig nur ein geringes Gewinnpotential zugeordnet werden. Die Zuordnung der Risiken kann gegebenenfalls zu einem anderen Ergebnis führen. Im obigen Pharmabeispiel besteht ein Risiko darin, dass infolge von Fehlern im Produktionsprozess nicht die ursprünglich angestrebte Qualität und damit Wirksamkeit erreicht wird und z. B. Nebenwirkungen mit den Arzneimitteln verbunden sein können. Werden diese Risiken der Produktionsgesellschaft zugeordnet, so muss diese hierfür eine Vergütung in Form von Gewinnpotential erhalten. Werden diese hingegen auf eine andere Gesellschaft überwälzt (z. B. den Strategieträger), muss dieser auch eine Haftungsvergütung erhalten. Dabei führt die Übernahme eines Risikos zur Zuweisung eines höheren Gewinnpotentials. Hieraus folgt, dass im Falle von ungünstigen Entwicklungen (wie z. B. Haftungsfällen) diese Risiken (und hieraus resultierende Verluste) auch zu tragen sind.

In der internationalen Verrechnungspreispraxis ist es üblich, zunächst zu analysieren, welches Unternehmen welche Leistungsbeiträge erbringt und wie die Risiken verteilt sind. Hierfür ist der Begriff der Funktionsanalyse gebräuchlich. Hierbei handelt es sich nicht um eine eigenständige Methode zur Verrechnungspreisbestimmung. Vielmehr sind dies vorgelagerte Überlegungen, die die notwendigen Voraussetzungen schaffen, um eine am Fremdvergleich orientierte Verrechnungspreisbestimmung vornehmen zu können. Im geltenden deutschen Recht gibt es keine gesetzliche Grundlage, aufgrund derer Unternehmen verpflichtet wären, eine Funktionsanalyse durchzuführen. Gleichwohl geht die Finanzverwaltung davon aus, dass sie auf Grundlage von § 90 Abs. 3 AO vom Steuerpflichtigen eine solche Analyse verlangen kann. Danach besteht die Verpflichtung, eine Dokumentation der vorgenommenen Sachverhalte und der Angemessenheit der Verrechnungspreise vorzulegen. Details dieser Dokumentationspflicht werden in der so genannten Gewinnabgrenzungsaufzeichnungsverordnung[199]

---

[198] Typische Beispiele hierfür sind sog. Lohnfertiger und Kommissionäre. In beiden Fällen wird nur eine Dienstleistung erbracht, während die für den Erfolg entscheidenden Faktoren vom Auftraggeber zur Verfügung gestellt werden können.

[199] Vom 13.11.2003, BGBl. I 2003, S. 2296 = BStBl. I 2003, S. 739.

geregelt. Diese Rechtsverordnung sieht in § 4 Nr. 3a vor, dass der Steuerpflichtige eine entsprechende Funktionsanalyse vorlegen muss. Hierbei handelt es sich um die Umsetzung internationaler Standards[200] durch die deutsche Finanzverwaltung, die in Tz. 3.4.11.4 der Verwaltungsgrundsätze-Verfahren[201] konkretisiert werden.

In der Praxis ist es üblich, bevor die Wahl der Verrechnungspreismethoden erfolgt, zunächst eine Funktionsanalyse durchzuführen. Dies geschieht regelmäßig durch Fragebogen und Tabellen, in denen zugeordnet wird, welche Funktionen von wem übernommen werden und welche Risiken von welcher Gesellschaft zu tragen sind. Darüber hinaus sind teilweise auch Analysen in Berichtsform anzutreffen. Eine besonders relevante Frage ist regelmäßig, wie detailliert die Vorgaben zur Funktionsverteilung sein müssen. Dies kann u. E. nicht allgemeingültig beantwortet werden, weil letztendlich die Art des Geschäftsmodells diese Frage determiniert. Die Praxis zeigt regelmäßig, dass durch vergleichsweise detaillierte Funktionsanalysen eine weniger ausführliche Beschreibung des Geschäftsmodells ausreichend ist, um den Anforderungen der Finanzverwaltung zu genügen. Insofern sollte genau geprüft werden, inwieweit möglicherweise durch detaillierte Angaben Erleichterungen erreicht werden können. Hinsichtlich der einzelnen Funktionen kann es sich als sinnvoll erweisen, nicht nur eine pauschale Zuordnung vorzunehmen, sondern weiter zu differenzieren, etwa danach, wem die Verantwortung, die Ausführung und die Kostentragung zugeordnet ist. Dies hat den Vorteil, dass auch differenzierte Wertschöpfungsprozesse vergleichsweise einfach abgebildet werden können. Insgesamt bleiben die Vorgaben der deutschen Finanzverwaltung, wie konkret eine Funktionsanalyse durchzuführen ist, relativ ungenau. Gleichwohl hat sich die Praxis auf bestimmte Standards verständigt. Hierbei ist davon auszugehen, dass lediglich die wesentlichen Funktionen zu dokumentieren sind und Abweichungen von einer sonst vorgesehenen Funktionsverteilung besonders zu berücksichtigen sind.

In zunehmendem Maße erlangt die Frage Bedeutung, inwieweit eine Abweichung von einer einmal zugeordneten (und dokumentierten) Funktionsverteilung zu Entschädigungsansprüchen innerhalb des Konzerns führt. Ursächlich hierfür ist, dass mit bestimmten Funktionen regelmäßig ein bestimmtes Gewinnpotential verbunden ist. Wird eine Funktion innerhalb des Konzerns von einer Gesellschaft auf eine andere Gesellschaft übertragen, so wandert damit nicht nur die Funktion, sondern auch das Gewinnpotential. Insofern stellt sich die Frage, ob unter fremden Dritten ohne weiteres auf dieses Potential verzichtet worden wäre oder ob hierfür ggf. Entschädigungszahlungen zu leisten sind. Diese Frage wird unter dem Begriff der Funktionsverlagerung diskutiert.[202]

---

[200] Vgl. Tz. 1.20 bis Tz. 1.35 OECD-Leitlinien.
[201] BMF-Schreiben vom 12.4.2005, IV B 4 – S 1341 – 1/05, BStBl. I 2005, S. 570.
[202] Vgl. hierzu S. 180 ff.

4.2.1.2 Methoden zur Verrechnungspreisbestimmung

▪ Welche Methoden zur Verrechnungspreisbestimmung lassen sich grundsätzlich unterscheiden?

▪ Gibt es Unterschiede zwischen denen aus der Betriebswirtschaftslehre hinlänglich bekannten Methoden zur Verrechnungspreisbestimmung und den steuerlichen Methoden?

▪ Welche Verrechnungspreismethoden werden von der deutschen Finanzverwaltung anerkannt?

Die OECD hat mit ihren „Transfer Pricing Guidelines for multinational Enterprises" im Jahre 1995 ein Werk vorgelegt, das international bestimmte Standards und Methoden beschreibt. Diesen kommt schon deshalb besondere Bedeutung zu, weil es sich bei Verrechnungspreisfragen – zwangsläufig – um grenzüberschreitende Sachverhalte handelt. Andernfalls würde sich das Problem der Einkunftsabgrenzung regelmäßig nicht stellen. Daher kommt den Ansätzen, die die Chance auf eine internationale Anerkennung bieten, besondere Bedeutung zu. Ausschlaggebend hierfür ist, dass spätestens im Rahmen eines Verständigungsverfahrens die Finanzverwaltungen regelmäßig nach einer gemeinsamen Lösung suchen.[203] Hierfür bieten sich die Methoden und Verfahren besonders an, die als internationaler Standard anerkannt sind.

Bei der Bestimmung von Verrechnungspreisen handelt es sich regelmäßig um die Festlegung von Bandbreiten angemessener Preise (bzw. Bedingungen). Hierbei handelt es sich also nicht um einen Wert, sondern um ein Intervall möglicher Werte. Ausschlaggebend hierfür kann z. B. eine nur eingeschränkte Vergleichbarkeit zwischen dem als Vergleichsobjekt herangezogenen Produkt und dem zu bepreisenden Produkt sein. Ferner können auch auf dem Markt für die Vergleichsprodukte unterschiedliche Preise bezahlt werden. Außerdem führt eine u. U. nur eingeschränkte Vergleichbarkeit zur Notwendigkeit von Anpassungsrechnungen, die ihrerseits mit Unsicherheit behaftet sind.

Nach wohl h. M. ist jeder Wert innerhalb der Bandbreite zulässig.[204] Hingegen geht die deutsche Finanzverwaltung – in Übereinstimmung mit der internationalen Praxis – von der sog. Interquarter-Range aus. Gem. Tz. 3.2.12.5 Verwaltungsgrundsätze-Verfahren kann eine Einengung der Bandbreite dadurch erfolgen, dass die oberen und die unteren 25 % der möglichen Werte unberücksichtigt bleiben, sofern die notwendige Einengung der Bandbreite mit Hilfe anderer Verrechnungspreismethoden und

---

[203] Dies heißt jedoch nicht, dass regelmäßig eine Einigung erzielt wird, die zu einer Vermeidung der Doppelbesteuerung führt.

[204] So auch die bisherige Rechtsprechung des BFH, vgl. z. B. BFH-Urt. vom 17.10.2001, I R 103/00, BStBl. II 2004, S. 171.

Plausibilitätserwägungen nicht zu einem angemessenen Ergebnis führt. **Abbildung 4-2:** veranschaulicht diese Vorgehensweise nochmals.

Abbildung 4-2:   *Verengung der Bandbreite nach Maßgabe der Interquarter-Range*

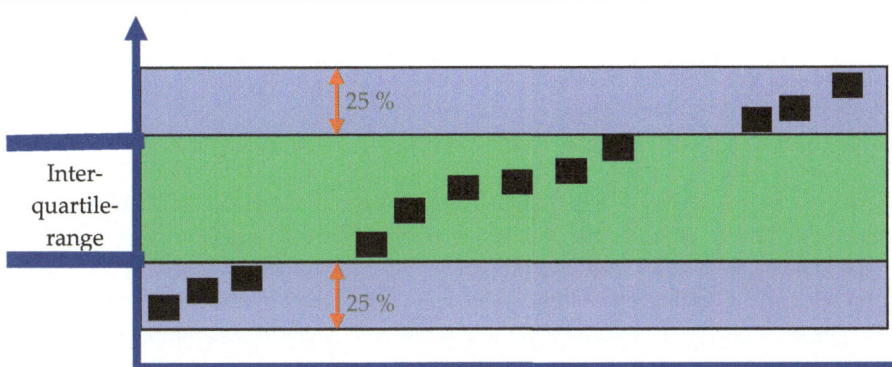

In Unternehmen werden häufig zur Steuerung von Profit Centern ebenfalls Verrechnungspreise eingesetzt.[205] Diese werden teilweise nach vollständig anderen Grundsätzen bestimmt, als die steuerlichen Verrechnungspreise. Ausschlaggebend hierfür ist, dass mit diesen Preisen andere Zielsetzungen verfolgt werden und deshalb auch eine andere Ermittlungsweise erfolgt.

4.2.1.2.1 Die internationale Praxis

In der internationalen Verrechnungspreispraxis wird regelmäßig danach unterschieden, ob eine Bestimmung des Fremdvergleichspreises erfolgen soll, oder ob es sich um Leistungen handelt, die gemeinsam erbracht bzw. in Anspruch genommen werden und für diese nur die entstehenden Kosten umgelegt werden. Im zuerst genannten Fall geht es also um die Ermittlung von Fremdvergleichspreisen, während im zweiten Fall „lediglich" die verursachten Kosten auf alle Nutznießer verteilt werden.

---

[205] Vgl. allgemein zu den betriebswirtschaftlichen Funktionen der Verrechnungspreisbestimmung z. B. Ewert, R./Wagenhofer, A., Interne Unternehmensrechnung, 5. Aufl., Berlin 2002, S. 593 ff.

Abbildung 4-3:   *In der internationalen Praxis wesentliche Methoden zur*
Verrechnungspreisbestimmung

Standardmethoden	Andere Methoden
▪ Preisvergleichsmethode	▪ Gewinnaufteilungsmethode
▪ Wiederverkaufspreismethode	▪ Transaktionsbezogene Netto-Margenmethode
▪ Kostenaufschlagsmethode	

Hierbei ist zu beachten, dass die Beschreibung nicht abschließend ist. Vielmehr sind weitere Methoden anzutreffen. Inwieweit diese steuerlich anerkannt werden bzw. anzuerkennen sind, lässt sich nur im Einzelfall entscheiden. Außerdem kann eine Vermischung von mehreren Methoden erfolgen oder eine Methode angewendet werden, um die Ergebnisse, die mit Hilfe einer anderen Methode bestimmt wurden, zu überprüfen. Zumindest nach deutschem Verständnis ist der Steuerpflichtige nicht verpflichtet, mehr als eine Methode anzuwenden.[206] Hingegen sehen einige andere Staaten vor, dass eine überschlägige Anwendung mehrerer Methoden zu erfolgen hat, um auf diese Weise zu entscheiden, welche am besten dem Fremdvergleich entspricht.

4.2.1.2.1.1 Die Standardmethoden

▪ Welche Standardmethoden gibt es?

▪ In welchen Fällen sind diese anwendbar?

▪ Welche Schwächen bzw. Nachteile sind bei der Anwendung zu berücksichtigen?

Die OECD hat in Ergänzung ihres Musterabkommens und dessen Kommentars die so genannten OECD Transfer Pricing Guidelines[207] herausgegeben. Die derzeitige Fassung aus dem Jahre 1995 sieht neben den so genannten Standardmethoden „andere Methoden" zur Verrechnungspreisbestimmung vor. Gleichwohl bestehen zwischen den Staaten unterschiedliche Auffassungen darüber, inwieweit diese anderen Methoden zur Anwendung kommen. Hingegen sind die so genannten Standardmethoden international akzeptiert, gleichwohl führen die mit ihnen verbundenen praktischen Probleme zu einer einschränkenden Anwendung. In einigen Staaten werden die neue-

---

[206] Dies schließt jedoch nicht aus, dass die Finanzverwaltung eine andere Methode heranzieht, um die vom Steuerpflichtigen vorgelegten Ergebnisse zu überprüfen.
[207] Loseblattwerk, Paris 1995 ff.

ren Ansätze mittlerweile in der gleichen Weise berücksichtigt wie die Standardmethoden. Die Standardmethoden sind in **Abbildung 4-3:** dargestellt.

Leitidee der **Preisvergleichsmethode** *(comparable uncontrolled price method)*[208] ist ein Rückgriff auf tatsächliche Preise, die der Steuerpflichtige mit unverbundenen, also fremden Dritten vereinbart hat. Ausgangspunkt ist hierbei die Überlegung, dass unter vergleichbaren Bedingungen die Geschäfte zwischen verbundenen Unternehmen und fremden Dritten zu den gleichen Konditionen (insbesondere Preisen) erfolgen müssen, wenn es gelingt, die bestehenden Unterschiede und den Einfluss infolge der Konzernverbundenheit zu beseitigen. Vor diesem Hintergrund wird für solche Produkte, die auch gegenüber fremden Dritten veräußert werden bzw. Leistungen erbracht werden, versucht, aus diesen Preisen einen Rückschluss auf den Fremdvergleichspreis für das konzerninterne Geschäft zu ermitteln. Hierbei kann die Bestimmung von Fremdvergleichspreisen sowohl im Rahmen eines internen als auch eines externen Fremdvergleichs erfolgen. Beim internen Vergleich werden Transaktionen des gleichen Steuerpflichtigen betrachtet, während bei einem externen Vergleich die Daten eines anderen Steuerpflichtigen, wie insbesondere allgemein zugängliche Preise (speziell Marktpreise) verwendet werden.

Das Problem dieser Methode besteht darin, dass häufig vergleichbare Leistungen nicht gegenüber fremden Dritten erbracht werden, sodass ein Rückgriff auf interne Verrechnungspreise scheitert und auf die Preise zwischen fremden Dritten nicht zurückgegriffen werden kann, weil vergleichbare Leistungen zwischen Dritten nicht erbracht werden oder aber weil solche Leistungsbeziehungen zwar bestehen, aber die vereinbarten Bedingungen hinreichend genau nicht bekannt sind. Hierbei ist zu berücksichtigen, dass nicht nur eine Kenntnis der jeweiligen Verrechnungspreise erforderlich ist, sondern auch sämtliche Liefer- und Leistungsbedingungen verglichen werden müssten, um eine tatsächliche Vergleichbarkeit herzustellen. Dies gilt in besonderer Weise für Garantien und Zahlungsbedingungen sowie evtl. vertragliche Nebenleistungen. Sind diese Bedingungen hinreichend vergleichbar oder kann die Vergleichbarkeit mit Hilfe von Anpassungsrechnungen hergestellt werden, ist die Verrechnungspreisbestimmung regelmäßig unproblematisch.

Die **Wiederverkaufspreismethode** *(resale price method)*[209] geht davon aus, dass zwischen verbundenen Unternehmen eine Liefer- oder Leistungsbeziehung besteht und diese Leistung kurze Zeit später an einen fremden Dritten weitergegeben wird. Der Preis, der gegenüber dem fremden Dritten erzielt wird, ist ein Fremdvergleichspreis und nicht durch die Konzernverbundenheit beeinträchtigt. Folglich ist zumindest hinsichtlich dieses Preises eine Objektivierung gegeben. Auf Grundlage dieses Preises erfolgt eine Rückrechnung auf den konzerninternen Verrechnungspreis für die vorhergehende Lieferung bzw. Leistung. Dies geschieht, indem der verkaufenden Gesellschaft eine Marge zugewiesen wird und der Verkaufspreis gegenüber fremden Dritten

---

[208] Vgl. Rz. 2.6 ff. OECD-Guidelines.
[209] Vgl. Rz. 2.14 ff. OECD-Guidelines.

abzüglich dieser Marge den konzerninternen Verrechnungspreis bildet. Die Marge muss zwei Funktionen erfüllen: Erstens muss sie der vertreibenden Gesellschaft eine angemessene Vergütung für die von ihr getragenen Aufwendungen (also die erbrachten Leistungen) gewähren. Dabei kann es sich insbesondere um Werbeleistungen, Verpackung, Service usw. handeln. Zweitens muss die Marge so gestaltet werden, dass in Abhängigkeit von der Funktionsanalyse der Vertriebstochter ein angemessener Gewinn verbleibt. Ausschlaggebend hierfür ist, dass unter fremden Dritten Produkte nur dann in das Sortiment aufgenommen werden, wenn hierfür eine angemessene Marge verbleibt.[210] Wie hoch diese Marge ist, wird durch die Funktionsanalyse bestimmt, wobei davon auszugehen ist, dass zumindest mittelfristig eine kapitalmarktorientierte Verzinsung des eingesetzten Kapitals erreicht werden muss. Andernfalls wäre es für einen ordentlichen und gewissenhaften Geschäftsleiter sinnvoll, sein Kapital nicht in dem Unternehmen zu investieren, sondern am Kapitalmarkt anzulegen.

Diese Methode wird insbesondere zur Preisermittlung bei Vertriebstochtergesellschaften und anderen funktionsschwachen Gesellschaften herangezogen. Sie geht davon aus, dass kurzfristig eine Weiterveräußerung erfolgt, sodass sie nur dann anwendbar ist, wenn tatsächlich eine solche Leistungsabgabe gegenüber fremden Dritten vorgenommen wird. In den letzten Jahren wird verstärkt versucht, die als fremdüblich anzusehende Marge mit Hilfe von Datenbankanalysen zu bestimmen, indem zum Beispiel bei vergleichbaren Unternehmen geprüft wird, wie groß die jeweilige Marge dieser Gesellschaften ist.[211]

Die **Kostenaufschlagsmethode** *(cost plus method)*[212] basiert auf den Kosten für die Erbringung einer Lieferung oder Leistung. Diese werden dann „um betriebs- oder branchenübliche Gewinnaufschläge erhöht"[213]. Leitidee dieser Methode ist es letztlich, eine simulierte Kalkulation vorzunehmen, indem gefragt wird, wie bei einer kostenorientierten Preisermittlung gegenüber fremden Dritten und innerhalb des Konzerns eine Leistungsverrechnung erfolgen würde. Zentrales Problem dieser Methode ist regelmäßig die Bestimmung des Gewinnaufschlages, während sich die Kosten – abgesehen von zum Teil schwierigen Zuordnungsproblemen im Bereich der Gemeinkosten im Detail – häufig in weiten Teilen relativ einfach lösen lassen. Zur Bestimmung des Gewinnaufschlages erfolgt ein Rückgriff auf die Funktionsanalyse. Damit soll gewährleistet werden, dass die jeweilige Gesellschaft entsprechend der von ihr übernommenen Funktionen und den eingesetzten Mitteln (insbesondere Kapital und immaterielle

---

210 Dies entspricht auch der ständigen Rechtsprechung des BFH, vgl. Urt. vom 17.2.1993, I R 3/92, BStBl. II 1993, S. 457, bestätigt durch BFH-Urt. vom 17.10.2001, I R 103/00, BStBl. II 2004, S. 171, vom 15.5.2002, I R 92/00, BFHE 199, S. 217 und vom 6.4.2005, I R 22/04, BFHE 209, S. 460.

211 Der Beweiswert einer solchen Vorgehensweise ist offen, allerdings hat der BFH die Tatsacheninstanz gezwungen, diese Analyse eingehend zu würdigen, vgl. BFH-Urt. vom 17.10.2001, I R 103/00, BStBl. II 2004, S. 171.

212 Vgl. Rz. 2.32 ff. OECD-Guidelines.

213 Vgl. Kapitel II. C. 3 OECD-Guidelines.

Wirtschaftsgüter) adäquat vergütet wird. Hierbei ist zu berücksichtigen, dass ein allgemeiner Richtwert für die Höhe des Gewinnaufschlages nicht benannt werden kann, sondern diese Frage sehr stark vom Einzelfall abhängig ist. Die früher von der Finanzverwaltung sehr häufig als Richtwert genannte Größe von 5 bis 10 % ist heute als zu undifferenziert anzusehen und wird in der Betriebsprüfungspraxis nicht mehr ohne weiteres anerkannt.

Der Nachteil dieser Methode ist nicht nur eine gewisse Kollision mit dem Fremdvergleichsgrundsatz, weil gegenüber fremden Dritten die entstehenden Kosten häufig nicht von entscheidender Bedeutung sind, sondern Marktpreise. Außerdem führt die Kostenaufschlagsmethode dazu, dass Ineffizienzen bei der Leistungserstellung vollständig an den Auftraggeber weiterbelastet werden. Diese werden im Rahmen der Ermittlung der Kosten vollständig in die Verrechnungspreise einkalkuliert. Unter fremden Dritten ist es jedoch keinesfalls selbstverständlich, dass eine solche Vorgehensweise erfolgt. Vielmehr würde regelmäßig eine Ausrichtung an Marktpreisen erfolgen, die möglicherweise deutlich unter oder über den tatsächlichen Kosten zuzüglich eines Gewinnaufschlages liegen. Insofern kommt es zu einer Kollision mit dem Fremdvergleichsgrundsatz. Ferner bestehen nicht unerhebliche Schwierigkeiten bei der Bestimmung des Aufschlagsatzes. Diese lassen sich nur bedingt lösen, etwa indem für vergleichbare Geschäfte gegenüber fremden Dritten ermittelt wird, wie hoch die Gewinnaufschlagsätze bei vergleichbaren Transaktionen wären. Dies kann erfolgen, indem für entsprechende Produkte, für die Marktpreise bestehen, eine simulierte Anwendung der Kostenaufschlagsmethode vorgenommen wird, um bestimmen zu können, wie hoch die Gewinnaufschlagsätze sein müssen.

In den letzten Jahren ist in vermehrtem Umfang, insbesondere in den USA, Kritik an den Standardmethoden der Verrechnungspreisbestimmung aufgekommen. Diese richtet sich sowohl gegen die methodischen Probleme dieser Methoden als auch gegen ihre Ergebnisse. Vor diesem Hintergrund wurden neue Ansätze entwickelt, die zunächst in den USA dann aber auch immer stärker auf internationaler Ebene Verwendung finden.

4.2.1.2.1.2 Die „anderen" Methoden

In der internationalen Staatenpraxis bestehen unverändert sehr unterschiedliche Einstellungen zu diesen Methoden. Während sie in einigen Staaten die Rolle von Standardmethoden erlangt haben, sieht die OECD in ihnen „methods of last resort"[214], die nur in Ausnahmefällen zur Anwendung kommen sollen und auch nur dann, wenn ihre spezifischen Voraussetzungen erfüllt sind. Die wesentlichen „anderen Methoden" sind in **Abbildung 4-3:** dargestellt.

---

[214] Vgl. Tz. 3.50 OECD-Guidelines.

Die **Gewinnaufteilungsmethode** *(Profit split method)*[215] geht von dem Gewinn des Gesamtkonzerns aus, der aus der Produktion eines Gutes oder dem Erbringen einer Leistung entstanden ist. Dieses produktbezogene Konzernbetriebsergebnis ist auf die an der Leistungserstellung beteiligten Konzernunternehmen aufzuteilen. Der Aufteilungsschlüssel richtet sich für die beteiligten Konzernunternehmen unter Berücksichtigung des Kapitaleinsatzes und der übernommenen Risiken nach der Funktionsanalyse. Dabei wird versucht, auf der Grundlage dieser Analyse eine Gewinnaufteilung vorzunehmen, wie sie fremde Dritte vorgenommen hätten.

Die **Netto-Margen-Methode** *(Transactional net margin method; TNMM)*[216] stellt eine Kompromisslösung zwischen den Staaten dar, die eine Bestimmung oder zumindest Verprobung von Verrechnungspreisen ausschließlich auf der Grundlage der Höhe des Gewinns zulassen wollen, und den Staaten, die einen solchen Ansatz ablehnen. Ihre Grundidee liegt darin, dass die sog. **Nettogewinnspanne** zu einer bestimmten betriebswirtschaftlichen Größe ins Verhältnis gesetzt wird und dann ein Vergleich der Spannen bei konzerninternen Geschäften mit solchen gegenüber fremden Dritten erfolgt. Mögliche Bezugsgröße können die Kosten, der Umsatz oder das eingesetzte Kapital sein.[217] Im Ergebnis wird darauf abgestellt, ob die aus einem konzerninternen Geschäft entstehende Marge mit derjenigen vergleichbar ist, die bei Geschäften mit fremden Dritten entstehen.

Auch bei der Anwendung dieser Methoden bestehen im Detail eine Vielzahl von Problemen und Schwierigkeiten.[218] Außerdem wird ihre Anwendung von der OECD an das Vorliegen bestimmter Bedingungen geknüpft, sodass im Einzelfall zu prüfen ist, inwieweit diese erfüllt sind. International wird diesen Voraussetzungen unterschiedliche Bedeutung beigemessen. Dies gilt insbesondere dann, wenn die Standardmethoden nicht anwendbar sind.

4.2.1.2.1.3   Umlagen

Während bei den bisher behandelten Verrechnungspreismethoden jeweils für einzelne Liefer- und Leistungsbeziehungen ein Fremdvergleichspreis gesucht wurde, sind auch Fälle denkbar, in denen „lediglich" die Weiterbelastung von Kosten erfolgt, gleichzeitig werden auch die Erträge (oder anderen Vorteile) aufgeteilt. Der grundlegende Unterschied besteht darin, dass kein Gewinnaufschlag zu berücksichtigen ist. Die OECD spricht in solchen Fällen von Cost Contribution Arrangements. Dem liegt der Gedanke zu Grunde, dass sich mehrere Unternehmen zusammenschließen, um die bei einer gemeinsamen Zweckverfolgung entstehenden Aufwendungen und Erträge un-

---

[215] Vgl. OECD-Guidelines, Chap. III, B., i).
[216] Vgl. OECD-Guidelines, Chap. III, B., ii).
[217] Vgl. Tz. 3.26 der OECD-Guidelines.
[218] Vgl. hierzu Kaminski, in: Strunk/Kaminski/Köhler, AStG-DBA, § 1 AStG, Anm. 327 ff. (September 2004).

tereinander aufteilen. Hier wird von der sog. Poolfunktion gesprochen, die – zumindest nach h. M. in Deutschland – impliziert, dass sich die Vertragsparteien zu einer BGB-Gesellschaft zusammenschließen. Solche Gestaltungen sind insbesondere im F&E-Bereich anzutreffen. Allerdings sind auch andere Anwendungsbereiche wie z. B. die Zentralisierung von Verwaltungsaufgaben möglich. In den OECD-Guidelines wird betont, dass es sich bei solchen Vereinbarungen eher um schuldrechtliche und nicht um gesellschaftsrechtliche Regelungen handelt.

Hierbei soll eine Orientierung am Fremdvergleichsgrundsatz erfolgen, sodass als Aufteilungsschlüssel für Kosten und Vorteile der erwartete Nutzen zu verwenden ist. Hierbei soll im Vorhinein ein Nutzen geschätzt werden, der dann der Aufteilung zu Grunde gelegt wird und als Umlageschlüssel zu verwenden ist. Dieser Nutzen ist über Hilfs- bzw. Schlüsselgrößen zu bestimmen, wie z. B. die erwarteten Umsatzerlöse. Eine explizite Aussage, ob neben den Kosten auch ein Gewinnaufschlag zu verrechnen ist, enthalten die OECD-Guidelines nicht.

4.2.1.2.2 Vorgaben der deutschen Finanzverwaltung

Die Finanzverwaltung hat sich in einer Reihe von BMF-Schreiben zu Verrechnungspreisfragen geäußert. Hierbei sind im Einzelnen zu nennen:

- Verwaltungsgrundsätze vom 23. Februar 1983[219],

- Umlagen-Verwaltungsgrundsätze vom 30. Dezember 1999[220],

- Verwaltungsgrundsätze-Arbeitnehmerentsendung vom 9. November 2001[221],

- BMF-Schreiben vom 26. Februar 2004 zur Anwendung des BFH-Urteils vom 17. Oktober 2001[222],

- Verwaltungsgrundsätze-Verfahren vom 12. April 2005[223].

Die Lektüre dieser Verlautbarungen ist unbedingt notwendig, um sich mit den Anforderungen der deutschen Finanzverwaltung auseinandersetzen zu können. Hierbei ist zu beachten, dass in anderen Staaten – mehr oder weniger – abweichende Regelungen bestehen. Eine umfassende Analyse setzt daher die Kenntnis der Regelungen aus den beteiligten Staaten voraus.

Die deutsche Finanzverwaltung hat in den Verwaltungsgrundsätzen die Standardmethoden beschrieben und für grundsätzlich anwendbar erklärt.[224] Hingegen besteht

---

[219] BStBl. I 1983, S. 218.
[220] BStBl. I 1999, S. 1122.
[221] BStBl. I 2001, S. 796.
[222] BStBl. I 2004, S. 270.
[223] BStBl. I 2005, S. 570.
[224] Vgl. Tz. 2.2.2. für die Preisvergleichsmethode, Tz. 2.2.3 für die Wiederverkaufspreismethode und Tz. 2.2.4 für die Kostenaufschlagsmethode.

gegenüber den „anderen Methoden" eher Zurückhaltung. Während zunächst in einer Presseerklärung des BMF vom 30. Juli 1995[225] diese Methoden ausschließlich für Zwecke der Schätzung und/oder Verprobung für zulässig erklärt wurden, hat sich dies später durch die Verwaltungsgrundsätze-Verfahren[226] geändert. Danach sind diese Methoden – zunächst bis zu einer Überarbeitung der Verwaltungsgrundsätze aus 1983 – anwendbar, wenn die in Tz. 3.4.10.3 lit. b Verwaltungsgrundsätze-Verfahren genannten Voraussetzungen erfüllt sind. Danach wird für die Anwendung der TNMM verlangt, dass die Standardmethoden „wegen des Fehlens oder der Mängel von Fremdvergleichsdaten" nicht angewandt werden können, das Unternehmen kein Strategieträger ist und die Vergleichbarkeit der Vergleichsunternehmen hinreichend dargelegt werden kann. Hingegen wird die Anwendung der Profit Split-Methode lediglich davon abhängig gemacht, dass die Standardmethoden nicht anwendbar sind.

Allerdings ist anzumerken, dass in der Betriebsprüfungspraxis schon in der Vergangenheit eine gewisse Öffnung erfolgt ist, sodass bei einer betriebswirtschaftlichen Begründung auch gewinnorientierte Methoden zur Anwendung kommen konnten. Dies galt insbesondere in den Fällen, in denen ein sehr umfangreiches Sortiment bestand und die Bestimmung von Entgelten für einzelne Lieferungen und Leistungen praktisch nicht mehr darstellbar war. Auch nach deutscher Auffassung gibt es keinen abschließenden Numerus clausus an anwendbaren oder anzuwendenden Verrechnungspreismethoden. Vielmehr sind andere Methoden möglich und zulässig, wenn sie zu einer Verrechnungspreisbestimmung führen, die zu vergleichbaren Ergebnissen wie unter fremden Dritten führt. Hierbei kommt es entscheidend darauf an, dass gegenüber der Finanzverwaltung plausibel begründet werden kann, warum diese Methoden als geeignet angesehen werden und dass sie auch dann angewendet werden, wenn dies – z. B. nach einer längeren Verlustphase – zu hohen Gewinnen beim inländischen Unternehmen führen.

4.2.1.3 Steuerliche Auswirkungen von Änderungen der Funktionsverteilung

■ Welche steuerlichen Konsequenzen ergeben sich, wenn die einmal gewählte Funktionsverteilung in einem international tätigen Konzern verändert wird?

■ Kann die Zuordnung von grundlegend neuen Funktionen, die bisher im Konzern noch gar nicht wahrgenommen wurden, mit steuerlichen Konsequenzen verbunden sein?

Wie die Ausführungen zur Funktionsanalyse[227] gezeigt haben, ist jede Funktion mit einem gewissen Gewinnpotential verbunden. Fraglich ist, ob Funktionen international

---

[225] BMF, Presseerklärung vom 13.7.1995, IStR 1995, S. 384.
[226] BMF-Schreiben vom 12.4.2005, IV B 4 – S 1341 – 1/05, BStBl. I 2005, S. 570.
[227] Vgl. hierzu nochmals S. 166 ff.

verlagert bzw. erstmalig zugeordnet werden können, ohne dass dies zu steuerlichen Konsequenzen führt. Hierbei ist zu berücksichtigen, dass durch die Funktionsverlagerung auch die Gewinnverteilung zwischen den Gesellschaften beeinflusst wird. Werden einer Gesellschaft Funktionen entzogen, wird ihr Gewinn zukünftig (deutlich) geringer sein, andererseits entfällt bei ihr auch die Gefahr, ggf. hohe Verluste tragen zu müssen. Diese Frage ist streitig. Das BMF plant, die Sichtweise der Finanzverwaltung kurzfristig in einem gesonderten Schreiben darzulegen.

Sofern die Funktionsverlagerung unter Bedingungen erfolgt, die unter fremden Dritten zu Schadensersatzansprüchen führen, müssen diese auch innerhalb eines internationalen Konzerns geltend gemacht werden. Geschieht dies nicht, ist in diesem Verzicht auf diese Ansprüche eine verdeckte Gewinnausschüttung zu sehen.[228] Diese Fälle sind bei einer Funktionsverlagerung jedoch selten. Viel häufiger ist hingegen die Situation, dass eine Funktion unter Bedingungen entzogen wird, die dem Fremdvergleich entsprechen. Dies ist z. B. der Fall, wenn einer Vertriebsgesellschaft seitens der Muttergesellschaft – unter Berücksichtigung einer angemessenen Kündigungsfrist – das Vertriebsrecht entzogen wird. Infolge dieses Entzugs verliert die Tochtergesellschaft die Möglichkeit, in der Zukunft einen Gewinn aus dem Vertrieb der Produkte der Muttergesellschaft zu erzielen. Fraglich ist, ob hierfür eine Entschädigung (oder eine andere Form der Vergütung) zu zahlen ist. Dies ist u. E. dann nicht der Fall, wenn die „Kündigungsbedingungen" dem Fremdvergleich entsprechen und in einem vergleichbaren Fall auch unter fremden Dritten keine Entschädigung bezahlt worden wäre. Diese könnte z. B. für übergehende Geschäfts- bzw. Kundenbeziehungen entsprechend § 89b HGB entstehen. Ist dies jedoch nicht der Fall, besteht u. E. für eine Entschädigung – weder zivilrechtlich noch steuerlich – eine Veranlassung.

Wird eine vollständig neue Aktivität aufgenommen, steht es dem internationalen Konzern frei, welcher Konzerngesellschaft er diese zuordnet. Sind von einer Gesellschaft bereits Vorleistungen erbracht worden, müssen diese fremdvergleichskonform vergütet werden. Allerdings ist hiermit keine Zuordnungspflicht zu einer bestimmten Kapitalgesellschaft verbunden.[229] Der BFH hat über diese Frage zwar bisher noch nicht abschließend zu entscheiden gehabt, aber dazu Stellung nehmen müssen, inwieweit eine Zuordnung von Geschäftschancen zur Gesellschaft zu erfolgen hat oder ob diese vom Gesellschafter einer Kapitalgesellschaft – gewissermaßen in Konkurrenz zu dieser – wahrgenommen werden.[230] Eine Geschäftschance kann definiert werden als die konkrete Möglichkeit, aus einem noch abzuschließenden Geschäft einen Ge-

---

[228] Ständige Rechtsprechung für die Fälle, in denen eine bilanzielle Schadensersatzforderung besteht, vgl. z. B. BFH-Urt. vom 14.9.1994, I R 6/94, BStBl. II 1997, S. 89.

[229] Der BFH stellt mit Urt. vom 16.6.1997, I R 14/96, BFHE 183, S. 459, ausdrücklich fest, dass es nicht gerechtfertigt wäre, einer Kapitalgesellschaft ein Geschäft aufzudrängen, was sie, gemessen am Fremdvergleich, unter keinen Umständen abgeschlossen hätte.

[230] Dabei ging es also um die Frage, inwieweit ein Gesellschafter-Geschäftsführer einer Kapitalgesellschaft einem Wettbewerbsverbot im Verhältnis zur Geschäftstätigkeit „seiner" Kapitalgesellschaft unterliegt.

winn (Vorteil) zu erzielen, soweit sich dieser nicht bereits aus anderen Wirtschaftsgütern oder schwebenden Geschäften ergibt (z. B. die konkrete Möglichkeit, ein Wirtschaftsgut zu einem günstigen Preis erwerben zu können oder ein Geschäftsangebot). Die Geschäftschance stellt ein immaterielles Wirtschaftsgut dar und kann Gegenstand einer Einlage sein.

Der BFH führt hierzu im Urteil vom 13. November 1996[231] aus, dass er sich – zumindest damals – nicht in der Lage sah, eine abschließende Auflistung von Kriterien für die Zuordnung vornehmen zu können. Gleichwohl nennt er hierfür – unter Hinweis auf Thiel[232] – die folgenden Indizien:

- Tragen der Kosten für die Entstehung der Geschäftschance,

- Vereinbarungen zwischen den Gesellschaften (insbesondere räumliche oder sachliche Abgrenzung),

- Kontrahierungswunsch des Auftraggebers bzw. ggf. das Vorliegen eines Anschlussauftrages,

- tatsächliche Gegebenheiten, wie z. B. das Führen von Verhandlungen oder das Bemühen um den Auftrag sowie

- Nutzung der Sachausstattung einer Gesellschaft.

Streitig ist insbesondere der letzte Punkt, weil dieser nicht nur zu gravierenden praktischen Abgrenzungsproblemen führt, sondern auch sehr weit ginge. Es darf nicht übersehen werden, dass häufig Wirtschaftsgüter des Gesellschafters an die Gesellschaft auf schuldrechtlicher Basis überlassen werden. Sollte deren Nutzung zur Zuordnung der gesamten Geschäftchance an die Gesellschaft führen, würde dies möglicherweise unberücksichtig lassen, dass sich der Gesellschafter einen privaten (Rest-)Nutzungsanteil ausbedungen hat und insoweit von den vertraglichen Vereinbarungen für steuerliche Zwecke abgewichen wird. Würde dies auf die Konzernebene übertragen, stellt sich die Frage, inwieweit für den Verzicht auf eine konkurrierende Tätigkeit an die anderen Gesellschaften Entschädigungen seitens der deutschen Gesellschaft zu zahlen sind.

U. E. ist davon auszugehen, dass Entschädigungsansprüche ausscheiden, wenn entweder keine Zuordnung der Geschäftschance zur inländischen Gesellschaft erfolgt ist oder eine fristgerechte (= fremdübliche) Kündigung erfolgt ist und unter fremden Dritten unter vergleichbaren Bedingungen ebenfalls keine Entschädigungen bezahlt worden wären.

Hierbei ist selbstverständlich, dass die Überführung von einzelnen Wirtschaftsgütern im Rahmen der Funktionsverlagerung zu fremdüblichen Bedingungen zu vergüten ist.

---

[231] I R 149/94, BFHE 181, 494.
[232] Thiel, J., DStR 1993, 1801, 1804.

Dies bedeutet z. B. auch, dass wenn immaterielle Wirtschaftsgüter wie z. B. ein Kundenstamm von der inländischen Tochtergesellschaft auf die ausländische Muttergesellschaft übertragen werden, dies fremdüblich zu vergüten ist. Dabei ist jedoch stets zu prüfen, inwieweit sich die Muttergesellschaft schon bisher an den Kosten für die Entstehung dieses Wirtschaftsgutes beteiligt hat. Einer Geschäftschance fehlt es zwar an der Wirtschaftsguteigenschaft, doch handelt es sich um einen Vermögensvorteil, der zwar noch nicht in einer Rechtsposition erstarkt ist, aber gleichwohl unter fremden Dritten nicht unentgeltlich abgegeben würde.

Besonders kontrovers wird die Frage diskutiert, inwieweit ein sog. **Abschmelzen von Funktionen** einen Entschädigungsanspruch begründet. Dieses ist gegeben, wenn eine Gesellschaft zwar grundsätzlich erhalten bleibt, jedoch der Umfang der von ihr wahrgenommenen Funktionen und Risiken nachhaltig verringert wird. Denkbar ist z. B., dass eine bisher als Eigenhändler tätige Gesellschaft nur die Rolle als Kommissionäre wahrnehmen kann oder eine Produktionsgesellschaft lediglich die Rolle einer verlängerten Werkbank behalten kann. Insoweit kommt es also nicht zum vollständigen Entzug der Funktionen, sondern nur zu einer Verringerung. U. E. ist auch in diesen Fällen auf den Fremdvergleich abzustellen und danach zu fragen, inwieweit unter fremden Dritten eine solche „Herabstufung" zu Entschädigungsansprüchen geführt hätte. Ist dies nicht der Fall, können auch innerhalb des Konzerns keine Ansprüche bestehen.

4.2.1.4 Verfahrensrechtliche Fragen

- Welche verfahrensrechtlichen Besonderheiten bestehen bei der internationalen Einkunftsabgrenzung?

- Muss der Steuerpflichtige die Richtigkeit seiner Verrechnungspreise beweisen?

- Wer trägt die Beweislast, wenn die Finanzverwaltung eine Verrechnungspreiskorrektur vornimmt?

- Welche Sanktionen drohen einem Steuerpflichtigen, wenn er die Dokumentationsanforderungen nicht erfüllt?

Gem. § 90 Abs. 3 AO besteht eine besondere „Dokumentationspflicht" für grenzüberschreitende Verrechnungspreise. Hingegen werden reine Inlandssachverhalte von dieser Vorschrift nicht erfasst.[233] Diese Regelung sieht vor, dass grundsätzlich zwischen den beiden folgenden Fällen zu unterscheiden ist:

---

[233] Dies führt im Schrifttum zu einer Diskussion, ob diese Regelungen mit den Grundfreiheiten des EG-Vertrages zu vereinbaren sind, vgl. z. B. Joecks, W./Kaminski, B., IStR 2004, S. 65.

- **Außergewöhnliche Geschäftsvorfälle** müssen vom Steuerpflichtigen zeitnah dokumentiert werden, sodass es hierfür keiner Aufforderung durch die Finanzverwaltung bedarf.

- **Gewöhnliche Geschäftsvorfälle** müssen erst dokumentiert werden, wenn der Steuerpflichtige hierzu von der Finanzverwaltung aufgefordert wird, was regelmäßig entweder im Rahmen der Betriebsprüfung oder bereits mit der Prüfungsanordnung nach § 196 AO erfolgen wird.

Diese Unterscheidung führt in der Praxis zu erheblichen Problemen. Einerseits ist die Trennung zwischen „gewöhnlichen" und „außergewöhnlichen" Geschäftsvorfällen vielfach nicht zweifelsfrei möglich. § 3 Abs. 2 GAufzV beinhaltet nur eine nicht abschließende Aufzählung von Beispielsfällen. Hinzu kommt, dass gem. § 90 Abs. 3 Satz 8 AO die Frist zur Vorlage der Dokumentation i. d. R. 60 Tage beträgt. Da eine Betriebsprüfung regelmäßig etliche Jahre nach Verwirklichung des Sachverhalts erfolgt, besteht häufig das Problem, dass sich die damaligen Sachverhalte nicht mehr so einfach und in der zur Verfügung stehenden Zeit rekonstruieren lassen. Dies gilt insbesondere für Unternehmen, bei denen z. B. eine starke Personalfluktuation gegeben ist. Infolge des Ausscheidens oder des Versetzens von Mitarbeitern ist es häufig kaum möglich, innerhalb der gesetzten Frist die erforderlichen Unterlagen zu beschaffen.

Inhaltlich bezieht sich die Dokumentationspflicht auf zwei Bereiche: Einerseits muss der Steuerpflichtige die von ihm dargestellten Sachverhalte dokumentiern. Diese ergeben sich regelmäßig schon aus den bereits vorhandenen Unterlagen, wie z. B. aus Verträgen, Buchungsbelegen, ggf. Materialentnahmescheinen usw. Als zweite Komponente kommt die sog. Angemessenheitsdokumentation hinzu. Hier soll dargelegt werden, dass die Verrechnungspreise mit dem Fremdvergleichspreis übereinstimmen. Streitig ist jedoch, wie diese Darlegungslast aussieht, insbesondere ob der Steuerpflichtige einen objektiven Nachweis für die Fremdüblichkeit erbringen muss oder ob er lediglich darzulegen hat, warum nach seiner Auffassung die Bedingungen dem Fremdvergleichsgrundsatz genügen.

Im Einzelnen enthalten die §§ 4 und 5 GAufzV und die Tz. 3.4.11 und 3.4.12 der Verwaltungsgrundsätze-Verfahren umfangreiche Vorgaben für die von der Finanzverwaltung verlangten Unterlagen. Der Begriff der Dokumentation darf nicht in dem Sinne verstanden werden, dass es sich hierbei um ein (Text-)Dokument handelt, aus dem sich die Verrechnungspreise ergeben. Vielmehr ist es sinnvoll, diese Dokumentation im Sinne einer Materialiensammlung zu verstehen. In dieser sollte einerseits auf die ohnehin schon vorhandenen Sachverhaltsdarstellungen verwiesen werden (z. B. indem auf Konten in der Buchführung und auf Buchungsbelege Bezug genommen wird, aus denen sich die verwirklichten Sachverhalte ergeben). Ergänzend sollte geprüft werden, ob es im Unternehmen – insbesondere im Bereich des Marketings – Unterlagen gibt, die zum Nachweis der Angemessenheit verwendet werden können. Hierbei kann es sich z. B. um Absatzprognosen, Marktanalysen für Konkurrenzprodukte, Kalkulationen über erzielbare Preise usw. handeln. Welche Daten schon vorhanden sind und damit ggf. für den Nachweis der Angemessenheit genutzt werden können, hängt vom Einzelfall ab.

Diese Dokumentationsvorschriften sind von der Frage der Beweislast zu trennen. Wenn die Finanzverwaltung von einem vom Steuerpflichtigen verwendeten Verrechnungspreis abweichen will, trifft sie die Beweislast, dass dieser Preis falsch und ihr Preis „der richtige" ist.[234] Allerdings kommt es zu einer faktischen Umkehr der Beweislast, wenn der Steuerpflichtige die Dokumentationspflichten nicht erfüllt. Dies gilt jedoch nur, wenn die Dokumentation entweder gar nicht, verspätet oder im Wesentlichen unverwertbar vorliegt. Hingegen führen Unvollständigkeiten in Teilbereichen nicht zu den Sanktionen und auch nicht zur faktischen Umkehr der Beweislast.

Der Gesetzgeber hat im § 162 AO – der im Übrigen die Schätzung regelt – in den Abs. 3 und 4 Zuschläge für den Fall vorgesehen, dass der Steuerpflichtige seinen Dokumentationsverpflichtungen nach § 90 Abs. 3 AO nicht genügt. Diese Sanktionen sehen im Wesentlichen vor, dass von einer widerlegbaren Vermutung der Einkunftsminderung durch die Finanzverwaltung ausgegangen werden kann. Damit kommt es faktisch zu einer Umkehr der Beweislast, indem der Steuerpflichtige nunmehr nachweisen muss, dass trotz Nichtvorliegen einer Verrechnungspreisdokumentation die Verrechnungspreise angemessen waren. Entgegen der Entscheidung des BFH vom 17. Oktober 2001[235] kann in den Fällen der Nichtbeachtung des § 90 Abs. 3 AO im Rahmen einer Verrechnungspreisberichtigung die Bandbreite möglicher Verrechnungspreise vollständig zu Lasten des Steuerpflichtigen ausgeschöpft werden. Das BMF hat bereits mit Schreiben vom 26. Februar 2004[236] die Auffassung vertreten, dass, wenn der Steuerpflichtige einen für ihn günstigeren Wert außerhalb der Bandbreite verwendet, auf den Wert abzustellen sei, für den die größte Wahrscheinlichkeit spreche. Einer solchen Auffassung kann u. E. nicht gefolgt werden, weil sie verkennt, dass wenn es einen solchen Wert gäbe, die Bandbreite einzuschränken wäre und sich deshalb das vom BMF-Schreiben aufgezeigte Problem gar nicht stellt. Vielmehr hat der BFH in seinem Urteil vom 17. Oktober 2001[237] ausdrücklich betont, dass zunächst eine Eingrenzung der Bandbreite zu erfolgen hat, wenn dies sachlich möglich ist.

Damit wird durch die Neuregelung im § 162 Abs. 3 AO die insoweit abweichende Rechtsprechung des Bundesfinanzhofs außer Kraft gesetzt. Ferner findet eine materielle Sanktion in der Form statt, dass ein Zuschlag in Höhe von 5 – 10 % der Einkommenskorrektur erhoben wird. § 162 Abs. 4 Satz 1 AO sieht hierfür einen Mindestbetrag von 5.000 € vor. Die materielle Belastung ergibt sich aus diesem Korrektur- bzw. Mindestbetrag multipliziert mit dem Steuersatz des Steuerpflichtigen. § 162 Abs. 4 Satz 3 AO sieht in den Fällen der verspäteten Vorlage einen Zuschlag in Höhe von bis zu 1

---

[234] Vgl. z. 4.2 der Verwaltungsgrundsätze-Verfahren (BMF-Schreiben vom 12.4.2005, IV B 4 – S 1341 – 1/05, BStBl. I 2005, S. 570).
[235] BFH-Urt. vom 17.10.2001, I R 103/00, BStBl. II 2004 S. 171, BFHE 197, S. 68.
[236] BMF-Schreiben vom 26.2.2004, IV B 4 – S 1300 – 12/04, BStBl. I 2004, S. 270.
[237] BFH-Urt. vom 17.10.2001, I R 103/00, BStBl. II 2004 S. 171, BFHE 197, S. 68.

Mio. €, mindestens jedoch 100 € für jeden vollen Tag der Fristüberschreitung vor. Für die Anwendung dieser Vorschriften ist unerheblich, ob es tatsächlich zu einer Einkommenskorrektur kommt. Außerdem ist davon auszugehen, dass dieser Zuschlag pro Jahr und Konzernmitglied festgesetzt wird, sodass bei einer in der Regel mehrere Gesellschaften umfassenden verspäteten Dokumentation eine mehrfache Erhebung dieses Zuschlages erfolgt.

Literaturhinweise:

Borstell, T., Verrechnungspreise bei konzerninternen Lieferungsbeziehungen, in: Grotherr, S. (Hrsg.), Handbuch der internationalen Steuerplanung, 2. Aufl., Herne/Berlin 2003, S. 323 ff.

Djanani, C./Brähler, G., Internationales Steuerrecht, 2. Aufl., Wiesbaden 2004, S. 329 ff.

Fischer, L./Kleineidam, H.-J./Warneke, P., Internationale Betriebswirtschaftliche Steuerlehre, 5. Aufl., Bielefeld 2005, S. 685 ff.

Jacobs, O. H. (Hrsg.), Internationale Unternehmensbesteuerung, 5. Aufl., München 2002, S. 868 ff.

Kaminski, B., Umlagen bei konzerninternen Dienstleistungen, in: Grotherr, S. (Hrsg.), Handbuch der internationalen Steuerplanung, 2. Aufl., Herne/Berlin 2003, S. 386 ff.

Scheffler, W., Besteuerung der grenzüberschreitenden Unternehmenstätigkeit, 2. Aufl., München 2002, S. 324 ff.

Schmid, C., Advance Pricing Agreements, in: Grotherr, S. (Hrsg.), Handbuch der internationalen Steuerplanung, 2. Aufl., Herne/Berlin 2003, S. 1769 ff.

Schmidt, L./Sigloch, J./Henselmann, K., Internationale Steuerlehre. Steuerplanung bei grenzüberschreitenden Transaktionen, Wiesbaden 2005, S. 329 ff.

4.2.2   Zwischen Stammhaus und Betriebsstätte

Die Zuordnung von Einkünften und die von Vermögen erfolgt im Prinzip nach den gleichen Grundsätzen wie bei rechtlich selbstständigen Unternehmen[238]. Allerdings sind Besonderheiten infolge der eingeschränkten Selbstständigkeitsfiktion zu berücksichtigen. Die Ermittlung von Einkünften und Vermögen ist sowohl für das nationale wie für das Abkommensrecht erforderlich. In beiden Bereichen wird ein identisches Ziel verfolgt: Der Betriebsstätte sind die Einkünfte zuzuweisen, die sie im Rahmen des Gesamtunternehmens erwirtschaftet hat. Art. 7 Abs. 1 Satz 2 OECD-MA enthält hierfür den Grundsatz des Fremdvergleichs, während nach nationalem Recht das Veranlas-

---

[238] Vgl. hierzu nochmals S. 165 ff.

sungsprinzip gilt. Danach ist ein Abzug von Betriebsausgaben bei einer inländischen Betriebsstätte nur möglich, wenn diese Ausgaben im wirtschaftlichen Zusammenhang mit inländischen Einkünften stehen. Hierbei folgt die Zuordnung der Einkünfte regelmäßig der des Vermögens. Ist ein Wirtschaftsgut funktional der Betriebsstätte zuzuordnen, sind die hiermit im Zusammenhang stehenden Aufwendungen und Erträge ebenfalls der Betriebsstätte zuzuordnen. Darüber hinaus kann die Abgrenzung des Vermögens auch für eine evtl. Substanzbesteuerung sowie ggf. für Zwecke der ErbSt Bedeutung haben.

Bevor eine „Aufteilung" der Einkünfte auf Stammhaus und Betriebsstätte erfolgen kann, müssen zunächst die Einkünfte ermittelt werden. Hierzu enthält das OECD-MA keine speziellen Regelungen. Folglich muss ein Rückgriff auf die nationalen Gewinnermittlungsvorschriften der einzelnen Staaten erfolgen.[239] Aus der eingeschränkten Selbstständigkeitsfiktion der Betriebsstätte ergibt sich ein fundamentaler Unterschied gegenüber verbundenen Unternehmen. **Ziel** der **Gewinnabgrenzung** ist es, eine funktionsorientierte Aufteilung des Unternehmensgewinns auf Stammhaus und Betriebsstätte(-n) vorzunehmen. Hieraus folgt nicht, dass die Unternehmensteile jeweils positive oder negative Einkünfte erzielen. Denkbar ist z. B. ein positives Ergebnis des Stammhauses und ein negatives der Betriebsstätte et vice versa. Art. 7 Abs. 2 OECD-MA geht nicht nur von einer einfachen (etwa quotalen) Aufteilung „des Unternehmensgewinns" aus, sondern verlangt differenzierte Aufteilungsschlüssel, die den unterschiedlichen Funktionsbeiträgen Rechnung tragen.

Ein weiterer Unterschied gegenüber der Einkunftsabgrenzung zwischen international verbundenen Unternehmen besteht in der Vorgehensweise: Bei verbundenen Unternehmen gilt der Fremdvergleichgrundsatz als beherrschendes Prinzip, der auf Grundlage des vom Steuerpflichtigen verwirklichten Sachverhalts umzusetzen ist. Hingegen gibt es bei der Betriebsstättenbesteuerung nur hinsichtlich des Aufteilungsmaßstabes eine Vorgabe, den Fremdvergleichgrundsatz. Allerdings fehlt eine solche hinsichtlich dessen, was nach diesem Maßstab aufzuteilen ist, also für die Bestimmung des Unternehmensgewinns. Folglich muss insoweit ein Rückgriff auf die nationalen Einkunftsermittlungsvorschriften erfolgen.

Eine der zentralen Fragen bei der Besteuerung von Betriebsstätten ist diejenige nach der **Reichweite der Selbstständigkeitsfiktion**. Streitig ist, ob es sich hierbei um einen absoluten Grundsatz handelt oder um einen, der nur in bestimmten Bereichen gilt. Teilweise wird im Schrifttum die Auffassung vertreten, dass dieser Grundsatz prinzipiell gelten soll. Dies hätte z. B. zur Konsequenz, dass bei Geschäften zwischen Stammhaus und Betriebsstätte eine Gewinnrealisierung eintreten würde.[240] Diese

---

[239] Vgl. zur Gewinnermittlung nach deutschem Recht z. B. Strunk/Kaminski, Steuerliche Gewinnermittlung bei Unternehmen, Kriftel 2002, S. 11 ff.
[240] Vgl. z. B. Becker, DB 1989, S. 10, Kroppen, in: Becker/Höppner/Grotherr/Kroppen, DBA-Kommentar, Art. 7 OECD-MA Rz. 98 (März 2002).

Auffassung steht jedoch im Widerspruch zur Auffassung der OECD[241], zur Rspr. des BFH[242], zur Meinung der Finanzverwaltung[243] und der h. M. im Schrifttum.[244] Vielmehr wird dort von einer **eingeschränkten Selbstständigkeit** der Betriebsstätte im Verhältnis zum Stammhaus ausgegangen. Danach führen reine Innentransaktionen zwischen Stammhaus und Betriebsstätte nicht zu einer Gewinnrealisierung. Dies wird mit der rechtlichen Einheit der beiden Unternehmensteile begründet. Folglich kann von einer Realisierung eines Gewinns erst dann ausgegangen werden, wenn diese außerhalb des Unternehmens („am Markt") erfolgt. Derzeit bestehen zwischen den Mitgliedstaaten der OECD unterschiedliche Auffassungen darüber, welchem Standpunkt zu folgen ist. Die OECD hat in einem Diskussionsentwurf[245] vorgeschlagen, eine deutlich stärkere Annäherung der Betriebsstättenbesteuerung an die Gewinnermittlung zwischen verbundenen Unternehmen vorzunehmen.[246]

Grundsätzlich sind **zwei Methoden** zur Ermittlung des Betriebsstättenergebnisses zulässig: die indirekte und die direkte Methode. Die direkte Methode kommt vorrangig zur Anwendung, sodass nur in Ausnahmefällen ein Rückgriff auf die indirekte Methode erfolgt. Hinzu kommt noch die **gemischte Methode** als Kombination aus direkter und indirekter Methode.

Bei der **direkten Methode** wird eine **eigenständige Betriebsstättenbuchführung** verwendet, um den Gewinn der Betriebsstätte zu ermitteln. Diese Bilanzierung wird in der Regel auch dann vorgenommen, wenn es für sie keine gesetzliche Verpflichtung gibt. Dabei werden in der Buchführung der Betriebsstätte nur solche Wirtschaftsgüter ausgewiesen, die auch in der Bilanz des Stammhauses enthalten sind. Damit lässt sich eine Aufgliederung der Bilanz des Gesamtunternehmens in solche Wirtschaftsgüter vornehmen, die in der Bilanz des Stammhauses enthalten sind und solche, die in den Betriebsstättenbilanzen ausgewiesen werden. Die deutsche Finanzverwaltung vertritt in ihrem Betriebsstättenerlass[247] die Auffassung, dass die direkte Methode insbesondere dann anzuwenden ist, wenn Stammhaus und Betriebsstätte unterschiedliche Funktionen ausüben. Dabei sollen insbesondere berücksichtigt werden:

- die Strukturorganisation und Aufgabenverteilung im Unternehmen sowie der Einsatz von Wirtschaftsgütern,

- die einzelnen Funktionen der Betriebsstätte und

---

[241] OECD-Kommentar zu Art. 7 OECD-MA Tz. 16.

[242] Vgl. BFH-Urt. vom 27.7.1965, I 110/63, BStBl. III 1966, S. 24 und vom 20.7.1988, I R 49/84, BStBl. II 1989, S. 140.

[243] Vgl. Tz. 2.2 Betriebsstätten-Verwaltungsgrundsätze.

[244] Vgl. z. B. Hemmelrath, in: Vogel/Lehner, DBA-Kommentar, 4. Aufl., München 2003, Art. 7 OECD-MA Rz. 78 ff. m.w.N.

[245] Vgl. OECD, General Discussion Draft, abrufbar unter www.oecd.org/Pdf/M000015000/M00015495.pdf.

[246] Vgl. hierzu Ditz, IStR 2002, S. 210 ff., Konrad, IStR 2003, S. 786 ff., Ditz, IStR 2005, S. 37, Kroppen, IStR 2005, S. 74, Hruschka/Lüdemann, IStR 2005, S. 76 und Wassermeyer, IStR 2005, S. 84.

[247] Vgl. BMF-Schr. vom 24.12.1999, IV B 4 – S 1300 – 111/99, BStBl. I 1999, S. 1076, Tz. 2.3.1.

- in welcher Eigenschaft die Betriebsstätte als selbstständiges Unternehmen diese Funktion ausgefüllt hätte.

Außerdem sieht die Finanzverwaltung vor, dass hier noch „Korrekturen" erfolgen sollen, wenn die Betriebsstätte Hilfsfunktionen übernimmt. Im Schrifttum ist – zu Recht – darauf hingewiesen worden, dass der Betriff der Korrekturen nicht definiert und zu unbestimmt ist.[248]

Beispiel:

Eine ausländische Betriebsstätte eines inländischen Produktionsstammhauses verkauft/vertreibt ausschließlich die Produkte des Stammhauses im Inland. Das Stammhaus belastet die Betriebsstätte anteilig mit Werbeaufwendungen, die es selber getragen hat. Hinsichtlich vorgenommener Grundlagenforschungen im Stammhaus wird ebenfalls eine anteilige Weiterbelastung auf die Betriebsstätte vorgenommen.

Während die anteilige Belastung mit Werbeaufwendungen dem Grunde nach sachgerecht sein wird, ist dies bei den Aufwendungen für die Grundlagenforschung anders, da, der Selbstständigkeitsfiktion folgend, kein Vertriebsunternehmen eine solche Belastung von einem fremden Dritten tragen würde. Anders wäre ggf. die Situation zu beurteilen, wenn es sich um Aufwendungen für die Weiterentwicklung der Vertriebsprodukte zur Anpassung an die Kundenwünsche handeln würde.

Die **indirekte Methode** entspricht Art. 7 Abs. 4 OECD-MA. Leitidee ist dabei, vom Gesamtgewinn des Unternehmens auszugehen und diesen nach sachgerechten Aufteilungsschlüsseln auf das Stammhaus und die Betriebsstätte zu verteilen. Diese **Aufteilungsschlüssel** müssen so gewählt werden, dass sie zu einer dem Fremdvergleichsgrundsatz entsprechenden Verteilung des Unternehmensgewinns führen. Die OECD schlägt drei Hauptgruppen von Unterteilungsschlüsseln vor:[249]

- umsatz- oder provisionsbezogene Schlüssel,

- lohn- bzw. andere kostenbezogene Schlüssel und

- betriebsvermögensbezogene Schlüssel.

Die deutsche Finanzverwaltung hat die von der OECD genannten Beispiele weitgehend in Tz. 2.3.2 der Betriebsstätten-Verwaltungsgrundsätze[250] übernommen. Besondere Probleme bereitet die Festlegung von geeigneten **Schlüsselgrößen**, die zu einer dem **Fremdvergleichsgrundsatz entsprechenden Gewinnaufteilung** führen. Insbesondere bei Betriebsstätten, die – wie im Regelfall – mehrere Funktionen ausüben, ist ein Rückgriff auf eine größere Anzahl von Schlüsseln häufig unausweichlich. In der internationalen Unternehmenspraxis wird diese Methode immer seltener angewendet.

---

[248] So auch Kumpf/Roth, DB 2000, S. 745.
[249] Vgl. OECD-Kommentar zu Art. 7 Tz. 27.
[250] Vgl. BMF-Schr. vom 24.12.1999, IV B 4 – S 1300 – 111/99, BStBl. I 1999, S. 1076, Tz. 2.3.2.

Die sog. **gemischte Methode** stellt zwar grundsätzlich eine Verbindung von direkter und indirekter Methode dar, doch beruht sie vorwiegend auf der direkten Methode. Sie geht davon aus, dass zunächst das direkt zurechenbare Vermögen und die entsprechenden Erträge aufzuteilen sind. Lediglich die Teile, die nicht unmittelbar und eindeutig zugerechnet werden können, sollen mit Hilfe der indirekten Methode verrechnet werden.

Die deutsche Finanzverwaltung geht davon aus, dass der direkten Methode Vorrang vor der indirekten Methode einzuräumen ist.[251] Zugleich sieht sie diese Methode als Regelmethode an. Hingegen geht die Praxis regelmäßig von der gemischten Methode aus, um auch in Grenzbereichen eine Zuordnung vornehmen zu können.

Als **entscheidender Unterschied** bei der Gewinnermittlung zwischen Stammhaus und Betriebsstätte einerseits und international verbundenen Unternehmen andererseits ist festzustellen, dass im zuerst genannten Fall eine Gewinnrealisierung erst zum Zeitpunkt eines Umsatzvorganges mit einem fremden Dritten eintritt. Bis dahin werden evtl. Gewinne oder stille Reserven zwar aufgezeichnet, jedoch noch nicht besteuert. Hingegen führt der zweite Fall auch bei solchen konzerninternen Transaktionen zu einer sofortigen Gewinnrealisierung und einer sich hieran anschließenden Besteuerung. Diesen unterschiedlichen Besteuerungszeitpunkten kommt insbesondere aus Liquiditätsgesichtspunkten besondere Bedeutung zu.

Die oben dargestellten Regelungen zu besonderen **verfahrensrechtlichen Verpflichtungen** im Rahmen der Einkunftsabgrenzung zwischen international verbundenen Unternehmen[252] gelten infolge § 90 Abs. 3 Satz 4 AO grundsätzlich auch im Verhältnis zwischen Stammhaus und Betriebsstätte. Insoweit bestehen also keine signifikanten Unterschiede.

Literaturhinweise:

Breithecker, V., Einführung in die Internationale Betriebswirtschaftliche Steuerlehre, 2. Aufl., Bielefeld 2002, S. 324 ff.

Djanani, C./Brähler, G., Internationales Steuerrecht, 2. Aufl., Wiesbaden 2004, S. 188 ff.

Haiß, U., Steuerliche Abgrenzungsfragen bei der Begründung einer Betriebsstätte im Ausland, in: Grotherr, S. (Hrsg.), Handbuch der internationalen Steuerplanung, 2. Aufl., Herne/Berlin 2003, S. 31 ff.

Jacobs, O. H. (Hrsg.), Internationale Unternehmensbesteuerung, 5. Aufl., München 2002, S. 620 ff.

Löwenstein, U./Looks, C., Betriebsstättenbesteuerung, München 2003

---

[251] Vgl. BMF-Schr. vom 24.12.1999, IV B 4 – S 1300 – 111/99, BStBl. I 1999, S. 1076, Tz. 2.3.
[252] Vgl. nochmals S. 183 ff.

Roth, A., Die aufgeschobene Gewinnverwirklichung bei der grenzüberschreitenden Überführung von Wirtschaftsgütern in eine Betriebsstätte unter steuerplanerischen Gesichtspunkten, in: Grotherr, S. (Hrsg.), Handbuch der internationalen Steuerplanung, 2. Aufl., Herne/Berlin 2003, S. 74 ff.

Scheffler, W., Besteuerung der grenzüberschreitenden Unternehmenstätigkeit, 2. Aufl., München 2002, S. 277 ff.

Schmidt, L./Sigloch, J./Henselmann, K., Internationale Steuerlehre. Steuerplanung bei grenzüberschreitenden Transaktionen, Wiesbaden 2005, S. 433 ff.

Schröder, S./Strunk, G., in: Mössner, J. M. u. a., Steuerrecht international tätiger Unternehmen. Handbuch der Besteuerung von Auslandsaktivitäten inländischer Unternehmen und von Inlandsaktivitäten ausländischer Unternehmer, 3. Aufl., Köln 2005, S. 283 ff.

4.3 Personalentsendungen aus dem Inland in das Ausland

Die Internationalisierung der Geschäftstätigkeiten sowie die Notwendigkeit des flexiblen Arbeitseinsatzes von Mitarbeitern innerhalb eines weltweit operierenden Konzerns haben zur Notwendigkeit geführt, sich auch über die steuerlichen Konsequenzen mit grenzüberschreitenden Personalentsendungen zu beschäftigen. Während regelmäßig kurzfristige Tätigkeiten von Mitarbeitern einzelner Konzerngesellschaften für andere Unternehmen des Konzerns im Ausland ausschließlich zu Verrechnungspreisfragen führen[253], ist bei der langfristigen Überlassung von Mitarbeitern zu prüfen, welche steuerlichen Folgen für die betroffenen Unternehmen und den betroffenen Arbeitnehmer sich hieraus ergeben.

Der Begriff der Entsendung kann der Richtlinie zur versicherungsrechtlichen Beurteilung von Arbeitnehmern bei Ausstrahlung und Einstrahlung, herausgegeben von den Spitzenverbänden der Sozialversicherungsträger entnommen werden.[254] Dies gilt, obwohl das Sozialversicherungsrecht keine Bindungswirkung für das Steuerrecht entfaltet. Danach liegt eine Entsendung vor, wenn sich ein Beschäftigter auf Weisung seines inländischen Arbeitgebers vom Inland in das Ausland begibt, um dort eine Beschäftigung für diesen Arbeitgeber auszuüben. Die Finanzverwaltung hat in ihrem Erlass zur Arbeitnehmerentsendung[255] folgende Definition gegeben: „Eine Arbeit-

---

[253] Vgl. hierzu S. 165 ff.
[254] Richtlinien vom 20.11.1997, Die Beiträge 1998, S. 88.
[255] Schreiben betr. Grundsätze für die Prüfung der Einkunftsabgrenzung zwischen international verbundenen Unternehmen in Fällen der Arbeitnehmerentsendung vom 9.11.2001, BStBl. I 2001, S. 796.

nehmerentsendung im Sinne dieses Schreibens liegt grundsätzlich dann vor, wenn ein Arbeitnehmer mit seinem bisherigen Arbeitgeber (entsendendes Unternehmen) vereinbart, für eine befristete Zeit bei einem verbundenen Unternehmen (aufnehmendes Unternehmen) tätig zu werden und das aufnehmende Unternehmen entweder eine arbeitsrechtliche Vereinbarung mit dem Arbeitnehmer abschließt oder als wirtschaftlicher Arbeitgeber anzusehen ist".

4.3.1 Aus der Perspektive des Unternehmens

Kernprobleme aus der Sicht der betroffenen Unternehmen wie auch der beteiligten Finanzverwaltungen sind die Identifizierung der Kosten der Arbeitnehmerentsendung und die angemessene Aufteilung zwischen entsendendem und aufnehmendem Unternehmen. Zu den Aufwendungen zählt nicht nur der steuerpflichtige Lohn des Arbeitnehmers sondern auch weitere Kosten, wie z. B. laufende und einmalige Bezüge des Arbeitnehmers (Abfindungen, Boni), Prämien, Urlaubs- und Weihnachtsgeld, Erstattung erhöhter Kosten der doppelten Haushaltsführung sowie Sachbezüge und sonstige Anreize (z. B. Firmenwagen und Aktienoptionen), aber auch Zuführungen zur Pensionsrückstellung.

Die Aufwendungen sind grundsätzlich von dem Unternehmen zu tragen, in dessen Interesse der Arbeitnehmer tätig wird. Dies kann, muss aber nicht immer das aufnehmende Unternehmen sein. Letzteres ist insbesondere dann fraglich, wenn die dem Unternehmen in Rechnung gestellten Aufwendungen für den Mitarbeiter höher sind als die Aufwendungen für lokale Mitarbeiter und kein sachlicher Grund gegeben ist, warum für den entsandten Mitarbeiter ein höherer Aufwand getragen wird. Es kann gegebenenfalls sachgerecht sein, dass das entsendende Unternehmen einen Teil der eigenen Aufwendungen oder auch sogar einen Teil der Aufwendungen des empfangenen Unternehmens zu tragen hat. Dies ist gegeben, wenn die Entsendung im eigenen Interesse erfolgte, wie dies zum Beispiel der Fall sein kann, wenn der Arbeitnehmer bestimmte Qualitätssicherungsmaßnahmen oder Controllingmaßnahmen vornimmt, die auch im Interesse des entsendenden Unternehmens sind.

Für die Ermittlung der Interessenlage hat die Finanzverwaltung eine Vielzahl von Beweisanzeichen benannt, die bei der individuellen Prüfung zu beachten sind. Zentrale Fragen sind die Angemessenheit der vereinbarten Entgelte für die Arbeitnehmerüberlassung und die Qualifikation des betroffenen Arbeitnehmers als Experten. Nur in diesem Fall werden höhere Aufwendungen steuerlich anerkannt, als diejenigen, die auf dem lokalen Markt für vergleichbare Arbeitnehmer zu zahlen sind.

4.3.2 Aus der Perspektive des Arbeitnehmers

Aus der Sicht des Arbeitnehmers, der in Nicht-DBA-Länder entsandt wird, ist die Anwendbarkeit des so genannte Auslandstätigkeitserlasses[256] zu prüfen. Hiernach kann auf eine Besteuerung des Arbeitslohns verzichtet werden, wenn der Arbeitnehmer für mindestens drei Monate ununterbrochen eine begünstigte Tätigkeit (z. B. Planung, Errichtung, Inbetriebnahme, Instandhaltung und ähnliches) vornimmt und ein Abkommen zur Vermeidung der Doppelbesteuerung nicht gegeben ist. Sofern im Ausland eine geringere Besteuerung als in Deutschland gegeben ist, kann der Arbeitnehmer durch die vorgenommene Entsendung wirtschaftliche Vorteile erzielen. Die von der deutschen Besteuerung freigestellten Einkünfte werden allerdings für Zwecke der Ermittlung des anzuwendenden Einkommensteuersatzes auf die steuerpflichtigen Einkünfte berücksichtigt (so genannter Progressionsvorbehalt).

Literaturhinweise:

Ley, U., Steuer- und sozialversicherungsrechtliche Fragen bei der Entsendung von Arbeitnehmern ins Ausland, in: Grotherr, S. (Hrsg.), Handbuch der internationalen Steuerplanung, 2. Aufl., Herne/Berlin 2003, S. 1265 ff.

Jacobs, O. H. (Hrsg.), Internationale Unternehmensbesteuerung, 5. Aufl., München 2002, S. 1275 ff.

4.4 Einfluss auf das Rechnungswesen am Beispiel der Konzernsteuerquote

Im Rahmen der internationalen Unternehmenstätigkeit ergibt sich auch die Notwendigkeit zur Anpassung des Rechnungswesens. Hierbei spielten in der Vergangenheit Fragen des Beteiligungscontrollings[257] eine besondere Rolle. In jüngster Zeit kommt der sog. Konzernsteuerquote große Bedeutung zu. Entscheidend hierfür ist, dass durch eine vermeintlich einfache Berechnung ermittelt werden kann, wie „gut" die Steuerplanung des internationalen Konzerns ist. Bei der Analyse eines Konzernabschlusses ist zu beachten, dass dieser seit dem 1. Januar 2005 (spätestens ab dem 1.

---

[256] BMF-Schreiben betr. Steuerliche Behandlung von Arbeitnehmereinkünften bei Auslandstätigkeiten vom 31.10.1983, BStBl. I 1983, S. 470.

[257] Vgl. hierzu z. B. Burger, A./Ulbrich, P., Beteiligungscontrolling, München 2005, Kleinschnittger, U., Beteiligungscontrolling, München 1993, Wurl, H.-J., Industrielles Beteiligungscontrolling, Stuttgart 2002.

Januar 2007[258]) bei kapitalmarktorientierten Unternehmen nach den IFRS[259] zu erstellen ist. Diese sehen u. a. vor, dass auch über steuerliche Größen, wie z. B. die Konzernsteuerquote, gesondert zu berichten ist.[260] Damit entsteht eine bisher unbekannte Transparenz. Die Anleger gehen häufig davon aus, dass bei einer zu hohen Steuerbelastung zu große Teile „ihres" Gewinns als Steuern verloren gehen. Dem liegt die Vorstellung zu Grunde, die – überaus komplexe – Besteuerung des gesamten Konzerns in einer Kennzahl zusammenfassen zu können.

Gem. IAS 12.86 ist sich die Konzernsteuerquote wie folgt zu bestimmen:

Konzernsteuerquote =

$$\frac{\text{tatsächlicher Steueraufwand + latente Steuern des Konzerns}}{\text{Jahresüberschuss des Konzerns vor Steuer}} * 100.$$

Die Besonderheit bei IAS-Abschlüssen gegenüber der bisher bekannten Steuerquote im Bereich der HGB-Bilanzanalyse liegt darin, dass eine Berücksichtigung der latenten Steuern erfolgt. Hierunter sind alle Unterschiedsbeträge zwischen dem Buchwert eines Vermögenswertes oder einer Schuld in der Bilanz und seinem Steuerwert zu verstehen.[261] Hingegen unterbleibt eine Steuerabgrenzung, wenn es sich um Differenzen handelt, die sich im Zeitablauf nicht ausgleichen. Zur Bestimmung des Steuersatzes gibt es unterschiedlich Ansätze. Die wohl h. M. geht vom sog. homebased-Ansatz aus.[262] Danach ist der Steuersatz zu verwenden, der im Heimatstaat der Muttergesellschaft zur Anwendung kommt.

Neben der Konzernsteuerquote müssen alle für deren Analyse bedeutsamen Informationen zur Verfügung gestellt werden. Damit soll dem Umstand Rechnung getragen werden, dass die Quote alleine nur bedingt aussagefähig ist. Vielmehr sieht IAS 12.81 zusätzliche Angaben vor. Von besonderem Interesse ist hierbei die sog. numerical tax reconciliation. In dieser Überleitung sollen Abweichungen zwischen dem zu erwartenden und dem effektiven Steueraufwand erklärt werden. Hierfür ist das folgende Schema üblich:

---

[258] Dies ist bei Anwendung der Übergangsvorschriften für die Unternehmen der Fall, die einen Abschluss nach US-GAAP erstellen, vgl. Art. 58 Abs. 3 Satz 2 EG-HGB.

[259] Im Folgenden wird einheitlich von IFRS gesprochen, auch wenn zurzeit IAS-Regelungen zur Anwendung kommen.

[260] Vgl. IAS 12, der hierzu genauere Vorgaben trifft.

[261] Vgl. zu beispielhaften Übersichten möglicher Ursachen Ballwieser, in: Epstein/Mirza (Hrsg.), Willey Kommentar zur internationalen Rechnungslegung nach IAS/IFRS, Braunschweig 2004, Abschnitt 15 Rz. 23 ff.

[262] Vgl. z. B. Herzig, N., WPg-Sonderheft 2003, S. S91.

Abbildung 4-4:   Tax Rate Reconciliation[263]

	Erwarteter Steueraufwand
±	Änderungen auf Grund **struktureller** Einflüsse
	Periodische Einflussfaktoren:
	• Steuerfreie inländische Erträge
	• Unterschiede aus inländischen Steuersätzen (GewSt)
	• Unterschiede aus ausländischen Steuersätzen
	• Nicht abzugsfähige Betriebsausgaben
	• Nicht anrechenbare ausländische Quellensteuer
	Aperiodische Einflussfaktoren:
	• Steuerfreie Erträge aus Beteiligungsveräußerungen
	• Steuerlich nicht abzugsfähige Goodwill-Abschreibungen
±	Änderungen auf Grund von **Steuerreformen**
=	Konzernsteuerquote bzw. effektiver Steueraufwand in %

Der Ausweis des Steueraufwands ist Bestandteil des handelsrechtlichen Jahresabschlusses. Gleichwohl sind die hiermit verbundenen steuerlichen Detailfragen regelmäßig so kompliziert, dass auch Mitarbeiter der Steuerabteilung hieran beteiligt werden müssen. Hieraus ergeben sich neue Abstimmungsnotwendigkeiten zwischen der handelsrechtlichen Rechnungslegung, der Steuerabteilung und den operativ tätigen Unternehmenseinheiten. Die hierbei zu beachtenden Fragen und entstehenden Schwierigkeiten sind sehr stark vom Einzelfall abhängig und sollen im Folgenden nicht weiter betrachtet werden.

Angesichts der Erwartungen der Öffentlichkeit und insbesondere der Anleger ist eine Analyse der bestehenden Gestaltungsmöglichkeiten notwendig. Hiermit ist die Frage verbunden, welche Möglichkeiten dem Unternehmen grundsätzlich zur Verfügung stehen. Zugleich muss im Rahmen laufender unternehmerischer Entscheidungen analysiert werden, wie sich diese auf die Konzernsteuerquote auswirken. Andernfalls droht die Gefahr, dass nach Ende des Geschäftsjahres festgestellt wird, dass sich diese Quote nachhaltig erhöht hat, ohne dass die Möglichkeit besteht, dies noch ändern zu können. Dies ist nur dann möglich, wenn detaillierte steuerliche Kenntnisse vorliegen und die übrigen „Nebenwirkungen", die mit solchen Gestaltungen verbunden sind oder sein können, berücksichtigt werden. Damit zeigt sich, dass diese Überlegungen Gegenstand der betrieblichen Steuerplanung und damit auch der Betriebswirtschaftlichen Steuerlehre sind bzw. sein müssen. In einem zweiten Schritt ist dann – auf der Grundlage der Daten des jeweiligen Unternehmens – zu prüfen, wie die Maßnahmen

---

[263] Darstellung in Anlehnung an Hannemann/Pfermann, BB 2003, S. 728, Spengel, C., in: Österreicher (Hrsg.), Internationale Steuerplanung, S. 100 f ders., in: Brandt/Picot, Unternehmenserfolg im internationalen Wettbewerb. Strategie, Steuerung und Struktur, Stuttgart 2005, S. 185.

vor dem Hintergrund der bestehenden Rahmenbedingungen insgesamt zu beurteilen sind.

Hieraus folgt zugleich, dass durch organisatorische Veränderungen sichergestellt werden muss, dass einerseits die erforderlichen Informationen in der benötigten Detailliertheit vorhanden sind. Andererseits muss für eine rechtzeitige Einbindung der Steuerabteilung in Entscheidungsprozesse gesorgt werden.

Darüber hinaus ergeben sich aus der Internationalisierung der Geschäftstätigkeit vielfältige Einflüsse auf das Rechnungswesen. Hierbei sind insbesondere die Anforderungen relevant, die von den jeweiligen Rechtsordnungen verlangt werden, um den verfahrensrechtlichen Anforderungen zu genügen. Außerdem können erweiterte Mitwirkungspflichten bestehen, die dazu führen können, dass in einzelnen Staaten auch Unterlagen von anderen Konzerngesellschaften vorgelegt werden müssen. Zur Vermeidung von materiellen Nachteilen ist hier eine detaillierte Analyse geboten.

Literaturhinweise:

Herzig, N./Dempfle, U., Konzernsteuerquote, betriebliche Steuerpolitik und Steuerwettbewerb, DB 2002, S. 1 ff.

Jacobs, O. H. (Hrsg.), Internationale Unternehmensbesteuerung, 5. Aufl., München 2002, S. 1068 ff.

Kröner, M./Benzel, U., Konzernsteuerquote – Die Ertragsteuerbelastung in der Wahrnehmung durch die Kapitalmärkte, in: Kessler, W./Krömer, M./Köhler, S. (Hrsg.), Konzernsteuerrecht. Organisation – Recht – Steuern, München 2004, S. 701 ff.

4.5 Marketing

■ Welcher steuerliche Einfluss besteht im Bereich des Marketings?

■ Können Veränderungen der Vertriebsstruktur steuerliche Konsequenzen auslösen?

■ Inwieweit besteht bei neuen Geschäftsmodellen ein steuerlicher Einfluss?

Neben den schon innerstaatlich zu beachtenden steuerlichen Einflüssen im Bereich des Marketings, ergeben sich bei einer grenzüberschreitenden Geschäftsaktivität weitere zu beachtende Faktoren. Fraglich ist dabei, ob und wenn ja in welchem Umfang eine beschränkte Steuerpflicht durch eine bestimmte Art des Vertriebs begründet wird und ob durch die rechtliche Ausgestaltung der Vertriebstätigkeit, die durch eine ausländische Tochtergesellschaft erbracht wird, steuerliche Vorteile entstehen können.

Neben Art und Ausgestaltung des Produktes sowie der werblichen Maßnahmen ist auch der gewählte Vertriebsweg von entscheidender Bedeutung. Wenngleich die außersteuerlichen Überlegungen hier regelmäßig deutlich größere Bedeutung haben, ist es für die Entscheidungsträger erforderlich, die Höhe einer evtl. steuerlichen Mehr- oder Minderbelastung alternativer Vertriebswege zu kennen. Sofern eine als sinnvoll erachtete Maßnahme steuerliche Mehrkosten hervorruft, muss der Entscheidungsträger gegenüber der Geschäftsleitung erläutern, dass bei einer quantitativen Gesamtbetrachtung diese Mehrkosten gerechtfertigt sind und bei einer alternativen steuerlich weniger belastenden Maßnahme nicht dieselben Erfolgschancen gegeben sind. Die nachfolgenden Ausführungen zeigen beispielhaft die möglichen steuerlichen Konsequenzen.

Der Vertrieb von Produkten kann entweder mit eigenen Mitarbeitern oder selbstständigen Geschäftspartner erfolgen, wobei die steuerliche Vorteilhaftigkeit anhand der besonderen Umstände des Einzelfalls zu entscheiden ist.

Bei einem grenzüberschreitenden Vertrieb stellt sich die Frage, ob durch die Vertriebsaktivität im jeweils anderen Staat eine beschränkte Steuerpflicht des Unternehmens in diesem Land begründet wird. Beim Einsatz eigener Mitarbeiter in einer Betriebsstätte im Vertriebsland ist regelmäßig von einer Begründung der beschränkten Steuerpflicht auszugehen, die sowohl Vor- als auch Nachteile begründen kann. Vorteile ergeben sich für deutsche Unternehmen, wenn die Einkünfte der Betriebsstätte im anderen Staat einer niedrigeren Besteuerung unterliegen und eine erneute Besteuerung im Inland aufgrund der Freistellung dieser Einkünfte nach einem DBA ausgeschlossen ist. Nachteile können sich ergeben, wenn die Besteuerung im Ausland höher als im Inland ist und in Höhe der Differenz eine Zusatzbelastung vorliegt. Demgegenüber führt die Beauftragung von selbstständigen Geschäftspartnern in der Regel nicht zur Annahme einer beschränkten Steuerpflicht im Vertriebsstaat, sofern nicht gleichzeitig die Voraussetzungen für einen ständigen Vertreter erfüllt sind, wovon typischerweise nicht auszugehen ist. Nach der Betriebsstättendefinition im Abkommensrecht muss ein ständiger Vertreter über eine Abschlussvollmacht verfügen, um eine Betriebsstätte zu begründen. Sofern dem Vertreter keine solche Vollmacht erteilt wird, kann das Vorliegen einer Betriebsstätte regelmäßig verhindert werden.

Zur Vermeidung einer inländischen, deutschen Besteuerung wird daher ein im Ausland ansässiges Unternehmen selbstständige Geschäftspartner in der Funktion eines Kommissionärs beauftragen. Dadurch wird die Gefahr der Versteuerung von Gewinnen im höher besteuernden Deutschland deutlich verringert. Demgegenüber werden in Deutschland ansässige Unternehmen bemüht sein, ständige Vertreter im Ausland zu begründen, bzw. mittels eigener Mitarbeiter und einer vorliegenden Geschäftseinrichtung eine Betriebsstätte zu begründen. In Nicht-DBA-Fällen kommt noch hinzu, dass der inländische Steuerpflichtige bemüht sein wird, im Ausland statt eines ständigen Vertreters eine Betriebsstätte im anderen Staat zu begründen, da nur so gewährleistet ist, dass die Kürzung des Gewerbeertrages gem. § 9 Nr. 3 GewStG zum Tragen kommt.

Beispiel:

Gelangt das Unternehmen zur Überzeugung, dass ein Vertrieb digitaler Produkte über das Internet als ausschließlicher oder als ergänzender Weg zukünftig genutzt werden soll, muss es für diesen neuen Vertriebsweg die technischen Voraussetzungen schaffen. Aktivitäten zur Einkunftserzielung im Internet im Rahmen des Electronic Commerce setzen eine Homepage voraus, auf der das anbietende Unternehmen sowohl sich selbst als auch seine Produkte und Dienstleistungen darstellt, die dem Kunden angeboten werden. Bestell-, Liefer- und Bezahlmöglichkeiten sind ebenso unerlässlich für die Internet-Geschäfte und verursachen hinsichtlich der programmseitigen Umsetzung erheblichen Aufwand. Die Aufwendungen für solche Homepages können Ausgaben in Millionenhöhe begründen und führen damit für zahlreiche Unternehmen zu einer erheblichen finanziellen Belastung. Hierbei kann es sich handeln um:

- Kosten der Zurverfügungstellung der Speicherkapazität für eine Webpage,

- Kosten der programmseitigen Erstellung einer Webpage (Eigen- oder Fremdkosten),

- Beratungskosten hinsichtlich der graphischen und werblichen Gestaltung einer Webpage und

- Kosten der Aktualisierung und Pflege einer Webpage.

In welchem Staat diese Kosten steuermindernd geltend gemacht werden können, wird unter anderem von der funktionalen Zuordnung des Vertriebs auf die einzelnen nationalen wie internationalen Unternehmensteile bestimmt.

Der Übergang des Vertriebs von einer rechtlich selbstständigen Einheit auf eine andere Gesellschaft innerhalb des Konzerns kann zur Realisierung stiller Reserven auf der Ebene der abgebenden Gesellschaft führen. Entscheidend hierfür ist, dass diese regelmäßig für den bisher aufgebauten Kundenstamm und die erlangte Marke von der anderen Gesellschaft zu entschädigen ist. Außerdem wird die bisherige Vertriebsgesellschaft möglicherweise für die Aufgabe der Geschäftschance „Vertrieb" zu entschädigen sein. Unterbleiben entsprechende Ausgleichszahlungen zwischen den Gesellschaften, ist das Vorliegen einer verdeckten Gewinnausschüttung zu prüfen, bei der sich ebenfalls Steuerpflichten ergeben. Diese Frage der Entschädigungsansprüche stellt sich aus deutscher Sicht regelmäßig in den Fällen, in denen eine ausländische Muttergesellschaft für den Vertrieb bisher eine inländische Vertriebstochter eingesetzt hat, aber zukünftig ein direkter Vertrieb aus dem Ausland heraus erfolgen soll.

Bei digitalisierten Produkten, die mittels eines Downloads direkt vom Rechner des Unternehmens auf den Computer des Nutzers transportiert werden, können sich steuerliche Vorteile bei der Ertragsbesteuerung ergeben. Diese liegen in der einfachen Vermeidbarkeit eines Anknüpfungspunkts für die Besteuerung im Inland.

Wird die Vertriebsaktivität über eine Tochtergesellschaft erbracht, die in einem Staat ansässig ist, in dem die Steuerbelastung niedriger ist als in Deutschland, kann es sinnvoll sein, statt einem Handelsvertretermodells oder einem Kommissionärsmodell ein Eigenhändler- oder Vertragshändlermodell zu schaffen. Die Vorteile liegen hierbei darin, dass aufgrund der veränderten Funktions- und Risikozuweisung zwischen den Gesellschaften in unterschiedlichen Staaten die höheren Gewinne im niedriger besteuernden Staat entstehen. Selbst wenn die deutsche Finanzverwaltung den Wechsel vom Handelsvertreter zum Eigenhändlermodell als entgeltpflichtige Geschäftschancengewährung ansieht, führt dies nicht zwingend zu einer sofortigen Besteuerung im Inland. Ausschlaggebend hierfür ist, dass der ausländischen Tochtergesellschaft in ähnlichem Umfang ein Anspruch auf Handelsvertreterentschädigung zusteht, der bei der deutschen Muttergesellschaft zu steuerminderndem Aufwand führt.

Zu beachten ist jedoch, dass hohe Aufwendungen und sogar Verluste dann nicht mehr oder nur beschränkt im Inland berücksichtigt werden können.

Literaturhinweise:

Müller, H./Reiser, H., Die steuerliche Optimierung des Auslandsvertriebes, in: Grotherr, S. (Hrsg.), Handbuch der internationalen Steuerplanung, 2. Aufl., Herne/Berlin 2003, S. 225 ff.

Schmidt, L./Sigloch, J./Henselmann, K., Internationale Steuerlehre. Steuerplanung bei grenzüberschreitenden Transaktionen, Wiesbaden 2005, S. 509 ff.

5 Ausblick

In den letzten Jahren erfolgte eine grundlegende Umstellung und Optimierung von unternehmerischen Prozessen. Diese Maßnahmen waren jeweils dadurch geprägt, die Leistungsfähigkeit der einzelnen Bereiche nachhaltig zu verbessern. Nachdem diese Maßnahmen in vielen Unternehmen abgeschlossen sind, lassen sich weitere Effizienzvorteile nur mit erheblichem Aufwand erreichen. Vor diesem Hintergrund überrascht es nicht, dass häufig die Frage aufgeworfen wird, inwieweit in anderen Unternehmensbereichen mit gleichem Mitteleinsatz eine größere „Optimierungswirkung" erreicht werden kann. Viele Unternehmen haben erkannt, dass dies im steuerlichen Bereich durchaus der Fall sein kann und versuchen, durch eine gezielte Steuerplanung und -gestaltung, ihre steuerliche Belastung zu verringern.

Infolge der international großen steuerlichen Unterschiede lassen sich hier u. U. erhebliche Vorteile erzielen, die bis hin zu einer internationalen Keinmalbesteuerung (also der Erzielung von sog. weißen Einkünften) reichen können. Andererseits erweisen sich die Risiken bei solchen Gestaltungen als vergleichsweise groß. Dies liegt nicht nur an den teilweise fehlenden Erfahrungen und Kenntnissen, sondern auch an immer häufiger werdenden uni- und bilateralen Abwehrmechanismen wie z. B. Aktivitäts-, Rückgriffs- oder Switch-over-Klauseln. Hinzu kommen international häufig nicht auf einander abgestimmte Regelungen der einzelnen Finanzverwaltungen, die für die Unternehmen u. U. zu erheblichen Mehrbelastungen führen können (etwa im Bereich der Dokumentations- und Nachweispflichten) als auch zu Vorteilen (etwa der Keinmalbesteuerung infolge von Qualifikationskonflikten).

Die Tendenz zur Internationalisierung der Geschäftsaktivitäten hat in zunehmendem Maße auch kleine und mittlere Unternehmen erfasst. Damit wird ein neuer Kreis von Steuerpflichtigen mit Problemen der internationalen Besteuerung und der Strukturierung von Sachverhalten konfrontiert, während bisher nur große oder zumindest größere Unternehmen betroffen waren.

Die vorstehenden Überlegungen sollten eine Hilfestellung geben, um bei einigen grundlegenden Fragestellungen zu Lösungen zu kommen und Methoden für die Vorgehensweise aufzeigen. Dabei zeigt sich, dass die Änderungsgeschwindigkeit von steuerlichen Regelungen im grenzüberschreitenden Kontext noch größer ist, weil hier regelmäßig neben der rein innerstaatlichen Ebene des Ansässigkeitsstaates auch evtl. Änderungen im Tätigkeitsstaat, die Regelungen des bilateralen Rechts (insbesondere der Doppelbesteuerungsabkommen) als auch andere internationale Entwicklungen (wie insbesondere im Bereich des Europarechts) ständig beobachtet werden. Wie diese Überlegungen zeigen, sind die Chancen auf eine Minderung der Steuerbelastung mit Nachteilen verbunden. Diese treffen gerade kleine und mittlere Unternehmen in besonderer Weise und führen damit zu Wettbewerbsnachteilen. Die Zukunft wird zeigen, ob zumindest innerhalb Europas in absehbarer Zeit eine Angleichung der Verhältnisse erreicht werden kann.

Stichwortverzeichnis

A

Abkommensberechtigung 94
Abkommenseinschaltung *Siehe* Treaty
  Shopping
Abnehmer
  ausländischer 43
Abschirmwirkung 84, 86, 109, 117
Abzugsmethode 23 f., 27, 30 f.
Aktivitätsklausel *Siehe*
  Aktivitätsvorbehalt
Aktivitätsvorbehalt 89, 101, 106, 114, 161
Amtsermittlungsgrundsatz 47
Angemessenheit 170
Anrechnung *Siehe* Anrechnungsmethode
Anrechnungshöchstbetrag 27 f., 30, 99,
  103, 107, 117 f., 127
Anrechnungsmethode 13, 23, 30 f., 78,
  86, 114, 118, 127, 131, 160 f.
Anreize
  steuerliche 6
Ansässigkeit 32, 35, 44, 80, 116, 128
Ansässigkeitsstaat 56, 69, 78, 106, 114,
  116, 127 f., 130, 134, 143 f.
Anschaffungskosten 136
Anteile
  einbringungsgeborene 135
Anteilstausch 14
Aufenthalt 22, 24, 49, 57
Aufgabenverteilung 163, 188
Aufwand
  administrativer 73, 76
Ausfuhrlieferung
  steuerfreie 42, 43
Ausgestaltung
  organisatorische 163
Auslandstätigkeitserlass 193
Außensteuergesetz 10, 89, 91, 144, 164

Außensteuerrecht
  allgemeines 10
  spezielles 10

B

Basisgesellschaft 80-83, 124
Beförderungsleistungen 45
Belegenheitsprinzip 44
Bemessungsgrundlage 7, 30, 41, 73 ff.,
  77, 96, 132, 140, 152, 155 f.
Besteuerung
  ausländische 26, 114
  der Veräußerung von Anteilen 55, 140
  inländische 95, 117
  niedrige 90, 111
  uneingeschränkte 56
  unmittelbare 36
  von Führungskräften 75
Beteiligungscontrolling 193
Betrachtungsweise
  isolierende 59, 60
Betriebsprüfung 2, 76, 177, 180, 184
Betriebsstätte 4, 22, 24 f., 30, 33-36, 38,
  40 ff., 44, 48-55, 58-63, 67, 78, 93 f.,
  96, 98-101, 109, 111 ff., 115, 119-123,
  135, 144, 151 ff., 155, 158-161, 164 f.,
  186-191, 197
Betriebsstättenvorbehalt 34
Betriebswirtschaftliche Steuerlehre 8, 195
  Internationale 1, 9, 16
Binnenschifffahrt 33
Briefkastengesellschaft 70, 80
Buchführungspflicht 52

The manufacturer's authorised representative in the EU is Springer
Nature Customer Service Centre GmbH, Europaplatz 3, 69115 Heidelberg,
Germany. If you have any concerns regarding our products, please
contact ProductSafety@springernature.com

Printed and bound by CPI Group (UK) Ltd, Croydon, CR0 4YY

24/04/2026

02096317-0016